DÍGALO CON GRÁFICAS

**LA GUÍA DEL EJECUTIVO
PARA LA COMUNICACIÓN VISUAL**

DÍGALO CON GRÁFICAS

**LA GUÍA DEL EJECUTIVO
PARA LA COMUNICACIÓN VISUAL**

Tercera edición

GENE ZELAZNY

Traducción
Paulina Díaz Ferrando

Revisión Técnica
Teresa Prieto de Rico

McGRAW-HILL
**MÉXICO • BUENOS AIRES • CARACAS • GUATEMALA • LISBOA • MADRID
NUEVA YORK • SAN JUAN • SANTAFÉ DE BOGOTÁ • SANTIAGO • SÃO PAULO**
AUCKLAND • LONDRES • MILÁN • MONTREAL • NUEVA DELHI
SAN FRANCISCO • SINGAPUR • ST. LOUIS • SIDNEY • TORONTO

Gerente de división: Iliana Gómez Marín
Gerente de marca: Adriana Leal Holohlavsky
Supervisor editorial: Arturo González Yañez
Supervisor de producción: Juan José García Guzmán
Supervisor de diseño de portada: Alfredo Guillén de la Rosa

DÍGALO CON GRÁFICAS

Prohibida la reproducción total o parcial de esta obra,
por cualquier medio, sin autorización escrita del editor.

DERECHOS RESERVADOS © 2000, respecto a la primera edición en español por:
McGRAW-HILL INTERAMERICANA EDITORES, S.A. de C.V.
A Subsidiary of The McGraw-Hill Companies, Inc.

Cedro Núm. 512, Col. Atlampa,
Delegación Cuauhtémoc,
C.P. 06450, México, D. F.
Miembro de la Cámara Nacional de la Industria Editorial Mexicana, Reg. Núm. 736

ISBN 970-10-2699-3

Translated from the Third English Edition of
SAY IT WITH CHARTS
By Gene Zelazny
Copyright © 1996 by The McGraw-Hill Companies, Inc. All rights reserved.

ISBN 0-7863-0894-X

2345678901					09876543210

Impreso en México					Printed in Mexico

Esta obra se terminó de
imprimir en Noviembre del 2000 en
Programas Educativos S.A. de C.V.
Calz. Chabacano No. 65-A
Col. Asturias Delg. Cuauhtémoc
C.P. 06850 México, D.F.
Empresa certificada por el Instituto Mexicano
de Normalización y Certificacion A.C. bajo la
Norma ISO-9002 1994/NMX-CC-004 1995 con
El núm. de registro RSC-048			Se tiraron 3000 ejemplares

A Ken Haemer

Si definimos originalidad como un "plagio no descubierto", entonces este libro es original. Buena parte del crédito de las ideas presentadas en este libro corresponde al ya desaparecido Kenneth W. Haemer (quien fuera gerente del área de investigación en presentaciones de AT&T). Ken fue, además, mi maestro y amigo durante muchos años. Gracias, Ken. Te extraño.

Si Ken me hizo pensar, McKinsey & Company, Inc. me brindó un hogar en el cual aplicar y desarrollar mis ideas. Así, pues, permítanme agradecer también a los cientos de consultores profesionales con quienes laboro en McKinsey. Es un privilegio y un placer.

Por último, muchas, muchas gracias, a todos los que me han ayudado a convertir este libro en realidad.

CONTENIDO

INTRODUCCIÓN 1

Sección 1
CÓMO ELEGIR GRÁFICAS 9
    A. **Defina su mensaje** 11
    B. **Identifique la comparación** 21
        1. Comparación de componentes 21
        2. Comparación de elementos 22
        3. Comparación de series de tiempo 22
        4. Comparación de distribución de frecuencias 22
        5. Comparación de correlaciones 23
    C. **Seleccione el tipo de gráfica** 25
        1. Gráfica de pastel 28
        2. Gráfica de barras 33
        3. Gráfica de columnas 36
        4. Gráfica de líneas 38
        5. Gráfica de puntos 46
    De los datos a los proyectos con gráficas 51

CONTENIDO

Sección 2
CÓMO UTILIZAR GRÁFICAS — 73

    Comparación de componentes — 81
    Comparación de elementos — 87
    Comparación de series de tiempo — 97
    Comparación de distribución de frecuencias — 119
    Comparación de correlaciones — 122

Sección 3
DÍGALO CON TRANSPARENCIAS DE 35 MM — 129

    Mientras menos, mejor — 138
    Mientras más simple, mejor — 140
    Mientras más diferente, mejor — 142
    Mientras más, mejor — 146
    Mientras más audaz, mejor — 148

Lecciones aprendidas — 152
Cómo seleccionar y utilizar colores — 153

Sección 4
DÍGALO CON CONCEPTOS VISUALES — 156

    Flujos lineales — 165
    Flujos verticales — 168
    Flujos circulares — 170
    Interacción — 174
    Convergencia de fuerzas — 177
    Cambio de curso — 181
    Equilibrio — 183
    Penetración/obstáculos — 185
    Filtros — 186
    Interrelaciones — 187
    Procesos — 191
    Segmentaciones — 192

Índice — **194**

DÍGALO CON GRÁFICAS

**LA GUÍA DEL EJECUTIVO
PARA LA COMUNICACIÓN VISUAL**

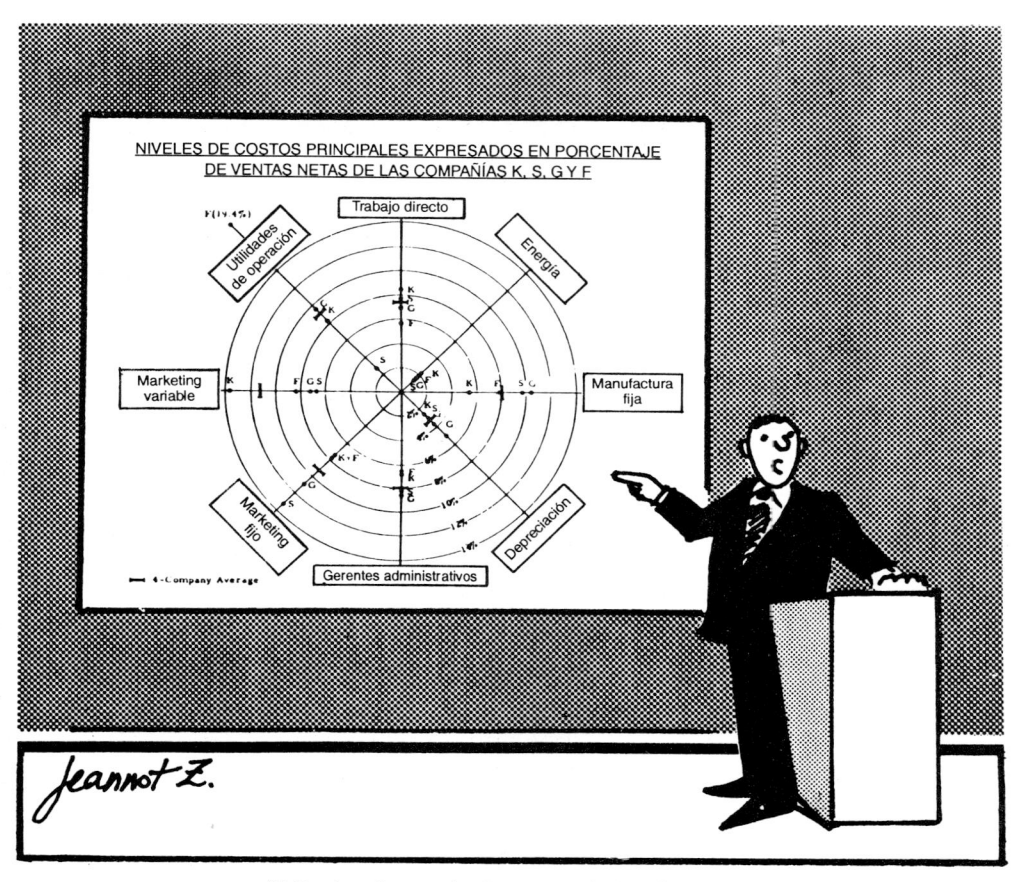

"¿Qué quieren decir con *qué significa eso?*"

INTRODUCCIÓN

Son las 9:00 a.m. del tercer martes del mes, hora de la reunión mensual del comité directivo. Para ubicar el resto de los acontecimientos del día en su justa perspectiva, el presidente del comité ha pedido a un brillante gerente, en franco ascenso profesional (llamémosle Paco), que prepare una breve presentación sobre las condiciones de la industria donde se participa y que explique el desempeño de nuestra compañía respecto de las nuevas oportunidades en materia de inversión.

Empeñado en hacer un buen trabajo, Paco ha llevado a cabo profundas investigaciones, ha desarrollado su tema y ha preparado una serie de cuadros que le ayudarán a expresarlo en forma de gráfica. Como la mayoría de nosotros, Paco cree que las gráficas constituyen una forma importante de lenguaje, tanto así que cuando son bien concebidas y diseñadas, nos ayudan a comunicarnos con mayor rapidez y claridad que si dejáramos los datos en forma tabular.

Cuando las gráficas se planean erróneamente, como veremos en los ejemplos de Paco, sirven más para confundir que para aclarar. Sentémonos entre el auditorio para escuchar la presentación de Paco mientras comentamos, en voz baja, la eficacia de sus cuadros.

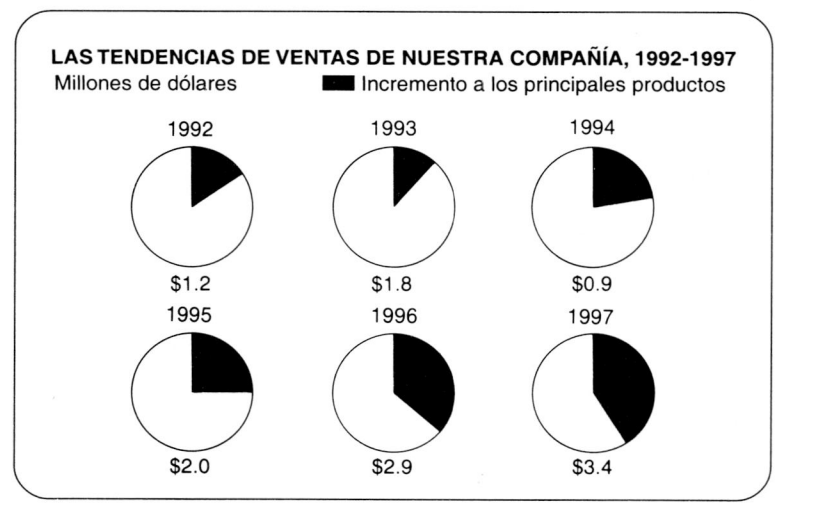

Paco empieza: Buenos días, damas y caballeros, tengo la intención de presentar un breve resumen sobre la industria en la que nos encontramos y sobre el desempeño de nuestra compañía. Mi objetivo consiste en obtener apoyo para que nos extendamos a los países en desarrollo. He diseñado ciertos cuadros para ubicar, en perspectiva, mis hallazgos.

▶ 1

Primero, permítanme señalar que competimos en una industria sana. Como podrán ver con toda claridad en esta transparencia, el desempeño es excelente en los 11 rubros de medición presentados en la parte superior, también lo es en los tres tipos de compañías que se encuentran en esta industria y que se hallan enumerados al lado.

Ahí estamos entre el público, preguntándonos si nuestra vista falla mientras intentamos, en vano, leer las cifras.

▶ 2

Paco continúa: Nuestra labor ha sido sobresaliente. Por ejemplo, las ventas han crecido de modo considerable desde 1992 no obstante el descenso de 1994, mismo que, como saben, fue resultado de la huelga.

"Mmmm", murmura usted, "¿me acabo de perder de algo? Juraría haber escuchado que las ventas han aumentado notablemente, pero sólo observo gráficas de pastel que confirman el incremento de nuestros principales productos. ¡Ah, ya entiendo! Se refiere a las cifras que aparecen debajo de cada ilustración."

LAS TENDENCIAS DE VENTAS DE NUESTRA COMPAÑÍA, 1992-1997
Millones de dólares   ■ Incremento a los principales productos

1992	1993	1994
$1.2	$1.8	$0.9
1995	1996	1997
$2.0	$2.9	$3.4

Paco continúa: En comparación con nuestros cuatro principales competidores, ocupamos el primer lugar en cuanto a retorno sobre inversión, con 14 por ciento...

"¿<u>Quién y qué</u> ocupa el primer lugar?" dice usted. "Según la gráfica, el mensaje es que el retorno sobre inversión ha estado fluctuando."

▶ 3

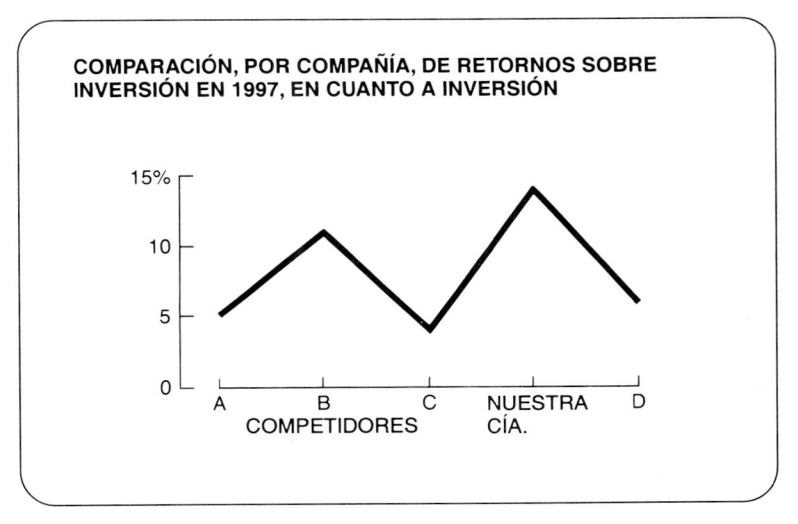

COMPARACIÓN, POR COMPAÑÍA, DE RETORNOS SOBRE INVERSIÓN EN 1997, EN CUANTO A INVERSIÓN

... y nuestra participación en el mercado se ha incrementado desde 1992, junto con la de un competidor, en tanto que los otros tres han perdido participación.

Usted suspira, un tanto frustrado. "¿Le habrán puesto alcohol a mi jugo de naranja? ¿Por qué tengo la sensación de que mis ojos y oídos no están conectados, de que recibo señales equivocadas? ¿Será, acaso, que los cuadros no fundamentan los mensajes que escucho?"

▶ 4

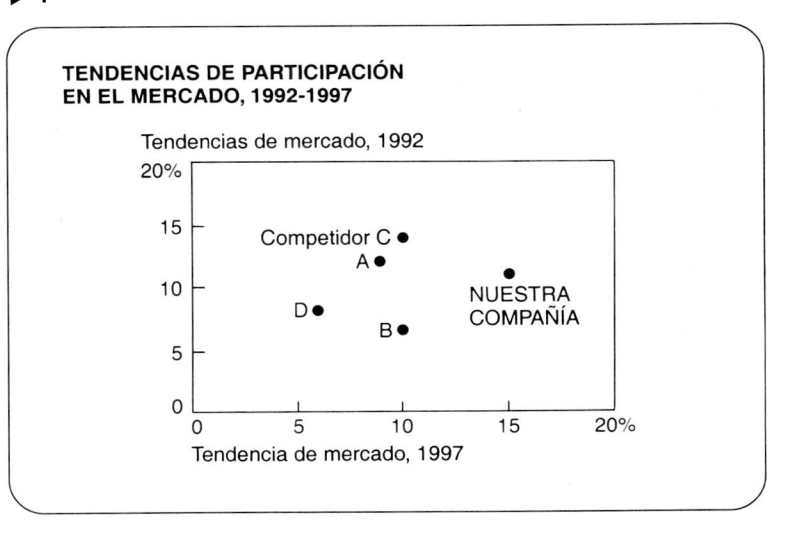

TENDENCIAS DE PARTICIPACIÓN EN EL MERCADO, 1992-1997

Paco prosigue: En virtud de las ventas que hemos realizado, y dadas las utilidades y tendencias en cuanto a participación de mercado, recomendamos la expansión de nuestro principal producto a países en vías de desarrollo. Creemos que su mercado tiene un potencial considerable. Como quizá no entiendan esta gráfica, permítanme que la explique. Se trata de mostrar el tamaño del mercado en todo el mundo durante 1995 y proyectarlo al año 2000. Con base en una extensa investigación, pronosticamos que el mercado aumentará de 8 000 millones de dólares a 11 000 millones de dólares. Después, dividí los totales entre los 11 países que componen el mercado y mostré el tamaño de cada uno. Luego, calculé la tasa promedio anual de crecimiento compuesto para

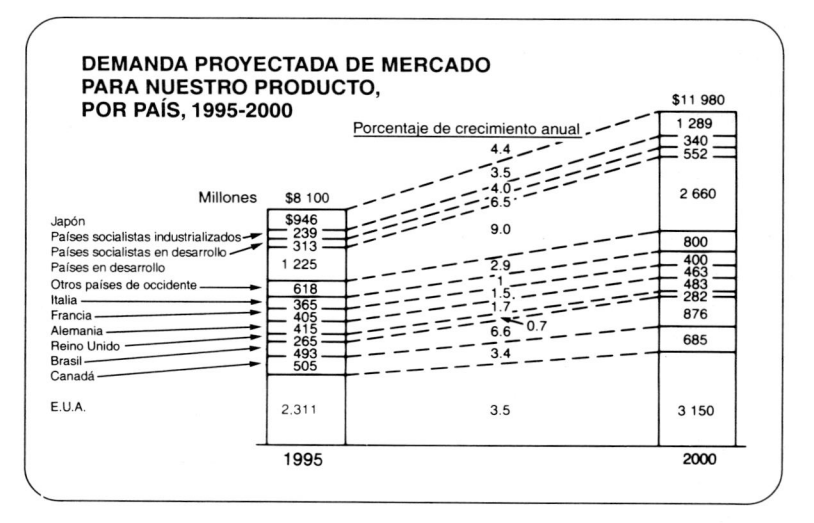

▶ 5

DEMANDA PROYECTADA DE MERCADO PARA NUESTRO PRODUCTO, POR PAÍS, 1995-2000

	Millones $8 100	Porcentaje de crecimiento anual	$11 980
Japón	$946	9.0	1 289
Países socialistas industrializados	239	4.4	340
Países socialistas en desarrollo	313	3.5	552
Países en desarrollo	1 225	4.0	2 660
Otros países de occidente	618	6.5	800
Italia	365	2.9	400
Francia	405	1	463
Alemania	415	1.5	483
Reino Unido	265	1.7	282
Brasil	493	6.6 0.7	876
Canadá	505	3.4	685
E.U.A.	2.311	3.5	3 150
	1995		2000

cada país y la puse en el centro. Como verán por estas cifras, se espera que los países en desarrollo tengan un crecimiento más acelerado.

En este momento siento cómo me codea usted mientras dice: "No le parece sorprendente que estas gráficas, diseñadas como apoyo de los ponentes, requieran tamaño esfuerzo por parte del ponente para entenderlas. Siempre pensé que una imagen <u>valía</u> más que mil palabras, no que las <u>necesitara</u>".

Paco: Sin embargo, si hemos de avanzar, primero habremos de convencer a la alta dirección de que el clima político y social imperante en estos países no interferirá con nuestros planes. Recientemente realizamos una encuesta entre los 16 principales directivos. Ésta reveló que el número de los que se oponen es casi igual al de los que están a favor de invertir en dichos países.

A estas alturas, el malestar que <u>usted</u> siente resulta difícil de ocultar, y la gráfica de pastel evoca la imagen de un postre para el almuerzo.

▶ 6

RESULTADOS DE UNA ENCUESTA ENTRE LOS 16 PRINCIPALES DIRECTIVOS

"¿Debiera el clima político y social de los países en vías de desarrollo influir en nuestra decisión de que los productos que fabricamos incursionen en dichos países?"

PORCENTAJE TOTAL: 100% = 16

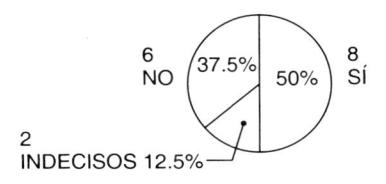

6 NO 37.5% 50% 8 SÍ
2 INDECISOS 12.5%

Fuente: Reciente encuesta formulada a los 16 principales directivos.

La intención de Paco era correcta: tenía el propósito de utilizar gráficas para fundamentar su presentación. Sin embargo, su ejecución no fue adecuada, ya que elaboró una serie de gráficas ilegibles o incomprensibles que restaron mérito a su presentación. Revisemos sus gráficas y veamos por qué no funcionaron.

El cuadro ▶1 es ilegible. Así como todos los cuadros ilegibles, sufre del síndrome "ADC" (ansioso desfile de conocimientos). Éste suele ser el caso del expositor preocupado más por el contenido de la gráfica que por la comprensión del público.

Paco no supo que una gráfica utilizada en una presentación ha de ser dos veces más sencilla y cuatro veces más audaz que aquella que se emplea en un informe. Ocurre lo mismo con la distinción entre el anuncio panorámico que ha de ser leído y entendido en poco tiempo y el de una revista que puede ser analizado en detalle.

En el otro extremo se encuentra la última gráfica, la número ▶**6,** que de tan simple no se necesita; el mensaje podría haberse expresado únicamente con palabras. Además de las gráficas excesivamente sencillas, en otros casos es mejor evitarlas:

1.   En ocasiones, una gráfica denota un sentido de exactitud que podría resultar engañoso, como en el caso de las proyecciones o rangos que pueden ser sutiles.

2.   A veces, hay conjuntos de datos que el auditorio acepta sin problema alguno —como el estado de resultados de la compañía—, y el hecho de presentarlo en una gráfica podría generar confusión.

3.   Hay personas poco acostumbradas al uso de gráficas que se resisten o muestran escépticas ante esta práctica.

Una buena regla respecto a las gráficas es: "mientras menos, mejor". Realizarlas toma tiempo y resulta costoso. Asimismo, entre más utilicemos, menos serán recordadas. Si presentamos una sola gráfica en un informe o en una presentación, recibirá cien por ciento de la atención por parte del público, pero si usamos cien, ninguna será memorable.

La Gráfica 5, que describe el mercado mundial, es a lo que llamo "graficuadro", pues no llega a ser ni gráfica ni cuadro y termina siendo ambas cosas. Si la gráfica no sirve, quizá la información sí funcione. En la mayoría de los casos, ninguna lo hace. Si bien es cierto que esta gráfica ayudó a Paco a entender las relaciones importantes, en este caso le ayudó a entender la comparación de las tasas de crecimiento proyectado por país. Sin embargo, Paco no preparó una gráfica sencilla que enfatizara el resultado de sus análisis, sino que presentó la tabla que elaboró para entender el problema.

Las gráficas restantes, ▶**2, 3** y **4,** incurren en lo que tal vez sea el principal problema que muchos enfrentamos al expresar datos numéricos en forma de gráfica: elegir el tipo de gráfica inadecuado para transmitir el mensaje. En la 2 se eligieron gráficas de pastel en lugar de una gráfica de líneas, mientras que en la 3 se utilizó una gráfica de líneas en la que era más apropiado usar una gráfica de barras. En la última gráfica, la 4, se observa una de puntos en vez de una gráfica de columnas.

A continuación presentamos las gráficas que debieron de haber sido utilizadas para fundamentar el mensaje transmitido con mayor rapidez y claridad.

▶ 2

Las ventas se han incrementado de 1.2 millones de dólares en 1992 a 3.4 millones en 1997, no obstante la caída ocasionada por la huelga de 1994.

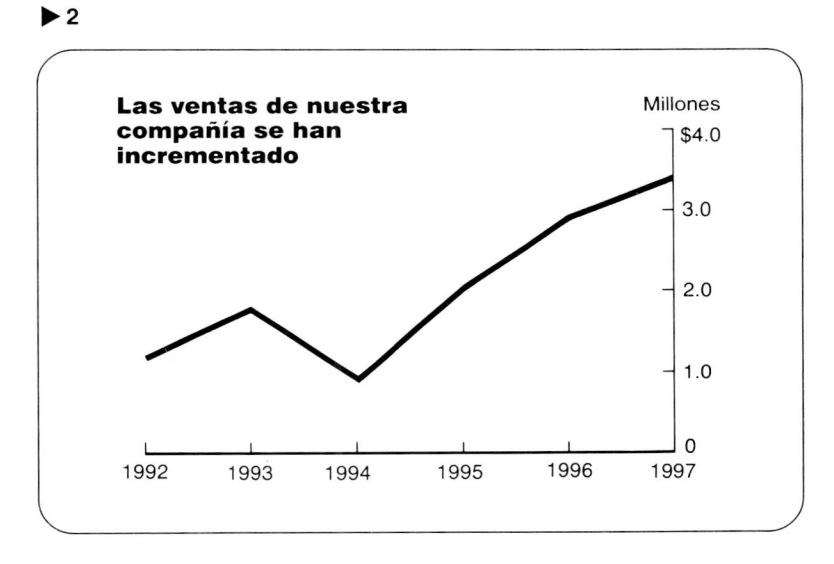

Las ventas de nuestra compañía se han incrementado

Millones
$4.0
3.0
2.0
1.0
0

1992 1993 1994 1995 1996 1997

▶ 3

En comparación con nuestros cuatro principales competidores, ocupamos el primer lugar con 14 por ciento de utilidades en 1997.

En 1997, nuestra compañía se ubicó en primer lugar, en cuanto a retorno sobre inversión

0   5   10   15%

Nuestra compañía
Competidor B
Competidor D
Competidor A
Competidor C

Nuestra participación en el mercado aumentó cuatro puntos porcentuales de once obtenidos en 1992; actualmente nuestra participación en el mercado es de quince por ciento. De nuestros cuatro competidores, B también mejoró, en tanto que C, A y D disminuyeron su participación.

▶ 4

Nuestra participación en el mercado ha aumentado desde 1992

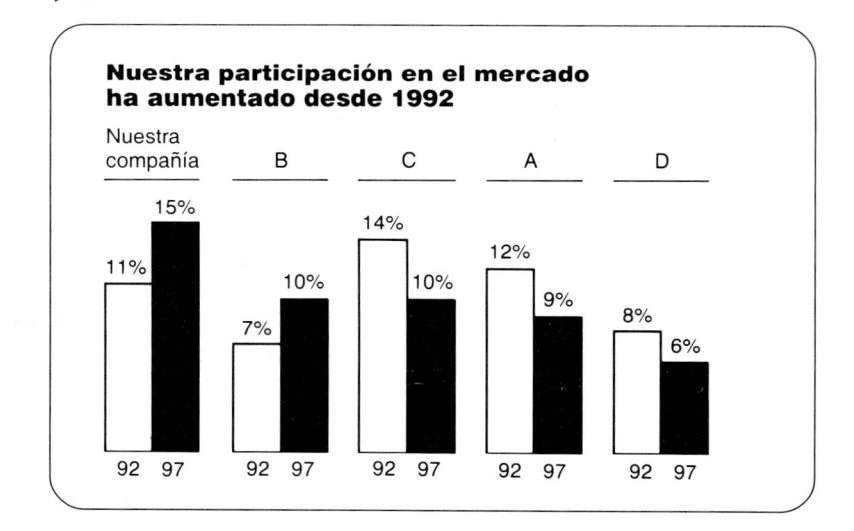

Nuestra compañía	B	C	A	D
11% 15%	7% 10%	14% 10%	12% 9%	8% 6%
92 97	92 97	92 97	92 97	92 97

Ahora sí funcionan estas gráficas. En cada caso, el tipo de gráfica respalda el mensaje expresado en el título, y el título refuerza el punto que intenta mostrar la gráfica. En todos los casos, el mensaje se transmite más rápidamente y de manera más adecuada, que si los datos se hubieran dejado en forma tabular.

Éste es el propósito del libro. Su objetivo consiste en brindar el apoyo necesario para que usted se exprese con gráficas, eligiendo y utilizando las que le funcionen tanto a usted como a su auditorio, sin que importe el medio en que las use: presentaciones o informes de negocios, en el sistema de información gerencial, en paquetes gráficos por computadora, en informes anuales o en artículos de revistas o periodísticos.

En la Sección 1 analizaremos el proceso que nos lleva de los datos a la gráfica.
En la Sección 2 examinaremos una cartera de gráficas terminadas que usted podrá usar para obtener ideas la próxima vez que así lo requiera.

En la Sección 3 expondremos la forma de diseñar gráficas para transparencias de 35 mm y para presentaciones *multimedia*.

En la Sección 4 le enseñaremos a transmitir su mensaje mediante el uso de cuadros conceptuales.

Como expresé con anterioridad, las gráficas *son* una forma importante de lenguaje. Pero como ocurre con cualquier lenguaje que deseamos dominar, se requiere tiempo y paciencia para aprender el vocabulario, también se necesita practicarlo hasta que esto se convierta en algo natural. Como nadie aprende leyendo, sino tan sólo haciendo cosas, he incorporado proyectos de trabajo para que usted pueda practicar conforme lee. Así pues, tome un lápiz y continuemos con el proceso que habremos de seguir para escoger gráficas.

Sección 1

CÓMO ELEGIR GRÁFICAS

No importa cuántas gráficas de negocios veamos en distintos tipos de comunicación —cuadros, organigramas, diagramas de flujo, matrices o mapas—, cuando se trata de gráficas cuantitativas, existen únicamente cinco formas básicas. Éstas son:

| La gráfica de pastel | La gráfica de barras | La gráfica de columnas | La gráfica de líneas | La gráfica de puntos |

Ahora sabemos a dónde vamos, el problema es cómo llegar ahí. Con el diagrama siguiente resumiré el proceso que nos lieva de los datos iniciales a la gráfica específica final.

```
┌─────────────────────────────────────────────────────┐
│  ◇          ╲    A.       ╲    B.          ╲  C.    ╲
│  Datos       ╲  Mensaje    ╲  Comparación   ╲ Tipo de gráfica
│              ╱              ╱                ╱       ╱
└─────────────────────────────────────────────────────┘
```

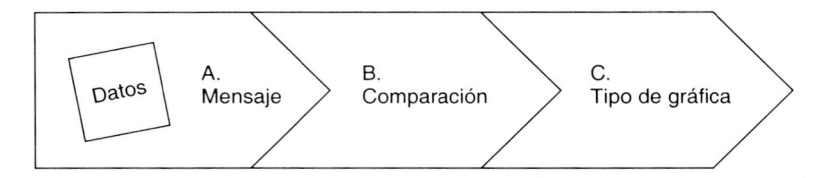

Etapa A:

DEFINA SU MENSAJE
(de los datos al mensaje).

La clave para seleccionar el tipo apropiado de gráfica radica en que *usted*, como diseñador, tenga claro, primeramente, cuál es el punto específico que desea transmitir.

Etapa B:

IDENTIFIQUE LA COMPARACIÓN
(del mensaje a la comparación).

El mensaje que usted haya precisado siempre implicará uno de los cinco tipos básicos de comparación: componente, partida, series de tiempo, distribución de frecuencias o correlación.

Etapa C:

SELECCIONE EL TIPO DE GRÁFICA
(de la comparación a la gráfica).

Cada comparación lo conducirá, a su vez, a uno de los cinco tipos de gráficas.

Analicemos cada paso con detalle.

A. DEFINA SU MENSAJE
(de los datos al mensaje)

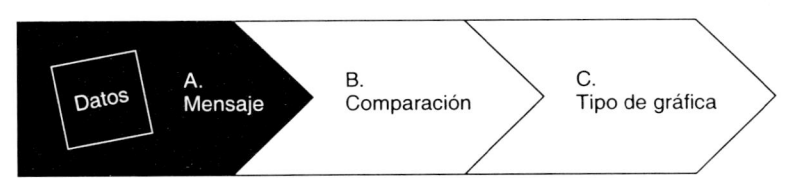

| Datos | A. Mensaje | B. Comparación | C. Tipo de gráfica |

Elegir un tipo de gráfica sin tener en mente un mensaje es como tratar de identificar los colores de su guardarropa con los ojos vendados.

La elección del tipo correcto de gráfica depende completamente de que *usted* tenga claro cuál es *su* mensaje. Los datos —ya sean dólares, porcentajes, litros, yenes— no definen gráficas, tampoco lo hacen las medidas —bien sean utilidades, retorno sobre inversión, compensaciones—, sino que, por el contario, lo que define una gráfica es *su* mensaje, lo que *usted* desea mostrar, lo que quiere transmitir.

Para subrayar la importancia de este primer paso, bosqueje cuantas gráficas imagine en los recuadros vacíos que proporcionamos a continuación, utilizando, para ello, los datos (porcentajes de ventas por región para cada compañía) que aparecen en el recuadro de la parte superior derecha. No se preocupe por la exactitud, su objetivo consiste en dibujar todas las gráficas que pueda antes de pasar a la página 14.

PROYECTO

Bosqueje todas las gráficas que se le ocurran utilizando estos datos: mientras más haga, mejor.

Porcentaje de ventas por región durante enero

	Cía. A	Cía. B
Norte	13%	39%
Sur	35	6
Oriente	27	27
Poniente	25	28

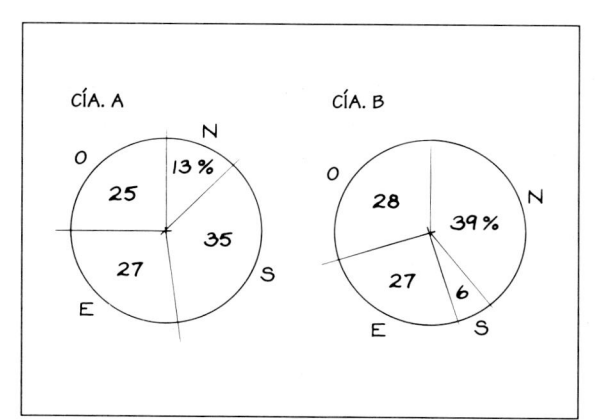

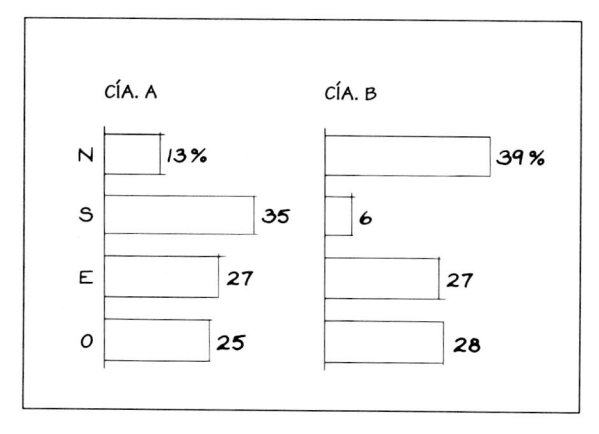

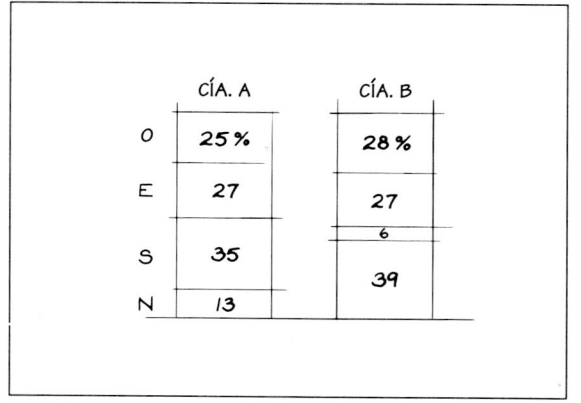

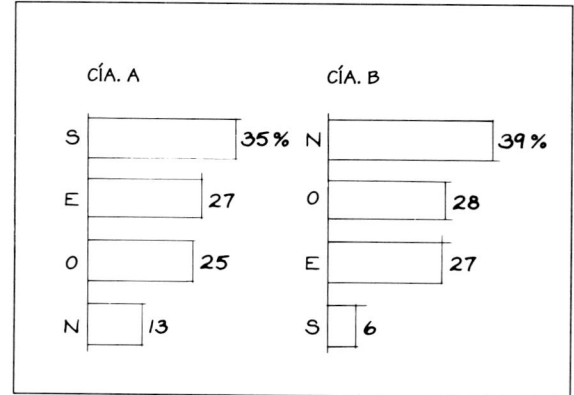

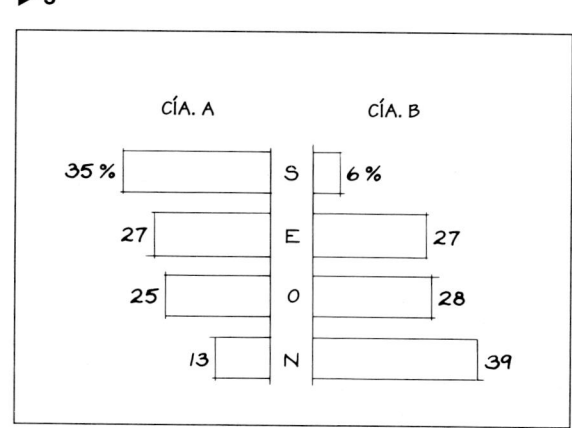

¿QUÉ GRÁFICA ESCOGERÍA?

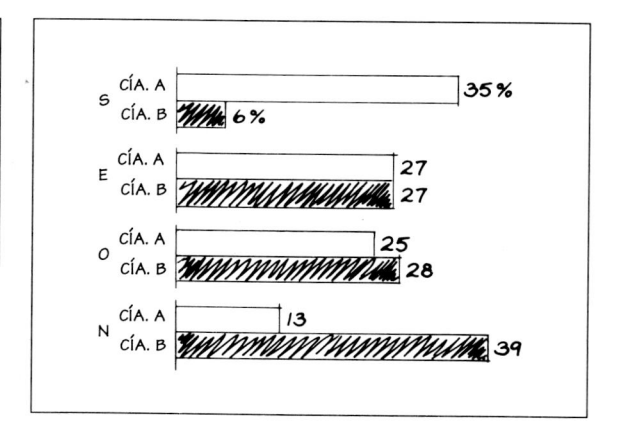

Quizá las gráficas que usted dibujó se encuentren entre las que se muestran aquí como ejemplos. Mejor aún si se le ocurrieron otras. Pero prevalece todavía una interrogante.

¿QUÉ GRÁFICA ESCOGERÍA?

¡Todo depende! Depende de lo que *usted* quiera transmitir, esto es, depende de *su mensaje*. Cada gráfica presentada —considerando simplemente la forma en que está organizada—, subraya mejor un determinado mensaje.

Por ejemplo, al mostrar los datos como un par de gráficas de pastel o de columnas con porcentajes, usted estaría subrayando:

▶ **1** ▶ **2** La mezcla de ventas es diferente para las Compañías A y B.

O quizá usted presentó los datos como dos conjuntos de gráficas de barras, poniendo estas últimas en secuencia según el orden de la información presentada anteriormente. Ahora la gráfica subraya el mensaje:

▶ **3** El porcentaje de ventas, tanto para la Compañía A como para la B, varía por región.

Por el contrario, usted podría haber clasificado el porcentaje de ventas para cada compañía en orden descendente (o ascendente), destacando el punto:

▶ **4** La Compañía A tiene ventas más elevadas en el Sur, mientras que la Compañía B tiene mayores ventas en el Norte. O bien, la Compañía A tiene las ventas más bajas en el Norte y la B en el Sur.

Al colocar las barras en una imagen de espejo para las mismas regiones, demostramos:

▶ **5** La participación de ventas de la Compañía A es alta en el Sur, donde la de B es débil.

Si agrupamos las barras contra una base común, comparamos ahora los intervalos por región:

▶ **6** En el Sur, la Compañía A supera a la B por un amplio margen; en el Oriente y en el Poniente ambas son competitivas; pero en el Norte, la B supera a su rival A.

Ahora bien, es posible, incluso probable, que durante las primeras etapas en que tenga que decidir cuál será su mensaje, usted necesite bosquejar varias gráficas que expongan los datos desde diferentes puntos de vista. Un enfoque más eficiente consiste en resaltar el aspecto de los datos que parezca más importante y establecer el mensaje que destaque dicho aspecto.

Por ejemplo, si observamos este cuadro simplificado, existen tres posibles aspectos relevantes de los datos que podrían convertirse en mensajes.

Podría poner atención a la tendencia global de ventas de enero a mayo, y a la forma en que se ha modificado el valor de las ventas en dólares con el paso del tiempo. En ese caso, su mensaje sería: "Las ventas crecen en forma constante desde enero".

Ventas por producto, $000

	Producto			
	A	B	C	Total
Ene.	88	26	7	121
Feb.	94	30	8	132
Mar.	103	36	8	147
Abr.	113	39	7	159
May.	122	40	13	175

Por el contrario, podría concentrarse en un solo punto en el tiempo. Al leer las cifras para mayo, por ejemplo, podría señalar la clasificación de las ventas para los Productos A, B y C. En ese caso, su mensaje podría ser: "En mayo, las ventas del Producto A superaron las de B y C por un amplio margen".

Ventas por producto, $000

	Producto			
	A	B	C	Total
Ene.	88	26	7	121
Feb.	94	30	8	132
Mar.	103	36	8	147
Abr.	113	39	7	159
May.	122	40	13	175

Si consideramos los mismos datos de mayo desde otra perspectiva, podrían, por ejemplo, referirse al porcentaje de las ventas totales de cada producto, entonces éste sería su mensaje: "En mayo, el Producto A tuvo la participación más importante de ventas totales de la compañía".

Ventas por producto, $000

	Producto			
	A	B	C	Total
Ene.	88	26	7	121
Feb.	94	30	8	132
Mar.	103	36	8	147
Abr.	113	39	7	159
May.	122	40	13	175
	70%	23%	7%	100%

Observe que en estos dos últimos ejemplos utilizamos prácticamente los mismos datos para definir diferentes mensajes. La decisión de subrayar "clasificación" o "participación" dependerá de usted, y esa elección determinará su mensaje.

Supongamos que dispone de otros datos de la misma compañía.

Este cuadro muestra la distribución de las ventas por el monto de una venta en cierto lapso, el mes de mayo. Aquí su mensaje podría ser: "En mayo, la mayor parte de las ventas fueron de mil a dos mil dólares".

Número de ventas por monto de cada una en mayo

Monto de cada venta	Número de ventas
< $ 1 000	15
1 000-1 999	30
2 000-2 999	12
3 000-3 999	8
4 000 +	5

Este último conjunto de datos muestra la relación entre la experiencia del vendedor y su trabajo. Señalar que el vendedor P, con tan sólo dos años de experiencia, genera 23 mil dólares en ventas, en tanto que el vendedor Q, con más del doble de experiencia, genera únicamente la cuarta parte del volumen, indicaría que: "No existe ninguna relación entre ventas y experiencia".

Relación entre experiencia del vendedor y ventas

Vendedor	Años de experiencia	Monto de las ventas
P	2	$23 000
Q	5	6 000
R	7	17 000
S	15	9 000
T	22	12 000

Como hemos observado, es preciso definir el mensaje antes de que pueda seleccionar el tipo apropiado de gráfica. Cosiderando el esfuerzo realizado, vale la pena *aprovechar el mensaje y utilizarlo como título de la gráfica*. Permítame extenderme un poco más.

Muchas veces sucede que el título de las gráficas que vemos es un poco enigmático, como en:

TENDENCIA DE VENTAS DE LA COMPAÑÍA
PRODUCTIVIDAD POR REGIÓN
PORCENTAJE DE ACTIVOS POR DIVISIÓN
DISTRIBUCIÓN DE EMPLEADOS POR EDAD
RELACIÓN ENTRE COMPENSACIÓN Y RESULTADOS

Estos títulos describen el tema de la gráfica, pero no explican su importancia. ¿Cómo van las ventas? ¿Qué sucede con la distribución de los empleados? ¿Existe relación entre la compensación y los resultados? No lo mantenga en secreto, coloque el mensaje como título de la gráfica. Al hacerlo, usted reduce el riesgo de que el lector lo malinterprete y se asegura de que éste **se concentrará en el aspecto de los datos que usted quiere subrayar**.

Hay un par de ejemplos que demuestran la diferencia entre los títulos temáticos y los títulos con mensaje, al tiempo que establecen la ventaja de estos últimos.

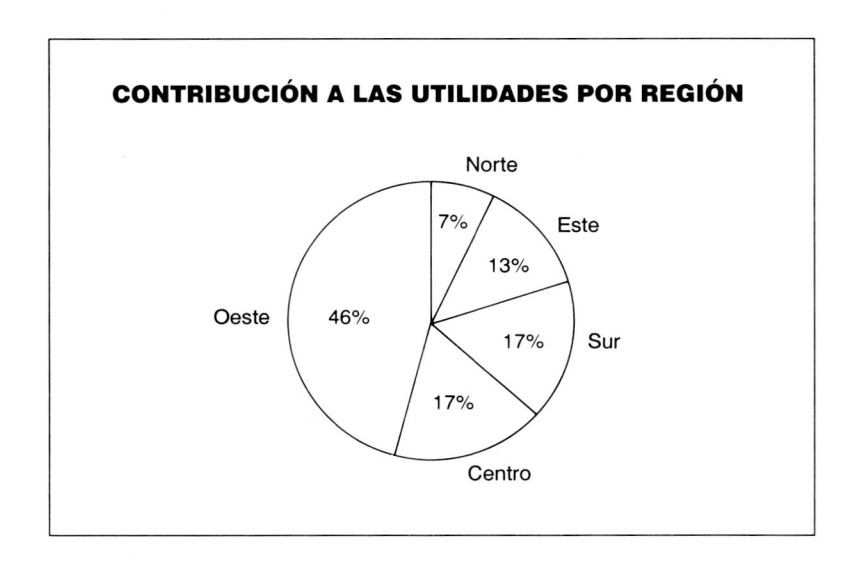

CONTRIBUCIÓN A LAS UTILIDADES POR REGIÓN

- Norte 7%
- Este 13%
- Sur 17%
- Centro 17%
- Oeste 46%

Aquí, el título enuncia el tema de la gráfica, y deja que usted defina el significado. Al estudiarla, la mayor parte de los lectores probablemente observará el Oeste, creyendo que el mensaje es "**el oeste representa casi la mitad de las utilidades**".

No obstante, quizá no es ése el punto que su autor pretende resaltar, sino más bien que "el *Norte* genera la participación más pequeña de utilidades". En pocas palabras, con un título temático, usted corre el riesgo de ser malinterpretado. En cambio, al poner como título el mensaje "**El norte genera la menor parte de las utilidades**", se disminuye dicho riesgo, pues hace que el lector se concentre en el aspecto de los datos que el autor quería subrayar.

En este segundo ejemplo, el título simplemente identifica lo que representa la línea de la tendencia, el NÚMERO DE CONTRATOS, y sirve para distinguir el tema de esta gráfica de líneas de otras similares que podríamos ver en un informe o en una presentación. Sin embargo, al estudiar la tendencia, observamos que hay cuatro posibles aspectos que podríamos subrayar.

Mensaje 1
El número de contratos se ha incrementado

Mensaje 2
El número de contratos fluctúan

Mensaje 3
En agosto, el número de contratos alcanzó su punto más alto

Mensaje 4
El número de contratos descendió en dos de los ocho meses

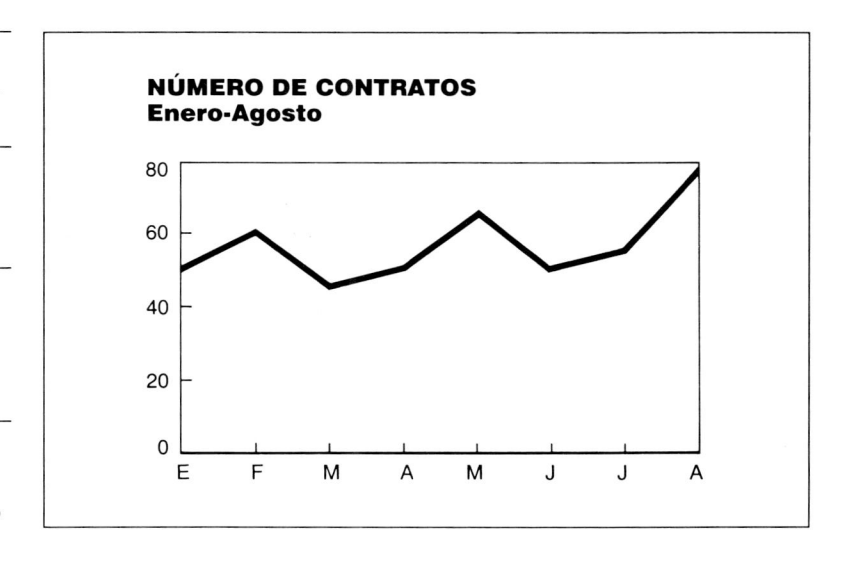

NÚMERO DE CONTRATOS
Enero-Agosto

Para ayudar a los lectores, seleccionemos **el mensaje** como encabezado de la gráfica.

Un mensaje utilizado como título es similar a un encabezado en un periódico o revista, ya que es breve y certero; además resume lo que usted está a punto de leer. A continuación presentamos los títulos con mensaje que podrían usarse en lugar de los enigmáticos encabezados vistos con anterioridad:

Título temático:	TENDENCIA DE VENTAS DE LA COMPAÑÍA
Título con mensaje:	**Las ventas de la compañía se han duplicado**
Título temático:	PRODUCTIVIDAD POR REGIÓN
Título con mensaje:	**La región C ocupa el cuarto lugar en productividad**
Título temático:	PORCENTAJE DE ACTIVOS POR REGIÓN
Título con mensaje:	**La división B representa 30% de los activos**
Título temático:	DISTRIBUCIÓN DE EMPLEADOS POR EDAD
Título con mensaje:	**La mayor parte de los empleados tienen entre 35 y 45 años**
Título temático:	RELACIÓN ENTRE COMPENSACIÓN Y RESULTADOS
Título con mensaje:	**No existe relación entre compensación y resultados**

Una vez que usted haya definido *su* mensaje, se percatará de que el proceso se vuelve sumamente específico. Así, pues, vayamos al segundo paso, que consiste en identificar la clase de comparación implícita en su mensaje.

B. IDENTIFIQUE LA COMPARACIÓN
(del mensaje a la comparación)

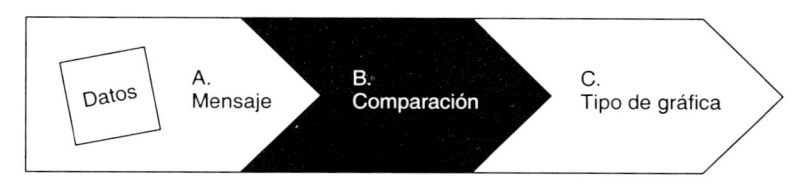

Si el primer paso es el mensaje con el que empezamos y el tercero es la gráfica con la que terminamos, el segundo es el vínculo entre ambos.

Lo que importa reconocer aquí es que cualquier mensaje, es decir, cualquier aspecto de los datos que usted desee subrayar, siempre conducirá a una de las cinco clases básicas de comparación, que yo he optado por llamar *componente, partida, series de tiempo, distribución de frecuencia* y *correlación*.

Veamos ejemplos de mensajes que implican cada una de estas comparaciones. Al mismo tiempo, permítame definir las comparaciones y proporcionar pistas o palabras clave para identificarlas dentro de los mensajes derivados a partir de los datos.

1. COMPARACIÓN DE COMPONENTES

En una comparación de componentes nos interesa mostrar el *tamaño* de cada parte *como un porcentaje* del total. Por ejemplo:

¶ En mayo, el producto A *representó* la mayor parte de la *participación total* en las ventas de la compañía.
¶ La *participación de mercado* de los clientes en 1997 es inferior al 10 por ciento de la industria.
¶ Dos fuentes aportaron casi *la mitad del total* de los fondos corporativos.

Siempre que su mensaje contenga palabras como *participación, porcentaje del total, representó tanto por ciento*, usted puede estar seguro de que está ante una comparación de componentes.

2. COMPARACIÓN DE PARTIDAS

En una comparación de partidas queremos distinguir *la posición que ocupan* los diferentes elementos: ¿son más *grandes*, más *pequeñas* o *iguales* que las demás? Por ejemplo:

- En mayo, las ventas del *Producto A superaron* a las ventas de los *Productos B y C*.
- El retorno sobre ventas de la empresa la coloca en cuarto lugar.
- Las tasas de rotación de personal en los seis departamentos son *más* o *menos iguales*.

Las palabras que indican *superior a, inferior a* o *igual a* son indicios de una comparación de partidas.

3. COMPARACIÓN DE SERIES DE TIEMPO

Ésta resulta familiar para muchos. No nos interesa el tamaño de cada parte de un total, ni el lugar que cada una ocupa, sino cómo se *modifican con el tiempo*, es decir, si la tendencia a lo largo de semanas, meses, trimestres, años, *se incrementa, decrece* o *permanece constante*. Por ejemplo:

- Las ventas *se elevaron* constantemente desde enero.
- Las utilidades *disminuyeron* en forma marcada durante los últimos cinco años.
- Las tasas de interés *fluctuaron* durante los últimos siete trimestres.

Los indicios que usted deberá buscar en su mensaje son palabras como *cambiar, crecer, elevarse, descender, incrementar, decrecer, fluctuar*.

4. COMPARACIÓN DE DISTRIBUCIÓN DE FRECUENCIAS

Esta clase de comparación muestra *cuántos elementos entran en una serie de límites numéricos progresivos*. Por ejemplo, utilizamos una distribución de frecuencias para mostrar cuántos empleados ganan menos de, digamos, 30 mil dólares, cuántos ganan entre 30 mil y 60 mil o qué proporción de habitantes tiene menos de 10 años de edad, cuántas personas están entre los 10 y 20 años o entre 20 y 30 etcétera. Los mensajes característicos podrían ser:

- En mayo, *gran parte de las ventas* se ubicaron entre los mil y los dos mil dólares.
- La *mayoría de los embarques* tardan en entregarse entre *cinco y seis días*.
- La *distribución de edades* de los empleados de la compañía difiere en forma marcada de la competencia.

Los términos a buscar que sugieren esta clase de comparación son *de "x" a "y"*, *concentración*, así como las palabras *frecuencia* y *distribución*.

5. COMPARACIÓN DE CORRELACIONES

Una comparación de correlaciones muestra *si la relación entre dos variables sigue el patrón que uno normalmente esperaría* o no. Por ejemplo, es común suponer que las utilidades aumenten proporcionalmente a las ventas o que éstas se incrementen ante un mayor descuento.

Siempre que su mensaje incluya palabras como *en relación con*, *aumenta con*, *disminuye con*, *cambia con*, *varía con* o, por el contrario, frases como *no aumenta con*, constituyen un indicio instantáneo de que usted realiza una comparación de correlaciones. Por ejemplo:

¶ El desempeño de las ventas durante mayo no muestra *relación entre éstas* y la experiencia del vendedor.
¶ La compensación del presidente ejecutivo *no varía con* el tamaño de la compañía.
¶ El monto de la póliza *se incrementa conforme aumentan* los ingresos del asegurado.

Éstas son las cinco clases de comparación implícitas en cualesquiera de los mensajes que usted derivará a partir de datos tabulares. Enunciadas en forma simple:

De componentes: Porcentaje de un total.

De partidas: Clasificación de partidas.

De series de tiempo: Cambios durante un periodo.

De distribución de frecuencias: Elementos dentro de ciertos límites.

De correlaciones: Relación entre variables.

Con esto en mente y con un lápiz en la mano, analice los siguientes 12 mensajes característicos derivados de datos tabulares e identifique la clase de comparación implícita en cada uno. Busque los indicios, las palabras detonadoras y, de ser necesario, consulte la definición y los ejemplos que acabamos de examinar. Verifique sus respuestas con las soluciones que aparecen invertidas en la parte inferior de la página.

Mensajes característicos	¿Comparación?
1. Se pronostica que las ventas aumentarán en los próximos 10 años.	_____
2. La mayor parte de los empleados gana entre 30 mil y 35 mil dólares.	_____
3. Un precio mayor de las distintas gasolinas no indica un mejor desempeño.	_____
4. En septiembre, los índices de rotación de personal para las seis divisiones fueron aproximadamente iguales.	_____
5. El gerente de ventas dedica únicamente 15% de su tiempo a salir al campo.	_____
6. El monto de los incrementos por desempeño no está relacionado con la antigüedad.	_____
7. El año pasado, la mayor parte de las rotaciones de personal se dieron en el grupo de 30 a 35 años de edad.	_____
8. La región C ocupa el último lugar en productividad.	_____
9. Caen las utilidades por acción de nuestra compañía.	_____
10. La mayor parte del total de los fondos se destina a manufactura.	_____
11. Existe una relación entre resultados y compensación.	_____
12. En agosto, dos plantas superaron, por un amplio margen, a las otras seis en cuanto a producción.	_____

RESPUESTAS

1. Series de tiempo
2. Distribución de frecuencias
3. Correlación
4. Partidas
5. Componentes
6. Correlación
7. Distribución de frecuencias
8. Partidas
9. Series de tiempo
10. Componentes
11. Correlación
12. Partidas

Una vez que hemos pasado de los datos al mensaje y de éste a una comparación, estamos listos para proceder al paso final: de la comparación a la forma gráfica más apropiada para su mensaje.

C. SELECCIONE EL TIPO DE GRÁFICA
(de la comparación a la gráfica)

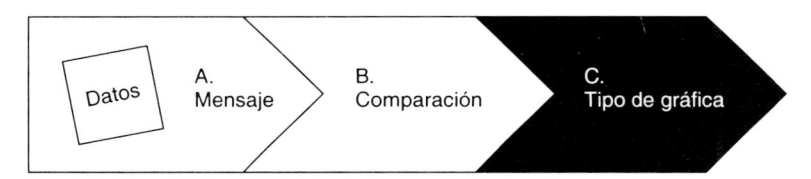

Datos → A. Mensaje → B. Comparación → **C. Tipo de gráfica**

Ya observó usted que sin importar cuál es su mensaje, éste siempre remitirá a una de las cinco clases de comparaciones. No tiene por qué sorprenderle que, sea cual fuere la comparación, siempre estará ante uno de los cinco tipos básicos de gráficas, esto es, pastel, barras, columnas, líneas y puntos.

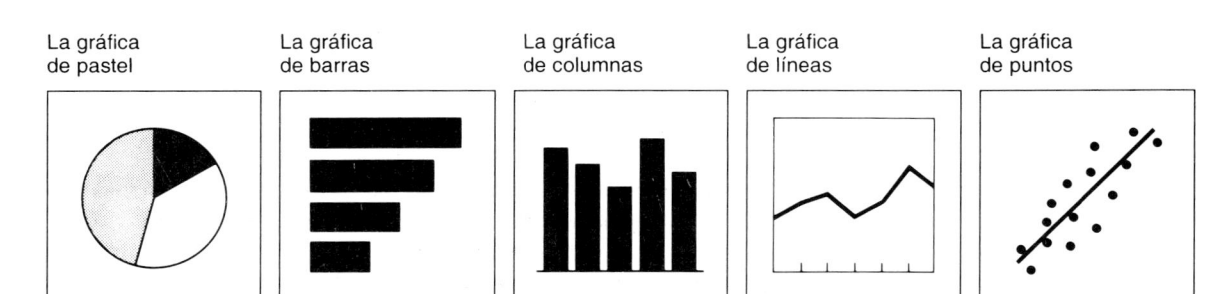

| La gráfica de pastel | La gráfica de barras | La gráfica de columnas | La gráfica de líneas | La gráfica de puntos |

He observado que la *gráfica de pastel* es la más popular y no tendría que ser así, puesto que es la menos práctica y, acaso, representa cerca de cinco por ciento de las gráficas utilizadas en una presentación o informe.

Por el contrario, la *gráfica de barras* es la menos apreciada. Sin embargo, se le debería prestar mayor atención, pues es muy versátil y, quizá, representa hasta 25 por ciento de todas las empleadas.

Considero, además, que la *gráfica de columnas* es la "vieja amiga confiable" y que la *gráfica de líneas* es el caballo de batalla; ambas debieran representar casi la mitad del total de gráficas empleadas.

Aunque quizá parece fácil de entender a primera vista, la *gráfica de puntos* ocupa su sitio con 10 por ciento del tiempo.

Lo anterior representa el 90 por ciento. Es factible que el porcentaje restante sea una combinación de estas gráficas, como una gráfica de líneas con una de columnas o una de pastel con una de columnas.

Reconozcamos que cada tipo de gráfica —en cuanto a la forma de su diseño— está equipada de manera óptima para ilustrar una de las cinco comparaciones.

La siguiente matriz ilustra las opciones primarias. En el costado se hallan los cinco tipos básicos de gráficas y en la parte superior están las cinco clases de comparaciones que acabamos de analizar. Para series de tiempo, distribución de frecuencias y correlación, cuenta usted con dos opciones de gráficas. La elección de una u otra dependerá de la cantidad de datos a manejar. Para una serie de tiempo o una distribución de frecuencias utilice la gráfica de columnas, principalmente cuando tenga poca información (digamos seis o siete elementos), y utilice la gráfica de líneas cuando posea muchos elementos. Para una comparación de correlaciones use la gráfica de barras, por ejemplo cuando tiene pocos datos, y la de puntos cuando disponga de muchos.

Analicemos esta matriz para entender por qué se recomienda cada tipo de gráfica. En el proceso, conoceremos la manera de aprovechar al máximo tales tipos y de presentar variaciones para aquella que aporte información adicional.

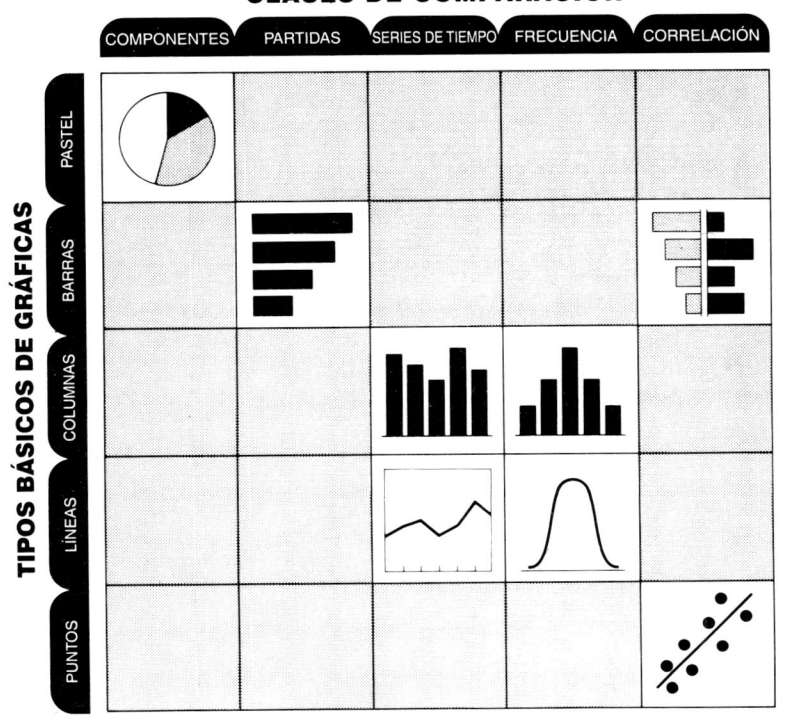

Conforme avancemos, tenga usted en mente que la elección, y especialmente el uso, de las gráficas no constituye una ciencia exacta. De modo que percibirá usted un manejo liberal de calificativos como *generalmente*, *ocasionalmente*, *la mayor parte del tiempo*, *parcialmente*, etcétera, los cuales implican que su criterio habrá de jugar un papel importante en la decisión del diseño óptimo de las gráficas. Las opciones presentadas en la matriz, junto con las sugerencias para aprovechar al máximo las gráficas, constituyen lineamientos. Sin embargo, usted se percatará frecuentemente de que estos lineamientos sirven bastante bien.

Antes de pasar a la siguiente página en la que analizaremos específicamente cada comparación y el tipo de gráfica recomendado, le sugiero que se detenga un momento y pase a la segunda sección de este libro, donde presento una cartera de todas estas gráficas. Hojee la lista de gráficas para que vea lo efectivas que pueden resultar las mismas al ser bien concebidas y diseñadas.

1. COMPARACIÓN DE COMPONENTES

La comparación de componentes se expresa de manera óptima mediante el uso de una gráfica de pastel. El círculo da una idea clara de que estamos ante una totalidad, por lo que esta gráfica es ideal para mostrar el tamaño de cada parte como un porcentaje de un todo; por ejemplo, las compañías que componen un ramo industrial.

LA GRÁFICA DE PASTEL

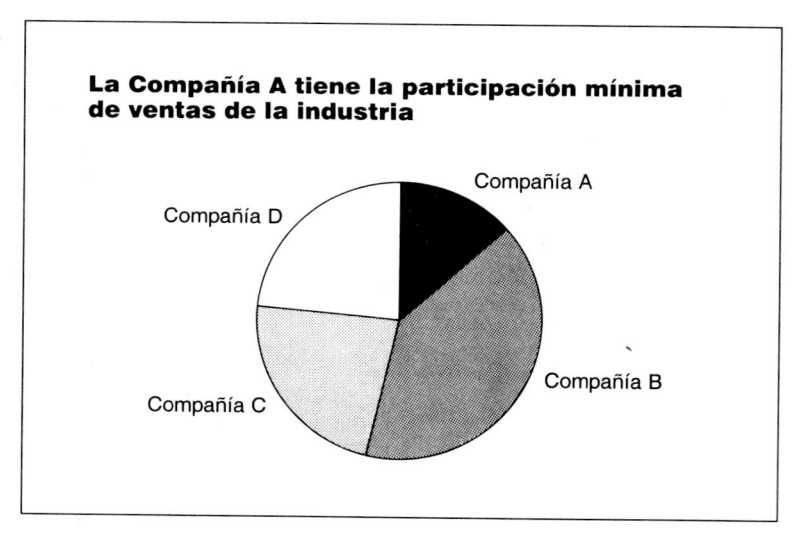

La Compañía A tiene la participación mínima de ventas de la industria

Por lo general, para aprovechar al máximo este formato conviene no utilizar más de seis componentes; en caso contrario, seleccione los cinco componentes principales y agrupe los demás en la categoría "otros".

Como estamos acostumbrados a medir de acuerdo al movimiento de las manecillas del reloj, hay que ubicar el segmento más importante contra la línea que marca las 12 y subrayarlo con un color contrastante (por ejemplo, amarillo contra un fondo negro), o el sombreado más intenso si la gráfica está en blanco y negro. Cuando ninguno de los segmentos sea más importante que los demás, considere la posibilidad de acomodar los componentes empezando del mayor al menor o viceversa, y utilice el mismo color o suprima el sombreado en todos los segmentos.

En general, las gráficas de pastel constituyen el tipo menos práctico de los cinco, aunque también son las que por lo general se utilizan en forma equivocada y, peor aún, con abuso.

Por ejemplo, en la siguiente página presentamos varias supuestas gráficas de pastel que he descubierto a lo largo de los años en presentaciones, periódicos, revistas e informes anuales. Reconozco que cada una es imaginativa e ingeniosa, incluso atractiva, aunque el ejemplo D resulta más o menos macabro. También constituyen ejemplos sobre cómo la forma se vuelve más importante que el contenido y, como resultado, no logran presentar relaciones visuales precisas.

He de subrayar que el propósito primordial de cualquier gráfica consiste en demostrar las relaciones con mayor rapidez y claridad que cuando se maneja la forma tabular. Siempre que la forma se vuelve más importante que el contenido, es decir, siempre que el diseño de la gráfica interfiere con la percepción clara de la relación, los lectores o el auditorio se ven afectados de manera negativa si pretenden fundamentar sus decisiones en la fuerza de lo que ven.

Divirtámonos haciendo un ejercicio que ponga a prueba la utilidad de estos ejemplos como *herramientas* visuales. Para obtener el mayor beneficio del siguiente proyecto de trabajo, usted tiene que prometer que *no va a pensar*, sino que registrará su primera impresión visual. Para cada ejemplo, empezando en la parte superior y siguiendo en forma descendente o en círculo, llene rápidamente el porcentaje del total que corresponde a cada componente. Luego sume los totales. Lo más importante es que NO PUEDE REGRESAR, NO PUEDE BORRAR y, por fortuna, NO PUEDE CAMBIAR DE OPINIÓN, puesto que no va a pensar.

¡ADELANTE!

Para cada una de estas seis gráficas, anote el porcentaje que en su opinión representa cada segmento y súmelos.

▶ **A**

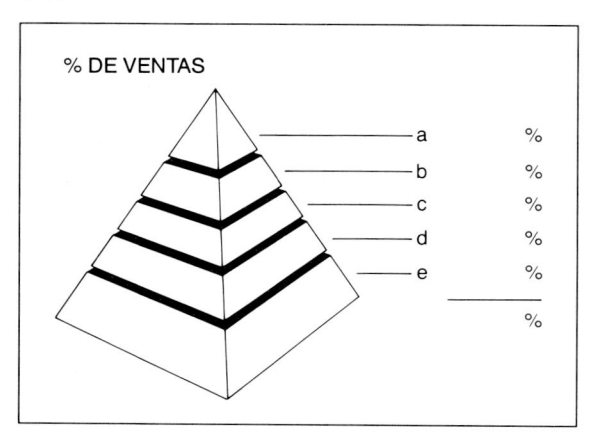

% DE VENTAS

a ___ %
b ___ %
c ___ %
d ___ %
e ___ %
___ %

▶ **B**

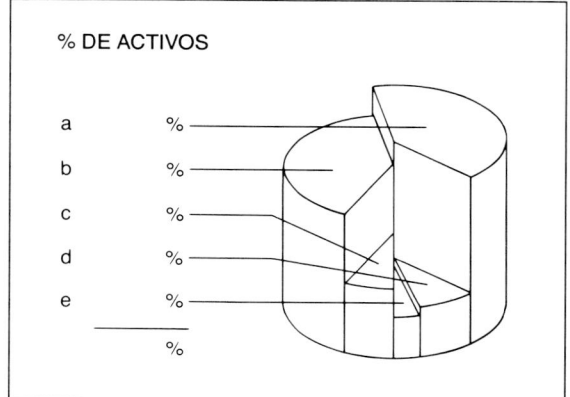

% DE ACTIVOS

a ___ %
b ___ %
c ___ %
d ___ %
e ___ %
___ %

▶ **C**

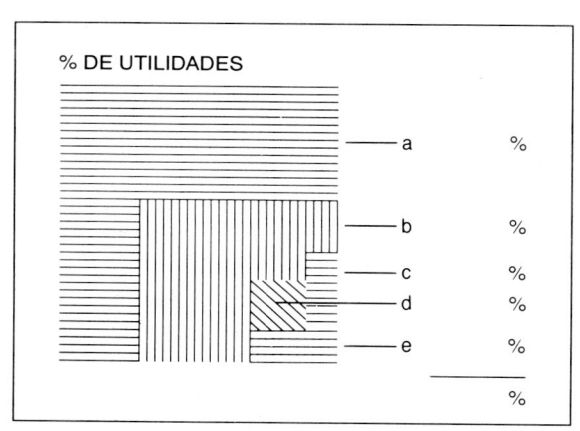

% DE UTILIDADES

a ___ %
b ___ %
c ___ %
d ___ %
e ___ %
___ %

▶ **D**

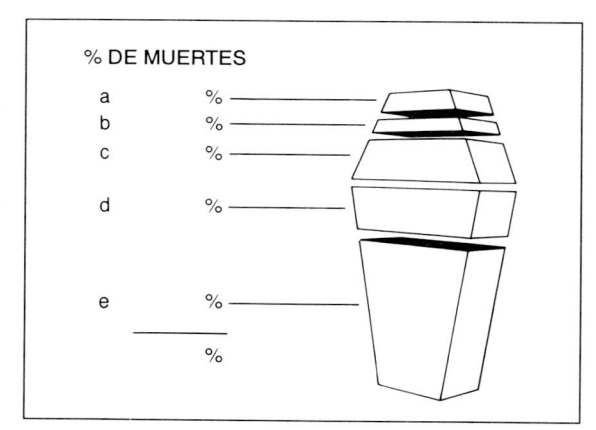

% DE MUERTES

a ___ %
b ___ %
c ___ %
d ___ %
e ___ %
___ %

▶ **E**

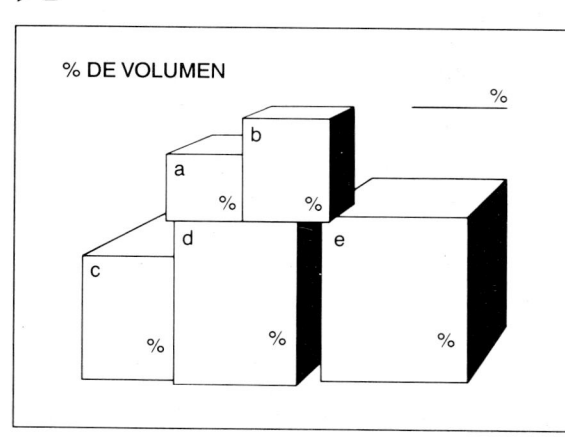

% DE VOLUMEN

___ %
a ___ %
b ___ %
c ___ %
d ___ %
e ___ %

▶ **F**

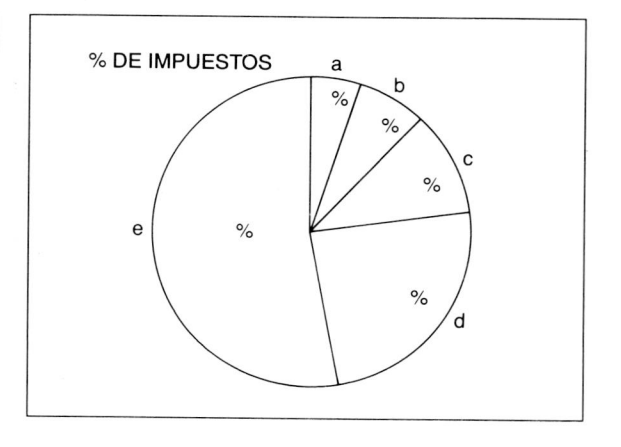

% DE IMPUESTOS

a ___ %
b ___ %
c ___ %
d ___ %
e ___ %

30

Ahora compare todas sus suposiciones con los datos reales que acompañaban a cada ejemplo:

	A Porcentaje de ventas	**B** Porcentaje de activos	**C** Porcentaje de utilidades	**D** Porcentaje de muertes	**E** Porcentaje de volumen	**F** Porcentaje de impuestos
a.	5%	37%	58%	7%	7%	5%
b.	7	31	32	6	15	7
c.	11	10	3	17	18	11
d.	24	14	4	16	25	24
e.	53	8	3	54	35	53
	100%	100%	100%	100%	100%	100%

Si sus resultados difirieron de manera radical de estas cifras, al menos desde la Gráfica A hasta E, entonces es claro que las gráficas no cumplen con la función para la que fueron creadas, que consiste en brindarle a usted una idea *precisa* de las relaciones. He puesto a prueba estas gráficas con numerosos colegas y es probable que los resultados que usted obtuvo hayan sido similares a los de ellos. Fueron pocos los casos en que los datos sumaron exactamente 100 por ciento. En su lugar, la frecuencia con que los componentes sumaron menos del 100 por ciento fue igual a la frecuencia con la que sobrepasaron con mucho el 100 por ciento. En los casos más extremos, los datos sumaron únicamente el 45 por ciento en el extremo menor y 280 en el mayor. Incluso, cuando las personas llegaron al mismo total, sus proporciones no necesariamente fueron similares.

Por el contrario, casi todo el mundo estimó con exactitud los porcentajes del ejemplo F, *Porcentaje de impuestos*, presentado como una gráfica convencional de pastel. Aquí, la gente pudo *ver* de manera inmediata que el segmento *a* se encuentra alrededor del cinco por ciento y que el *d* ocupa aproximadamente el 25 por ciento, en tanto que el *e* tiene poco más del 50 por ciento. De hecho, este ejemplo se basa en los mismos datos que el ejemplo A. Yo sólo cambié los títulos para ver qué sucedía. Ahora compare usted los porcentajes que anotó en A con los que atribuyó a F y observará que la diferencia en la forma de la gráfica lo confundió.

La lección que podemos aprender a partir de este ejercicio es clara: si su objetivo es comunicar relaciones precisas, no sucumba a la tentación de ser creativo, y confíe mejor en las gráficas convencionales de pastel. Utilice su ingenio para hacer atractivas las gráficas con arreglos adecuados, tipos legibles y uso constructivo del color o las sombras.

Una gráfica de pastel sirve para mostrar mejor los componentes de un solo total que una gráfica de barras o una de columnas con el cien por ciento. No obstante, en el momento que necesite comparar las partes de más de un total no piense ni vacile. Cambie a las barras o a las columnas con el cien por ciento. Este ejemplo demuestra su conveniencia.

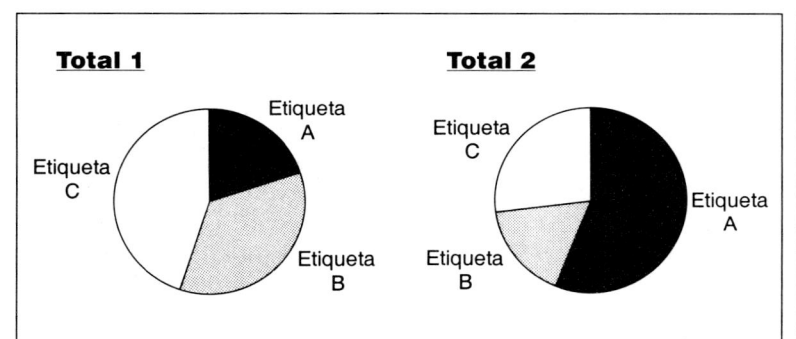

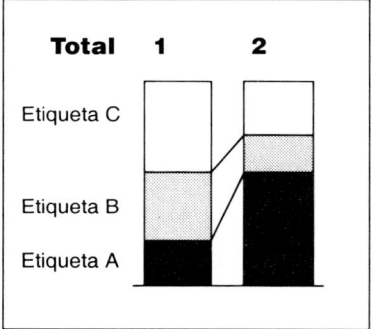

Observe cómo deben ser repetidas las etiquetas en cada una de las dos gráficas de pastel. Por supuesto, podríamos usar una leyenda. Esto, sin embargo, obliga al lector a ir de ésta a los componentes para entender con claridad su correspondencia. Asimismo, aunque los sombreados, o los colores, ayuden al lector a distinguir los tres componentes, la mirada ha de ir de una gráfica a otra para percibir las relaciones.

Por el contrario, al utilizar dos columnas con el cien por ciento reducimos los problemas. Ahora las etiquetas resultan menos redundantes y las relaciones entre los segmentos correspondientes, reforzadas aquí con las líneas de unión, se tornan más evidentes.

2. COMPARACIÓN DE PARTIDAS

La mejor manera de expresar una comparación de elementos es mediante una gráfica de barras.

La dimensión vertical no es una escala; pues sólo se utiliza para nombrar los elementos medidos, como países, industrias, compañías, nombres de representantes de ventas. Así, usted puede acomodar las barras en la secuencia que más convenga a sus propósitos. Por ejemplo, en una gráfica donde se comparen utilidades sobre ventas para una compañía con el de sus cinco competidores en cierto tiempo, las barras pueden ser colocadas poniendo los nombres de las compañías en orden alfabético, por la fecha de ingreso a la industria, por el monto de las ventas o de las utilidades de menor a mayor o, como en este ejemplo, de mayor a menor o viceversa (de la mejor compañía a la peor).

LA GRÁFICA DE BARRAS

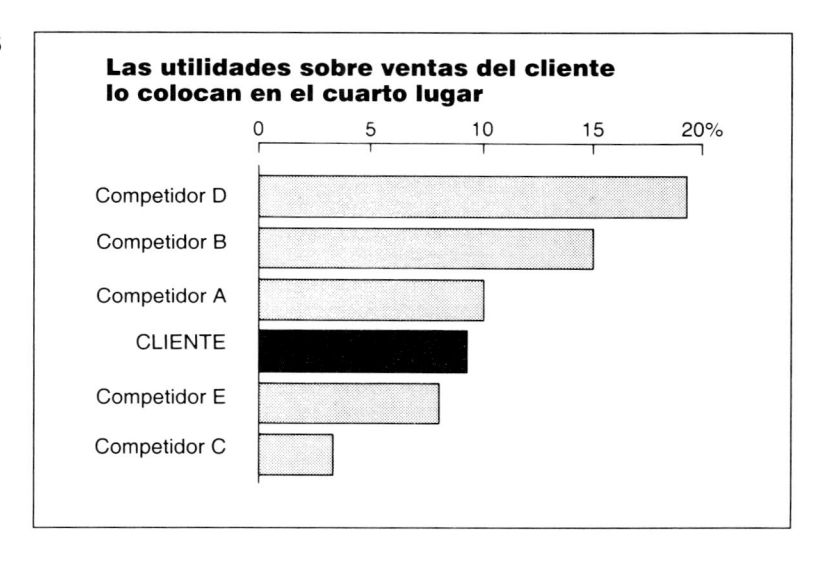

Las utilidades sobre ventas del cliente lo colocan en el cuarto lugar

```
                 0       5      10      15     20%
Competidor D  ████████████████████████████
Competidor B  █████████████████████
Competidor A  ██████████████
CLIENTE       ████████████
Competidor E  ██████████
Competidor C  █████
```

Al preparar las gráficas de barras, ha de asegurarse de que el espacio que separa las barras sea menor que la anchura de las mismas. Utilice el color o el sombreado más contrastante para subrayar la partida más importante, así se refuerza el mensaje.

Para identificar los valores, utilice una escala en la parte superior (en ocasiones se ubica en la parte inferior) o números en los extremos de las barras, pero no ambas cosas. Use la escala si lo único que quiere hacer es un estudio rápido de las relaciones y los números si resultan importantes para su mensaje. En ocasiones, una buena idea es emplear la escala y *el número* en que se necesita hacer énfasis. No obstante, tanto la escala como los números pueden provocar que la gráfica tenga demasiados datos, lo cual vale para las gráficas de barras, columnas y líneas.

Al emplear números, redondee las cifras y omita los decimales si el hacerlo no afecta su mensaje, pues resulta más fácil retener una cifra como 12 por ciento que 12.3 por ciento o 12.347 por ciento.

A continuación, presentamos seis variantes de la gráfica de barras para demostrar su versatilidad. Además, cada una proporciona información adicional. En la Sección 2 de este libro se presentan ejemplos de la aplicación de estas variantes. Tal vez quiera usted revisarlas ahora. Por supuesto, cuando lo haga querrá incorporarlas a su vocabulario de gráficas que actualmente emplea.

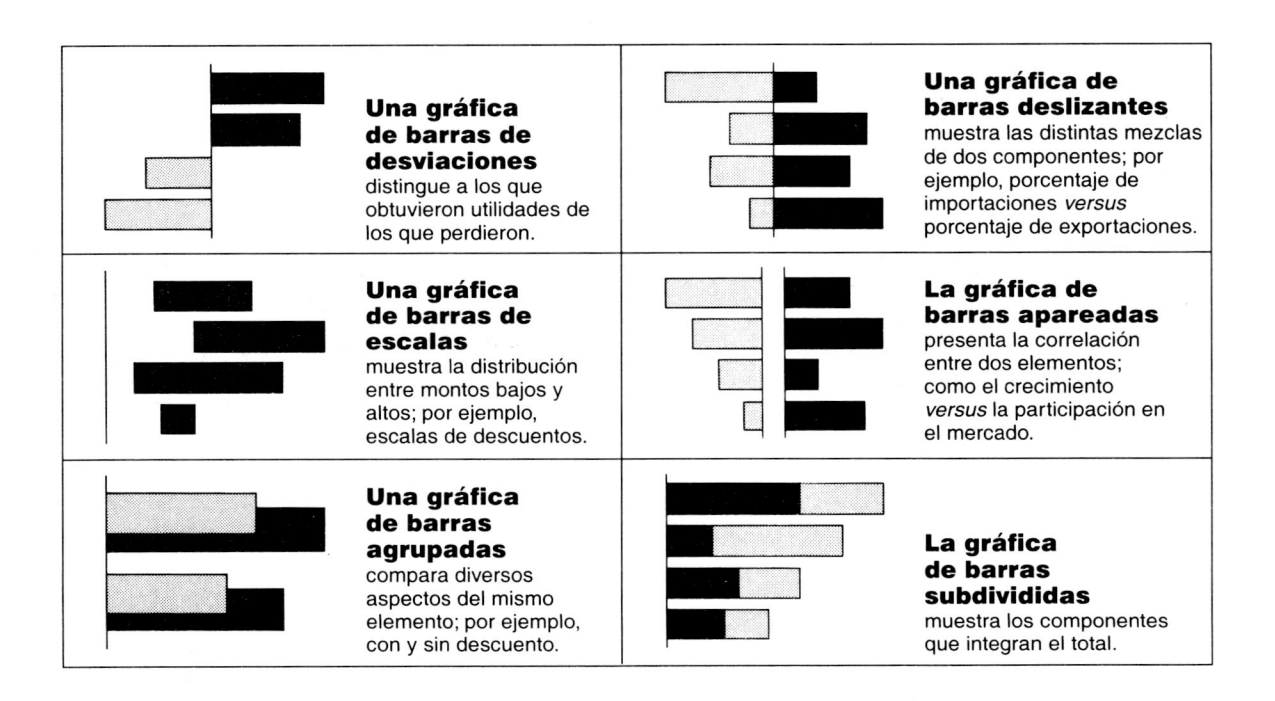

Una gráfica de barras de desviaciones
distingue a los que obtuvieron utilidades de los que perdieron.

Una gráfica de barras deslizantes
muestra las distintas mezclas de dos componentes; por ejemplo, porcentaje de importaciones *versus* porcentaje de exportaciones.

Una gráfica de barras de escalas
muestra la distribución entre montos bajos y altos; por ejemplo, escalas de descuentos.

La gráfica de barras apareadas
presenta la correlación entre dos elementos; como el crecimiento *versus* la participación en el mercado.

Una gráfica de barras agrupadas
compara diversos aspectos del mismo elemento; por ejemplo, con y sin descuento.

La gráfica de barras subdivididas
muestra los componentes que integran el total.

Habrá ocasiones en que usted preferirá utilizar la gráfica de columnas a la de barras, esto es, barras verticales en lugar de horizontales para mostrar una comparación de elementos. En realidad, no es un error hacerlo así. Sin embargo, nueve de cada diez veces le conviene más emplear la gráfica de barras por dos motivos. Primero, al reservar las gráficas de barras para mostrar una comparación de elementos, reducimos la posibilidad de confusión con una comparación de series de tiempo, para la cual resultan apropiadas las gráficas de columnas. Por lo tanto, para reforzar esta distinción, evitemos emplear la gráfica de barras para mostrar cambios durante cierto lapso. En la cultura occidental estamos acostumbrados a pensar que el tiempo se mueve de izquierda a derecha, no de arriba hacia abajo.

El segundo motivo es de índole práctica. Por lo general, los elementos tienen títulos largos: territorios como noreste y sureste, industrias como agricultura, manufactura, nombres de personas, todo lo cual requiere espacio. Observe, en los ejemplos siguientes, que usted cuenta con todo el espacio necesario a la izquierda de las barras para enumerar los distintos elementos, en tanto que, con la gráfica de columnas, quizá requiera hacer una serie de contorsiones, pues éstas (las columnas) suelen ser angostas. Aquí usted tiene que amontonar el título hasta el punto de parecer ilegible, separar la palabra en sílabas o escribirla de manera extraña.

Preferida

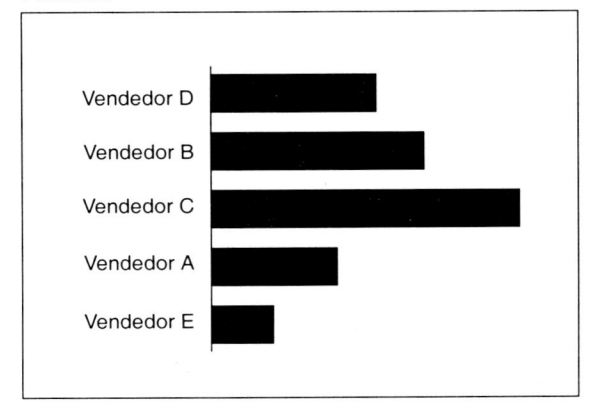

Limitada

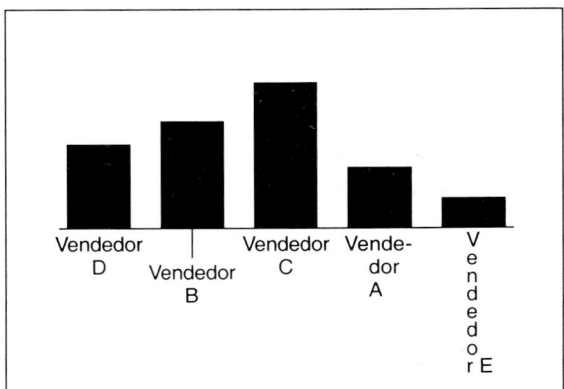

3. COMPARACIÓN DE SERIES DE TIEMPO

Si bien las comparaciones de componentes y de partidas muestran relaciones en un punto en el tiempo, la comparación de series de tiempo presenta cambios durante un periodo.

La manera óptima de demostrar un formato de este tipo es mediante una gráfica de columnas o una de líneas. La decisión en cuanto a la gráfica que se ha de usar es simple. Si usted dispone tan sólo de unos cuantos puntos de tiempo que han de ser incluidos (digamos, hasta siete u ocho), utilice la gráfica de columnas pero si, por el contrario, tiene que exponer una tendencia a lo largo de 20 años por trimestres, le conviene emplear la gráfica de líneas.

Al elegir entre la gráfica de columnas y la de líneas, también puede orientarse por la naturaleza de los datos. Una gráfica de columnas subraya niveles o magnitudes, y es apropiada para datos relacionados con actividades que tienen lugar dentro de un periodo definido, lo cual sugiere un nuevo inicio para cada etapa. Los datos de producción entran dentro de esta categoría. La gráfica de líneas subraya el movimiento y los ángulos del cambio y, por lo tanto, constituye la mejor manera de expresar datos que pasan de un tiempo al siguiente. Un buen ejemplo son los datos de inventarios.

Al margen de estas distinciones, cada gráfica tiene sus propias características y variantes, de modo que las estudiaremos por separado.

LA GRÁFICA DE COLUMNAS

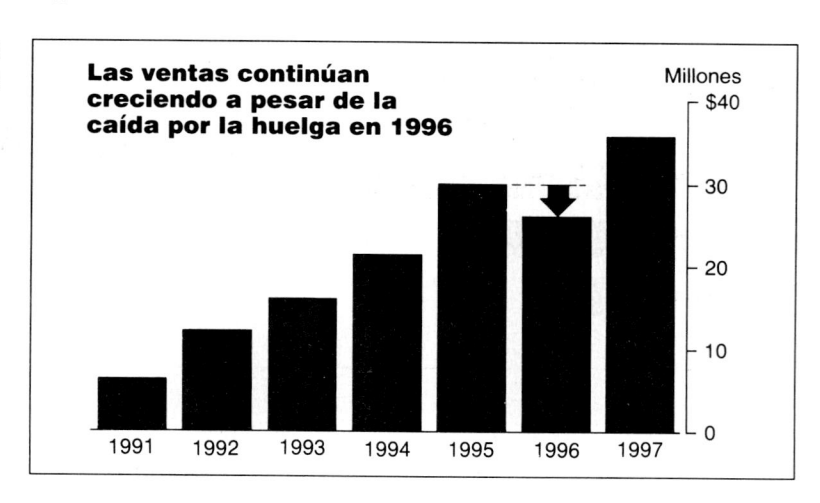

Las ventas continúan creciendo a pesar de la caída por la huelga en 1996

Las sugerencias para aprovechar al máximo las gráficas de barras también se aplican a las gráficas de columnas: haga que el espacio entre las columnas sea más reducido que su anchura de las mismas y utilice color, o sombreado, para subrayar un punto de tiempo o para diferenciar, digamos, entre datos históricos y datos proyectados.

Así como ocurre con la gráfica de barras, hay diversas variaciones con la gráfica de columnas que la convierten en una herramienta ingeniosa y valiosa, tales variaciones son expuestas, mientras se las emplea, en la Sección 2.

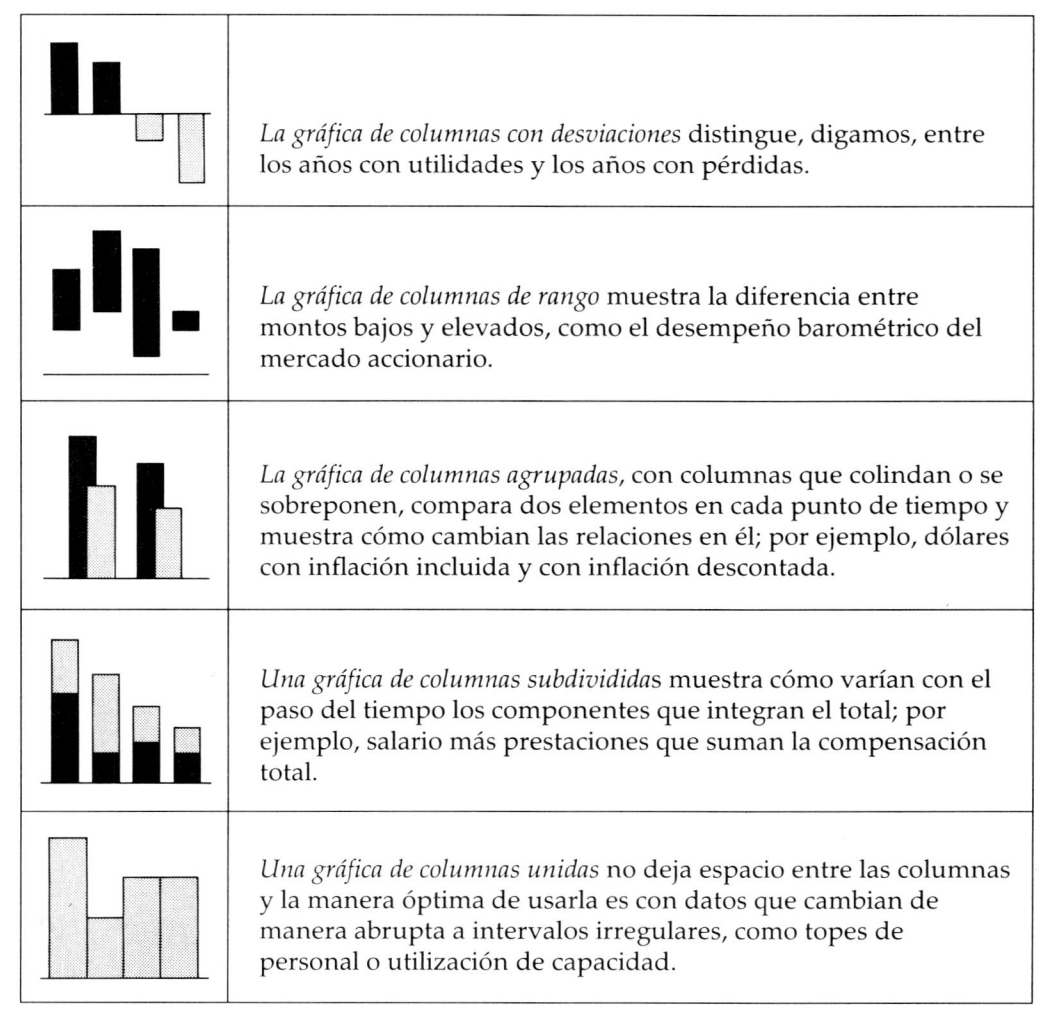

	La gráfica de columnas con desviaciones distingue, digamos, entre los años con utilidades y los años con pérdidas.
	La gráfica de columnas de rango muestra la diferencia entre montos bajos y elevados, como el desempeño barométrico del mercado accionario.
	La gráfica de columnas agrupadas, con columnas que colindan o se sobreponen, compara dos elementos en cada punto de tiempo y muestra cómo cambian las relaciones en él; por ejemplo, dólares con inflación incluida y con inflación descontada.
	Una gráfica de columnas subdivididas muestra cómo varían con el paso del tiempo los componentes que integran el total; por ejemplo, salario más prestaciones que suman la compensación total.
	Una gráfica de columnas unidas no deja espacio entre las columnas y la manera óptima de usarla es con datos que cambian de manera abrupta a intervalos irregulares, como topes de personal o utilización de capacidad.

LA GRÁFICA DE LÍNEAS

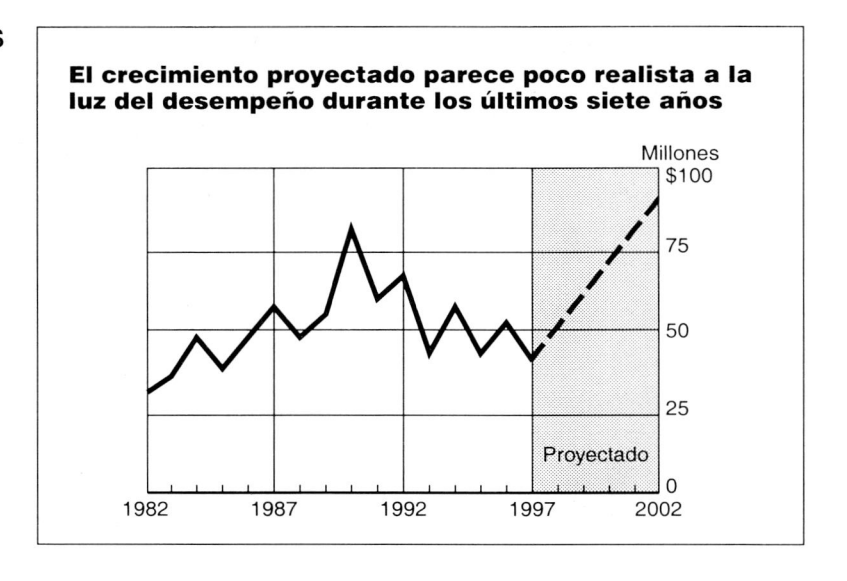

El crecimiento proyectado parece poco realista a la luz del desempeño durante los últimos siete años

Sin duda alguna, la gráfica de líneas es la más utilizada de las cinco gráficas, y así ha de ser en virtud de que es la más fácil de dibujar, la más compacta y clara para discernir si la tendencia aumenta, disminuye, fluctúa o permanece constante.

Al preparar una gráfica de líneas asegúrese de que la línea de la tendencia resalte más que la línea de base, y que ésta, a su vez, sea un poco más oscura que las líneas horizontal y vertical que dan forma a la cuadrícula de referencia.

Piense que la cuadrícula es como el árbitro en un evento deportivo, está ahí para propósitos de referencia, no para ser la atracción principal, que en este caso es la línea, o líneas, de tendencia. En otras palabras, usted puede utilizar las líneas verticales para distinguir entre lo histórico y lo proyectado, para subrayar periodos trimestrales o para separar incrementos cada cinco años. De manera similar, unas cuantas líneas horizontales facilitarán al lector discernir valores relativos. En resumen, use su criterio para elegir entre el exceso o la ausencia total de líneas de diferencia.

La gráfica de líneas ofrece únicamente dos variantes, muchas menos que la gráfica de barras o columnas, pero son tan importantes que merecen ser analizadas.

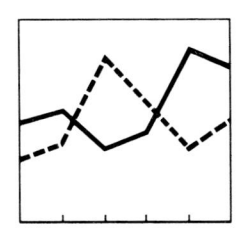

La gráfica de líneas agrupadas compara el desempeño de dos o más elementos. Para distinguir entre, digamos, la tendencia de su compañía y la de sus competidores, utilice un color contrastante o una línea sólida gruesa para su compañía y colores menos intensos o líneas delgadas o discontinuas (guiones largos, guiones cortos) para las demás.

El reto consiste en establecer cuántas tendencias podemos mostrar de manera simultánea sin que la gráfica parezca un platón de espagueti más que una serie de tendencias. Seamos realistas, no porque se grafiquen ocho tendencias, la gráfica resulta doblemente útil que si sólo mostraran cuatro; puede ser doblemente confusa, pero no útil.

Una técnica para evitar la confusión consiste en aparear su tendencia con la de cada competidor en una serie de gráficas pequeñas, como puede verse a continuación. Es cierto que se generan más gráficas, pero las comparaciones por cada una son más simples.

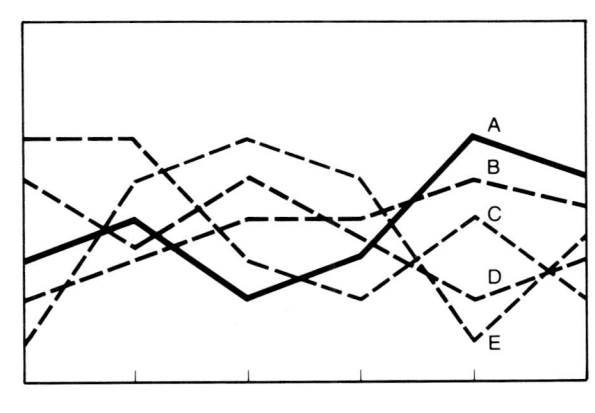

La gráfica de espagueti

Cómo evitar la confusión

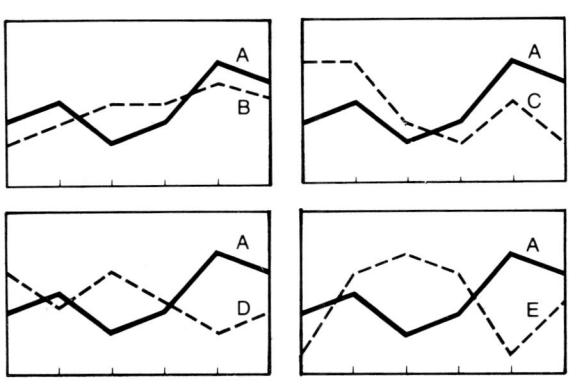

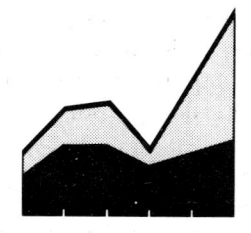

Al colorear o sombrear la superficie que hay entre la línea de la tendencia y la línea de base, creamos la *gráfica de superficies*. Al subdividir la superficie en los componentes que integran los totales en cada punto de tiempo, creamos la *gráfica de superficies subdivididas*. Aquí también, como ocurre con las gráficas de barras y de columnas subdivididas, restrinja el número de capas a cinco o menos. Si hay más segmentos, ilustre únicamente los cuatro más importantes y agrupe los restantes en la categoría "otros".

Para todas las gráficas subdivididas coloque el segmento principal contra la línea de base, ya que éste será el único segmento que se mida contra una línea recta. Los demás segmentos estarán a merced de las alzas y bajas del básico.

Como ocurre con la gráfica de espagueti que acabamos de analizar, la técnica para darle sentido a un mar de capas consiste en separar los componentes y mostrar cada uno sobre su propia base, con lo que simplificamos la gráfica al dividirla en gráficas de superficies más sencillas.

De la gráfica de líneas subdivididas

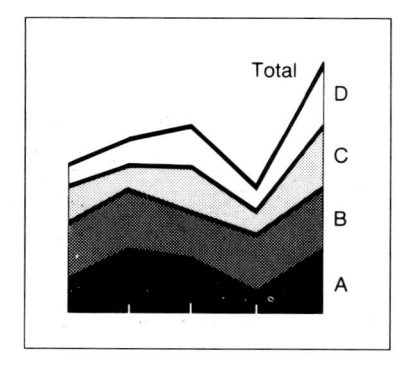

A gráficas de superficies más sencillas

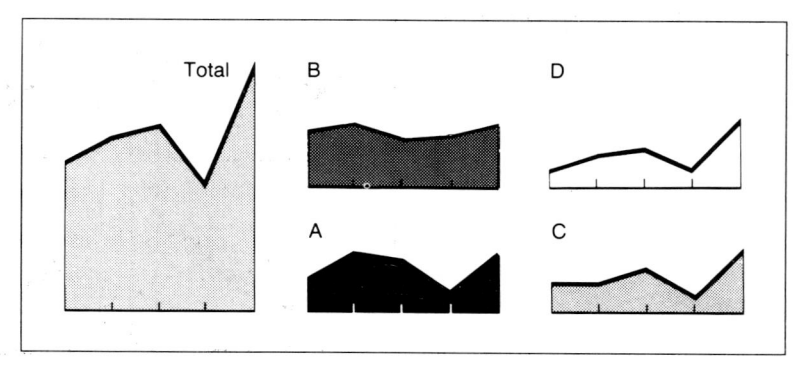

4. COMPARACIÓN DE DISTRIBUCIÓN DE FRECUENCIAS

Una comparación distributiva de frecuencias muestra cuántos elementos (frecuencias) entran dentro de una serie de escalas numéricas progresivas (distribución).

Existen dos principales aplicaciones para esta clase de comparación. La primera consiste en generalizar probables eventos con base en una muestra de observaciones. Aquí, la distribución de frecuencias se utiliza para pronosticar riesgo, probabilidad o posibilidad. Uno de sus usos podría mostrar que existe una posibilidad de 25 por ciento de que los embarques sean entregados en cinco días o menos; otro describiría (in)certidumbre, como las probabilidades de sacar un siete perdedor, en un porcentaje de todos los resultados posibles, al jugar dados. (Ahorre su dinero, la probabilidad es una de seis.)

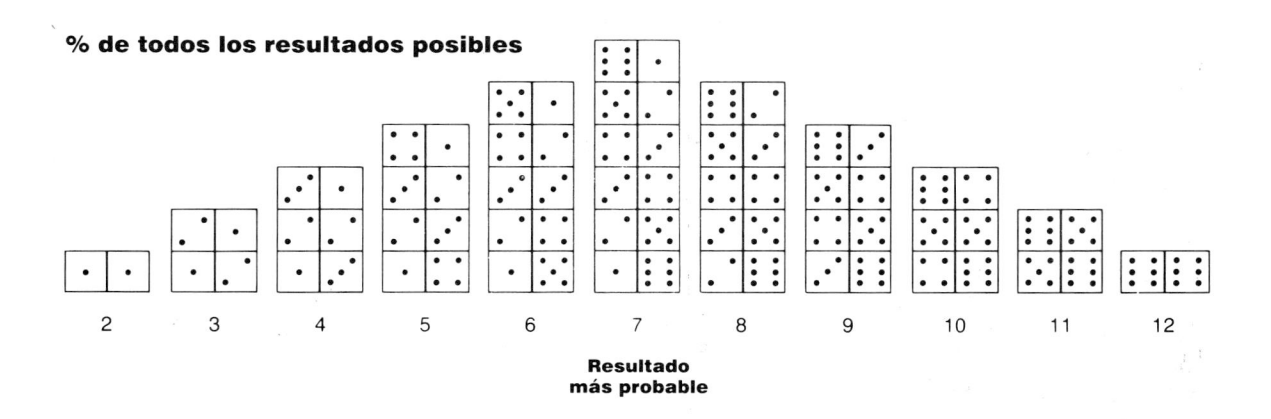

% de todos los resultados posibles

2   3   4   5   6   7   8   9   10   11   12

Resultado más probable

Las curvas "en forma de campana" y los polígonos de frecuencias que se asocian con esta aplicación están gobernados por reglas matemáticas. Hágase un favor y busque la ayuda de un matemático para diseñarlas. Como estas "curvas" se utilizan primordialmente para propósitos analíticos, no constituyen un punto de interés en este libro.

La segunda aplicación, vista frecuentemente en presentaciones e informes de negocios, consiste en resumir grandes cantidades de datos para demostrar alguna relación significativa (por ejemplo, 25 por ciento de los embarques se entregan en cinco o seis días). Esta aplicación resulta particularmente útil para información demográfica como el número de empleados por escala de salario, la distribución de familias mexicanas por niveles de ingresos o el patrón de voto por grupo de edad. Como tendríamos que esperar, este uso de la distribución de frecuencias aumenta cada vez que se elabora el censo nacional y cada seis años debido a las elecciones presidenciales.

En este papel, la manera óptima de mostrar la distribución de frecuencias es una *gráfica de columnas pegadas (histograma)* o una *gráfica de líneas (histografía)*. Las gráficas de columnas son mejores cuando son usadas tan sólo unas cuantas escalas, digamos cinco o siete, y las gráficas de líneas cuando hay muchas.

LA GRÁFICA DE COLUMNAS (HISTOGRAMA)

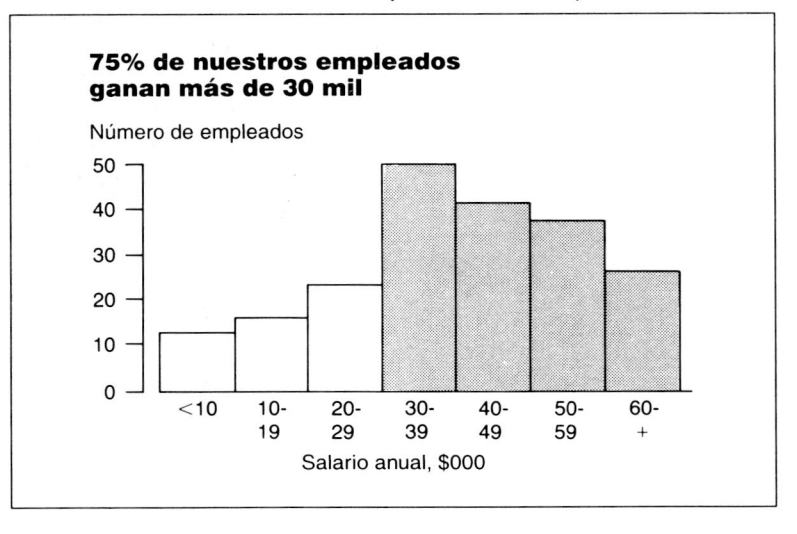

75% de nuestros empleados ganan más de 30 mil

LA GRÁFICA DE LÍNEAS (HISTOGRAFÍA)

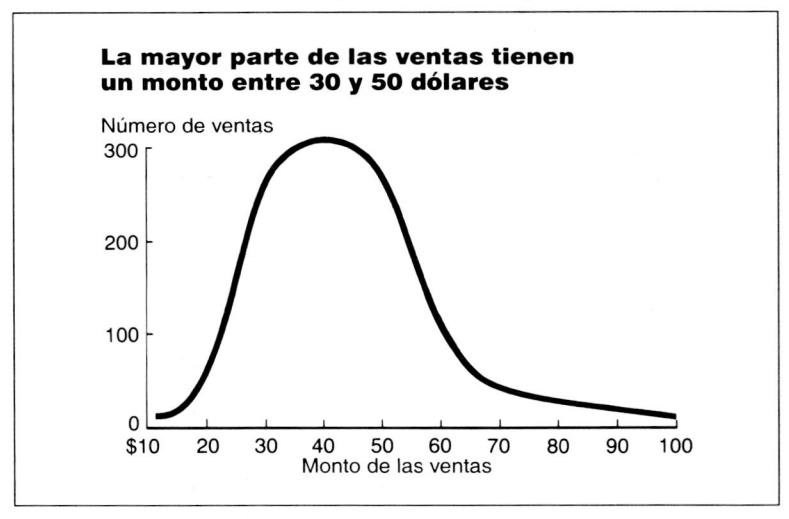

La mayor parte de las ventas tienen un monto entre 30 y 50 dólares

Estas gráficas tienen dos escalas: la vertical (frecuencia) es para el número (en ocasiones porcentaje) de partidas u ocurrencias; la horizontal (distribución) es para las escalas. La escala de distribución requiere atención especial.

Tamaño de las escalas. El tamaño de las escalas y, por ende, el número de grupos, resulta importante para establecer el patrón de distribución. Tener muy pocos grupos oculta el patrón; mientras que el exceso lo rompe. Como regla general, no hay que usar menos de cinco grupos ni más de 20. No obstante, dentro de estos extremos, la idea es buscar el número de grupos que demuestre el mensaje preciso. Por ejemplo, si quisiéramos destacar el patrón de una distribución del promedio de salarios anuales pagado a maestros de escuelas públicas en Estados Unidos:

Agrupar las escalas por incrementos de 500 dólares no revela ningún patrón discernible.

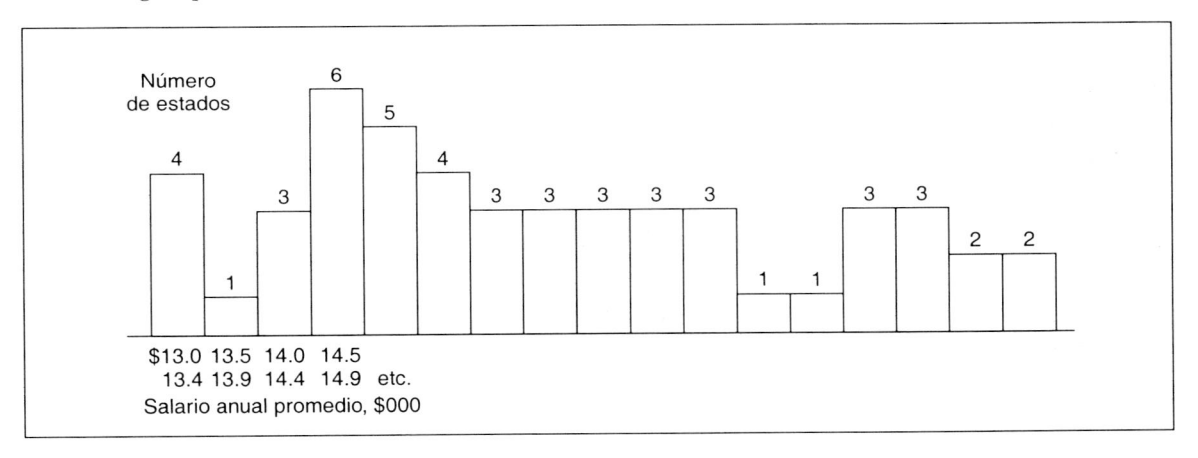

Número de estados

4, 1, 3, 6, 5, 4, 3, 3, 3, 3, 3, 1, 1, 3, 3, 2, 2

$13.0 13.5 14.0 14.5
13.4 13.9 14.4 14.9 etc.
Salario anual promedio, $000

Agrupar las escalas por incrementos de 1 000 dólares empieza a sugerir un patrón.

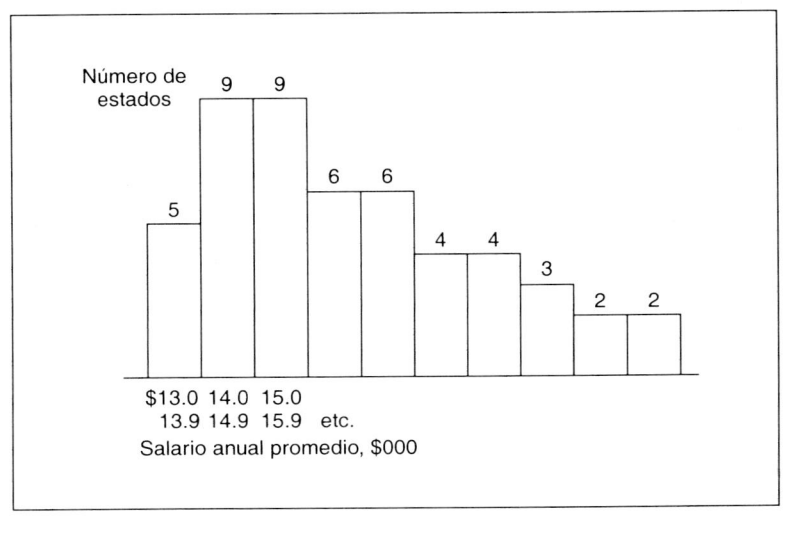

Número de estados

5, 9, 9, 6, 6, 4, 4, 3, 2, 2

$13.0 14.0 15.0
13.9 14.9 15.9 etc.
Salario anual promedio, $000

Pero no es hasta que agrupamos las escalas por incrementos de dos mil dólares que observamos claramente la curva en forma de campana, habitualmente asociada con una distribución de frecuencias. En este ejemplo, la curva se inclina hacia la izquierda, es decir, hacia el lado más bajo de la distribución, lo cual indica un posible mensaje en el sentido de que casi la mitad de los estados (23 de 50 estados) pagan a sus maestros menos de dieciséis mil dólares al año.

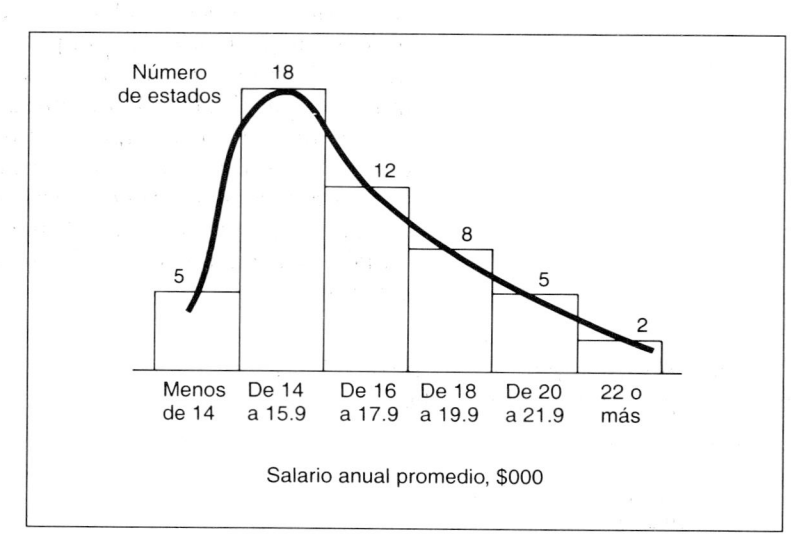

Número de estados

Menos de 14	De 14 a 15.9	De 16 a 17.9	De 18 a 19.9	De 20 a 21.9	22 o más
5	18	12	8	5	2

Salario anual promedio, $000

Tamaño de los grupos. Lo mejor es usar grupos de igual tamaño. Si un grupo representara una escala de cinco dólares y el siguiente de 20 dólares, la forma de la distribución estaría distorsionada. Entre las excepciones se encuentran casos en que los datos no están asentados en etapas iguales (por ejemplo, niveles educativos) o en los que tiene más sentido usar etapas desiguales, como serían las escalas de impuestos a los ingresos personales. Como la escala de ingresos es tan grande y como es excesivo el número de personas que se ubican en el extremo más bajo y son muy pocas quienes están en el extremo más alto, los intervalos iguales no funcionarán; por ejemplo, los intervalos de mil dólares darían como resultado una gráfica de varios metros de ancho, los intervalos de 40 000 dólares ubicarían virtualmente a todo el mundo en el primer intervalo. La gráfica sería más informativa si se mostraran intervalos pequeños en el extremo menor e intervalos grandes en el mayor.

Títulos claros. Se tiene que explicar con toda claridad el tamaño de los grupos. Los títulos "sobrepuestos" como 0-10, 10-20, 20-30, no expresan cuáles son los grupos que incluyen la cifra repetida. Para datos continuos, como ventas en dólares, se prefiere el método que expresa menos de 10.00, 10.00-19.99, 20.00-29.99, etcétera. Para datos distintos, como número de automóviles manufacturados, el método preferido es menos de 10, 10-19, 20-29, etcétera.

Tanto el histograma como la histografía pueden agruparse para mostrar, por ejemplo, la distribución de un año frente a otro, o para comparar la distribución de edades de sus empleados con la de un competidor, o quizá un promedio en una industria. Asimismo, cuando se emplean números absolutos, pueden subdividirse para mostrar cómo los componentes se suman para integrar el total.[1]

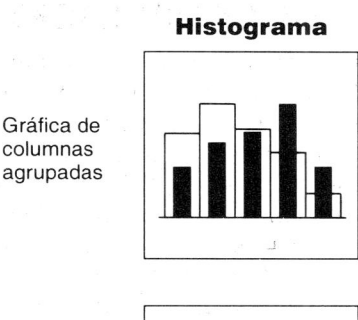

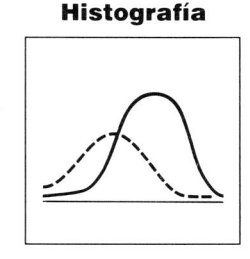

Histograma **Histografía**

Gráfica de columnas agrupadas

Gráfica de líneas agrupadas

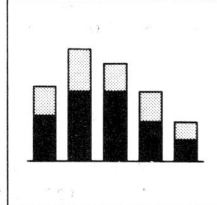

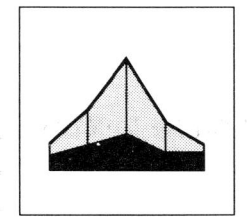

Gráfica de columnas subdivididas

Gráfica de superficies subdivididas

---

[1] *Atención:* Resulta engañoso subdividir la distribución de frecuencias cuando la frecuencia está expresada en términos de porcentaje. Por ejemplo, si 60 por ciento de las mujeres ganan entre cinco y 10 dólares por hora, y el 50 por ciento de los hombres gana lo mismo, no puede decirse que combinados, 110 por ciento de la gente gana entre cinco y 10 dólares por hora.

5. COMPARACIÓN DE CORRELACIONES

Una comparación de correlaciones nos hace ver si la relación entre dos variables sigue o no el patrón normalmente esperado. Por ejemplo, comúnmente esperaríamos que un vendedor con mayor experiencia generara más ventas que uno que posee menor experiencia; habitualmente esperaríamos que los empleados con mejor instrucción recibieran salarios iniciales más elevados. Las comparaciones de esta índole se expresan de manera óptima mediante una gráfica de puntos, denominada, en ocasiones, diagrama de dispersión, o mediante una gráfica de barras apareadas. Analicemos cada una por separado.

LA GRÁFICA DE PUNTOS

No existe relación entre descuento y volumen vendido

Descuento
$8

Patrón esperado

Volumen vendido en unidades

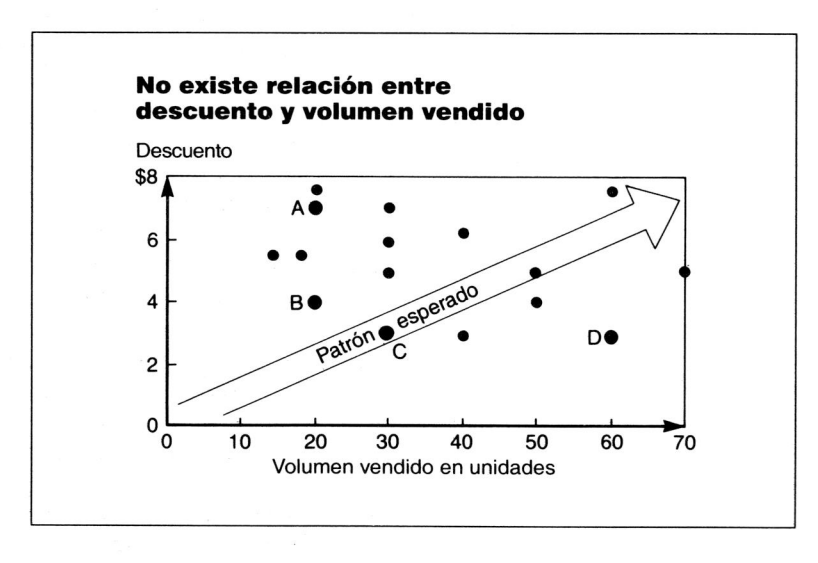

Aquí mostramos 16 transacciones en términos del monto del descuento ofrecido y el número de unidades vendidas. Normalmente esperaríamos que entre más cuantioso fuera el descuento, mayor sería el incentivo para comprar más unidades. Como revela la gráfica de puntos, en este caso no existe tal correlación.

Por ejemplo, analicemos los puntos denominados *A* y *B*, que representan las transacciones de dos vendedores. Ambos vendieron 20 unidades (escala horizontal). Sin embargo, *A* ofreció un descuento de siete dólares, en tanto que *B* tan sólo ofreció cuatro (escala vertical). Por el contrario, los vendedores *C* y *D* ofrecieron el mismo descuento de tres dólares y, sin embargo, *C* vendió 30 unidades, en tanto que *D* logró el doble de unidades vendidas. Es obvio que el monto del descuento ofrecido tiene poco efecto, si lo tiene, sobre el volumen vendido.

Si hubiera habido una correlación, entonces los puntos estarían agrupados alrededor de una línea diagonal que va del extremo inferior izquierdo de la gráfica a la esquina superior derecha, representada aquí por una tenue flecha en el fondo. Con frecuencia, conviene incluir esta flecha para reforzar el patrón esperado. Por supuesto, hay ocasiones en que la flecha podría señalar hacia abajo para mostrar, por ejemplo, que el volumen aumenta conforme disminuye el precio. Asimismo, no hay que confundir esta flecha con la "línea de ajuste óptimo" computada matemáticamente, que consiste en una curva ajustada por los puntos que subraya el patrón de los valores representados en la gráfica.

Las gráficas de puntos se usan cada vez más en presentaciones, informes y algunas revistas de negocios. Si usted planea usarlas, tenga paciencia con su auditorio o su lector y explique cómo leer la gráfica antes de revelar el mensaje.

El problema con estas gráficas, además de que parecen confusas, radica en identificar los puntos. El hecho de incluir el nombre de cada vendedor junto al punto que le representa no sólo aumenta la confusión, sino que puede provocar un severo caso de miopía. Una opción consiste en usar una leyenda identificando cada punto mediante una letra o número correspondiente al nombre completo, incluido en otro sitio de la gráfica. Una mejor opción consiste en utilizar una gráfica de barras apareadas.

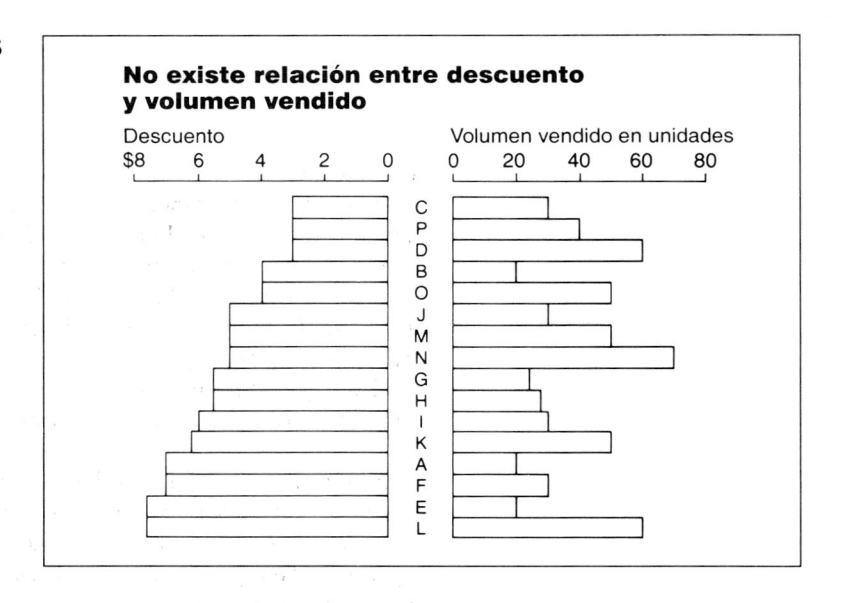

LA GRÁFICA DE BARRAS

No existe relación entre descuento y volumen vendido

[Gráfica de barras apareadas con descuento a la izquierda ($8 a 0) y volumen vendido en unidades a la derecha (0 a 80), con categorías C, P, D, B, O, J, M, N, G, H, I, K, A, F, E, L]

Observará usted que ahora hay espacio para titular cada conjunto de valores entre los conjuntos de barras. En una gráfica de barras apareadas, habitualmente clasificamos la variable independiente a la izquierda, en una secuencia que puede ir de abajo hacia arriba o a la inversa. Cuando la relación entre el patrón esperado y el real es consistente, las barras de las variables dependientes que aparecen a la derecha formarán una imagen de espejo de las que se encuentran a la izquierda. En otras palabras, los descuentos bajos reflejarán un volumen bajo y los descuentos cuantiosos tendrán correspondencia con un volumen alto. Cuando la relación no sea la esperada, los dos conjuntos de barras se desviarán uno del otro, como sucede en este ejemplo.

Esta opción de la gráfica de barras apareadas funciona únicamente cuando los conjuntos de datos a exhibir son relativamente pocos, anteriormente fueron 15 o más. Conviene, en todo caso, utilizar el diagrama esparcido más compacto sin que se pretenda marcar cada punto.

Aunque no existen variaciones para la gráfica de barras apareadas, hay varias que vale la pena mencionar con respecto a la gráfica de puntos.

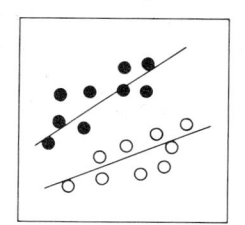

La *gráfica de puntos agrupados* muestra la correlación de dos elementos o de un elemento en diferentes momentos. Aunque aquí se usan puntos rellenos o sin rellenar, también pueden utilizarse otros símbolos apropiados, como cuadros, triángulos o estrellas.

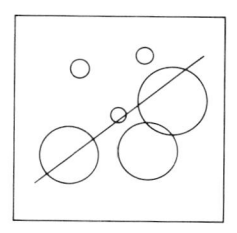

La *gráfica de burbujas* introduce una tercera variable con puntos de diferentes tamaños. Por ejemplo, donde dos escalas podrían representar ventas y utilidades, el tamaño del punto podría indicar el monto relativo de los bienes para cada compañía de la industria.

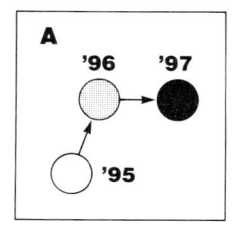

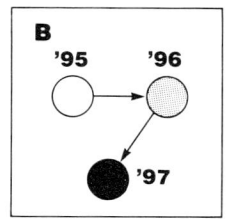

La *gráfica de puntos de tiempo* muestra el cambio que la correlación sufre con el tiempo. Hay que evitar la tendencia de mostrar todos esos movimientos en un solo plano, en su lugar, haga una gráfica para cada uno.

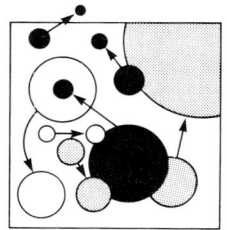

Todas las anteriores.
Tenga cuidado y asegúrese de que las gráficas de puntos sean simples, de lo contrario podrían convertirse en un tributo a Mickey Mouse o a la Guerra de las Galaxias.

Aquí las tiene, las cinco clases básicas de comparaciones implícitas en los mensajes derivados del análisis de cualquier tipo de datos, y los tipos de gráficas más adecuadas para expresarlos.

Para asegurarse de que puede aplicar el proceso en la práctica real, haga una prueba con los dos ejercicios que a continuación presentamos. Posteriormente, revise la lista de gráficas que presentamos en la Sección 2 antes de que decida guardar este volumen en su librero para consultarlo siempre que lo necesite.

PROYECTO DE TRABAJO A

Regresemos al proyecto realizado en el Paso B, es decir, a la manera de identificar la comparación, a fin de poder elegir luego la gráfica apropiada para cada uno de los 12 mensajes.

En las siguientes páginas aparecen estos mensajes junto con la clase de comparación que usted identificó. Seleccione la gráfica apropiada consultando la matriz y dibuje la gráfica que utilizaría para fundamentar los mensajes respectivos.

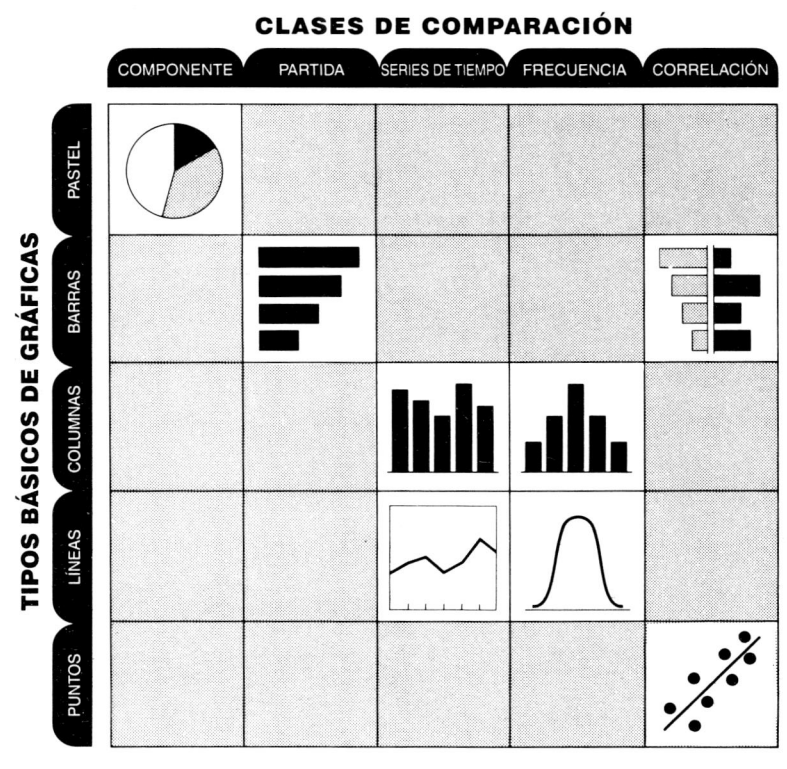

Al dibujar sus gráficas, no olvide las dos observaciones que hemos hecho.

1. Ni los datos ni las mediciones indican la gráfica a usar, sino lo que *usted tenga que decir*. Por ejemplo, observará que en los casos 4, 6 y 7 queremos mostrar medidas relativas al ejercicio de un cargo y, sin embargo, para cada caso, tenemos una comparación diferente, lo cual nos lleva a un tipo de gráfica distinto. Así, pues, concentre su atención en las palabras clave, así como en los indicios de su mensaje. En las soluciones que vienen después del proyecto aparecen subrayadas estas palabras.

2. Incluso sin datos, como lo estamos haciendo aquí, usted es capaz de decidir qué gráfica usar con la técnica que uno de mis colegas denominó "imaginar el mensaje, no el desorden".

    La prueba más simple para saber si una gráfica funcionará consiste en preguntarse a sí mismo lo siguiente sobre la gráfica elaborada: "¿*veo* lo que el título del mensaje *dice*?" En otras palabras, ¿la gráfica y el título trabajan juntos, es decir, existe reciprocidad entre la gráfica y el título? Si en mi título *digo* que "las ventas han aumentado significativamente", quiero *ver* una tendencia que se desplaza hacia arriba formando un ángulo agudo. Si no es así, esto es, si la tendencia es paralela a la línea de base, hay un indicio de que hay que analizar detalladamente la gráfica.

Mis soluciones aparecen después de los mensajes. No se preocupe si eligió una gráfica de columnas y yo presento una gráfica de líneas para comparaciones de series de tiempo o distribuciones de frecuencias, o si utilizó la gráfica de puntos y yo usé una gráfica de barras apareadas para correlaciones. En mis soluciones, la elección fue arbitraria.

1. El pronóstico indica que las ventas aumentarán en el transcurso de los próximos 10 años.
   Series de tiempo

2. La mayoría de los empleados gana entre 30 000 y 35 000 dólares.
   Distribución de frecuencias

3. Un precio elevado en las marcas de gasolina no indica un mejor desempeño.
   Correlación

4. En septiembre, los índices de rotación de personal para las seis divisiones fueron los mismos.
   Partida

5. El gerente de ventas dedica únicamente el 15% de su tiempo a salir al campo.
   Componentes

6. El monto de los aumentos por méritos no se relaciona con la antigüedad en el puesto.
   Correlación

7. El año pasado, la mayor parte de las rotaciones de personal se dieron en el grupo de 30 a 35 años de edad.
Distribución de frecuencias

8. La región C ocupa el último lugar en productividad.
Partida

9. La ganancia por acción de nuestra compañía está cayendo.
Series de tiempo

10. La mayor parte del total de los recursos se dedica a manufactura.
Componentes

11. Existe una relación entre utilidad y compensación.
Correlación

12. En agosto, el margen de producción de dos plantas fue mucho mayor que el de las otras seis.
Partida

1. El pronóstico indica que las ventas aumentarán en el transcurso de los próximos 10 años
   Series de tiempo

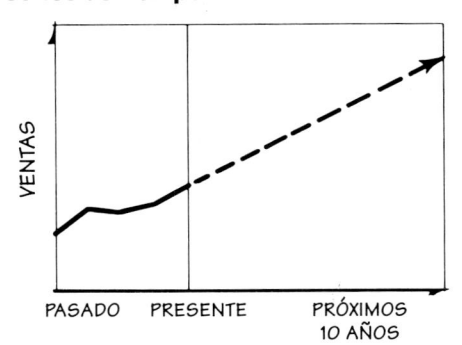

2. La mayoría de los empleados gana entre 30 000 y 35 000 dólares
   Distribución de frecuencias

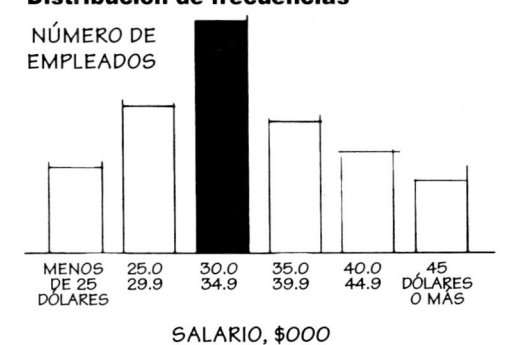

3. Un precio elevado en las marcas de gasolina no indica un mejor desempeño.
   Correlación

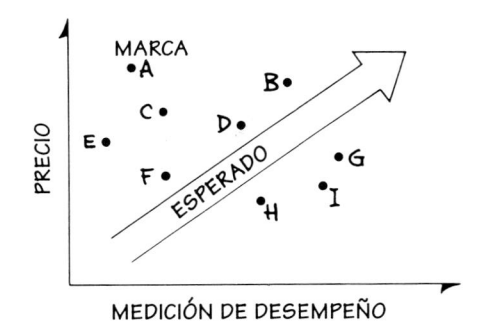

4. En septiembre, los índices de rotación de personal para las seis divisiones fueron aproximadamente los mismos.
   Partida

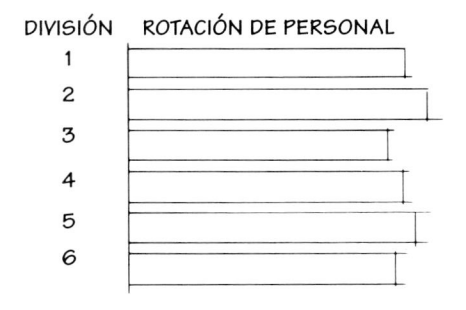

5. El gerente de ventas dedica únicamente el 15% de su tiempo a salir al campo.
   Componentes

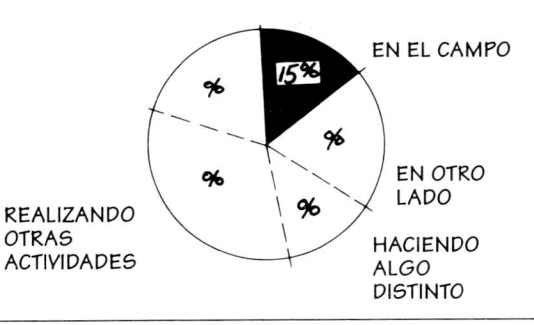

6. El monto de los aumentos por méritos no se relaciona con la antigüedad en el puesto.
   Correlación

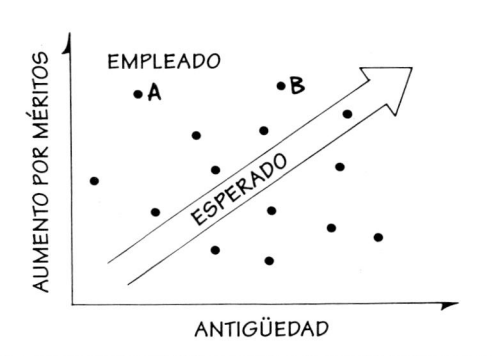

7. El año pasado, la mayor parte de la rotación de personal se dio en el grupo de 30 a 35 años de edad.
   Distribución de frecuencias

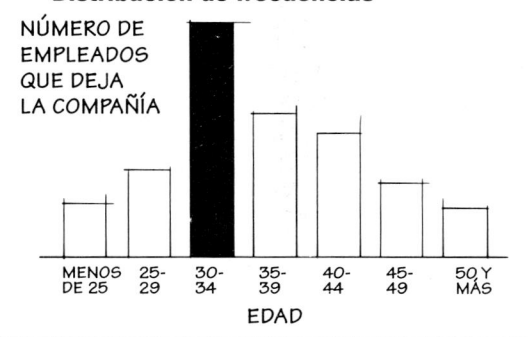

   NÚMERO DE EMPLEADOS QUE DEJA LA COMPAÑÍA

   MENOS DE 25 | 25-29 | 30-34 | 35-39 | 40-44 | 45-49 | 50 Y MÁS
   EDAD

8. La región C ocupa el último lugar en productividad.
   Partida

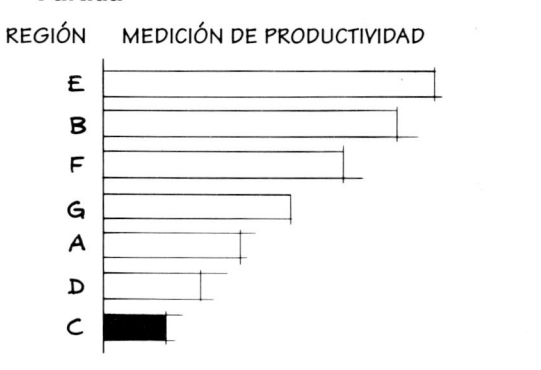

   REGIÓN   MEDICIÓN DE PRODUCTIVIDAD
   E
   B
   F
   G
   A
   D
   C

9. La ganancia por acción de nuestra compañía está cayendo.
   Series de tiempo

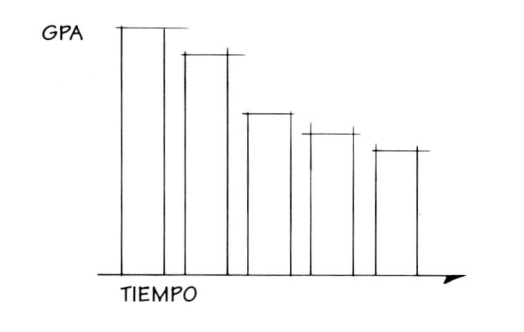

   GPA

   TIEMPO

10. La mayor parte del total de recursos se dedica a manufactura.
    Componentes

    % DEL TOTAL DE LOS FONDOS

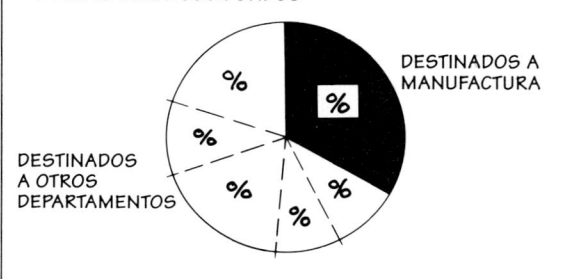

    DESTINADOS A MANUFACTURA
    DESTINADOS A OTROS DEPARTAMENTOS

11. Existe una relación entre utilidad y compensación.
    Correlación

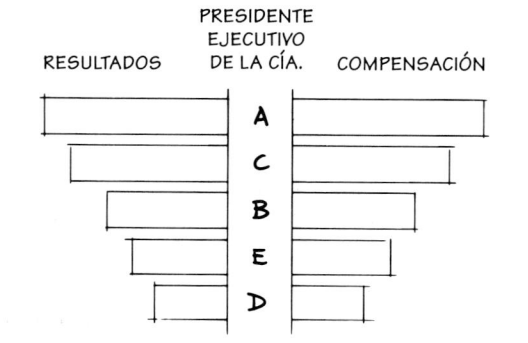

    RESULTADOS | PRESIDENTE EJECUTIVO DE LA CÍA. | COMPENSACIÓN
    A
    C
    B
    E
    D

12. En agosto, el margen de producción de dos plantas fue mucho mayor que el de las otras seis.
    Partida

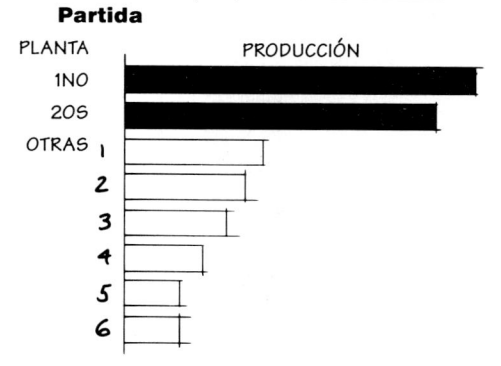

    PLANTA   PRODUCCIÓN
    1NO
    2OS
    OTRAS 1
    2
    3
    4
    5
    6

PROYECTO DE TRABAJO B

Ahora, en el mundo de los negocios, claro está que llevaríamos a cabo el proceso *con* datos, de modo que vamos a aplicar el método a un último proyecto usando información tabular.

En las páginas siguientes, encontrará datos extraídos del análisis de un sector industrial que fabrica juguetes míticos en Estados Unidos; algunos de sus personajes son *Slithy Toves, Gimbling Wabes, Mimsy Borogoves, Outgrabe Mome Raths* y los siempre populares *Frumious Bandersnatch.* La industria está compuesta por seis competidores; la nuestra es Kryalot Company.

Sobre la base de las instrucciones recibidas y los datos presentados, dibuje las gráficas apropiadas en el espacio proporcionado. (Los espacios tienen cuadrículas divididas en 10 recuadros para simplificar los dibujos.)

En cada caso, asegúrese de identificar la clase de comparación implícita en el mensaje y consulte la matriz para seleccionar la gráfica apropiada. Asimismo, escriba el mensaje que emplearía como título para reforzar el punto a subrayar en la gráfica acerca de nuestra compañía.

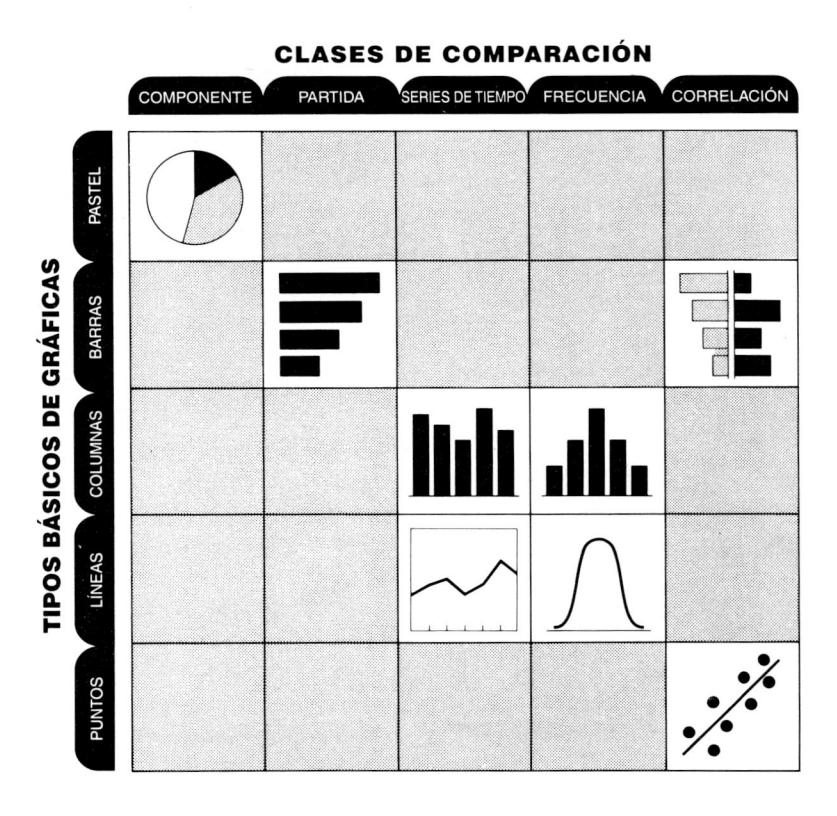

CLASES DE COMPARACIÓN

	COMPONENTE	PARTIDA	SERIES DE TIEMPO	FRECUENCIA	CORRELACIÓN
PASTEL	●				
BARRAS		●			●
COLUMNAS			●	●	
LÍNEAS			●	●	
PUNTOS					●

TIPOS BÁSICOS DE GRÁFICAS

La solución para cada problema aparece en la página siguiente.

Ejercicio 1

A partir de los datos que aparecen a continuación dibuje una gráfica para mostrar la participación que Kryalot tuvo en las ventas de la industria de juguetes en 1997, comparada con la de sus competidores.

Participación en las ventas de la industria por compañía, 1997

Kryalot	19.3%
Competidor A	10.1%
Competidor B	16.6%
Competidor C	12.4%
Competidor D	31.8%
Competidor E	9.8%
	100.0%

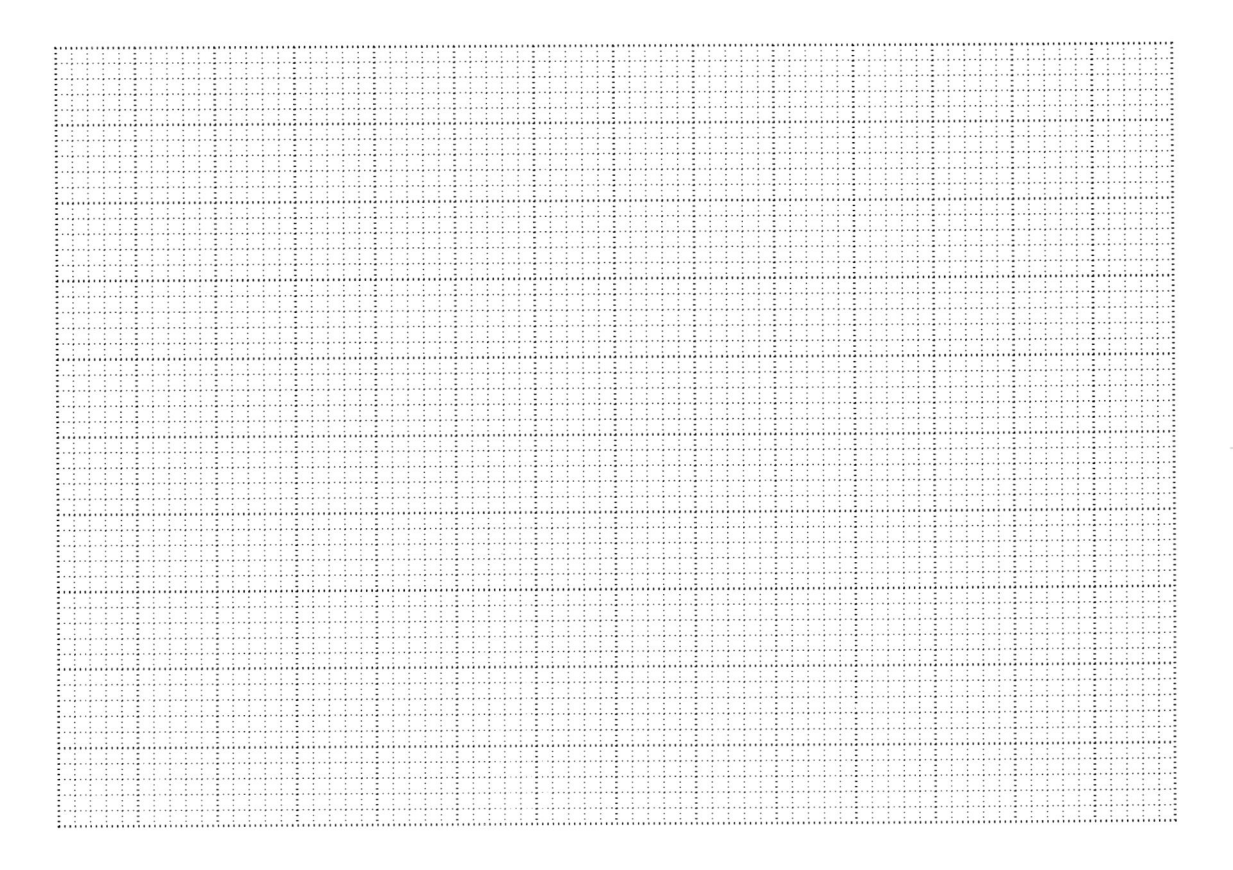

SOLUCIÓN

En el Ejercicio 1, la frase "participación en las ventas de la industria por compañía, durante 1997" sirve como indicio para una comparación de componentes, esto es, el tamaño de las partes como porcentaje del total, y requiere una gráfica de pastel, ya que hablamos de un solo total.

Los componentes se acomodaron en el sentido de las manecillas del reloj, empezando desde la compañía con mayor participación hasta la de menor, ubicando de esta manera a Kryalot en segundo lugar en cuanto a participación. Para resaltar su participación, usamos sombreado en ese segmento.

Ejercicio 1

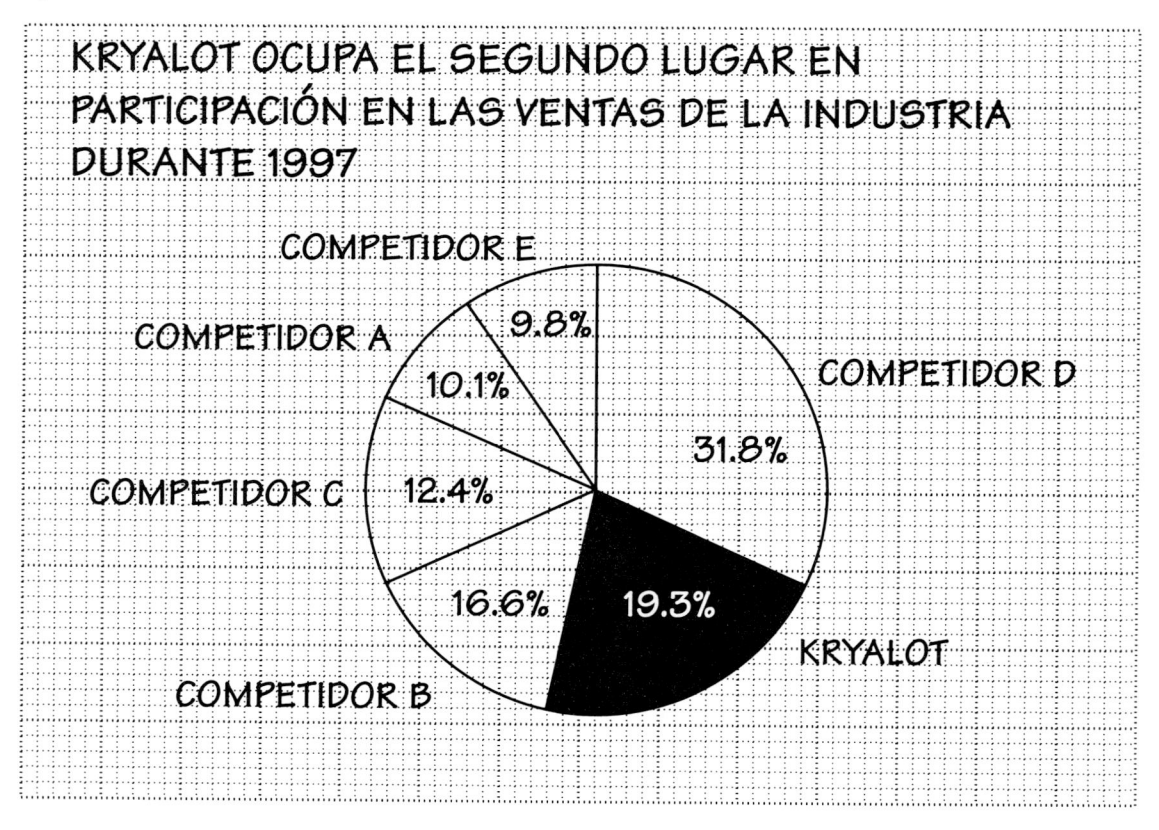

KRYALOT OCUPA EL SEGUNDO LUGAR EN PARTICIPACIÓN EN LAS VENTAS DE LA INDUSTRIA DURANTE 1997

COMPETIDOR E 9.8%
COMPETIDOR A 10.1%
COMPETIDOR C 12.4%
COMPETIDOR B 16.6%
KRYALOT 19.3%
COMPETIDOR D 31.8%

Ejercicio 2

Dibuje una gráfica que muestre la posición que ocupa Kryalot en términos del retorno sobre activos en la industria durante 1997.

Utilidades, 1997

Kryalot	8.3%
Competidor A	9.8%
Competidor B	15.9%
Competidor C	22.4%
Competidor D	14.7%
Competidor E	19.1%

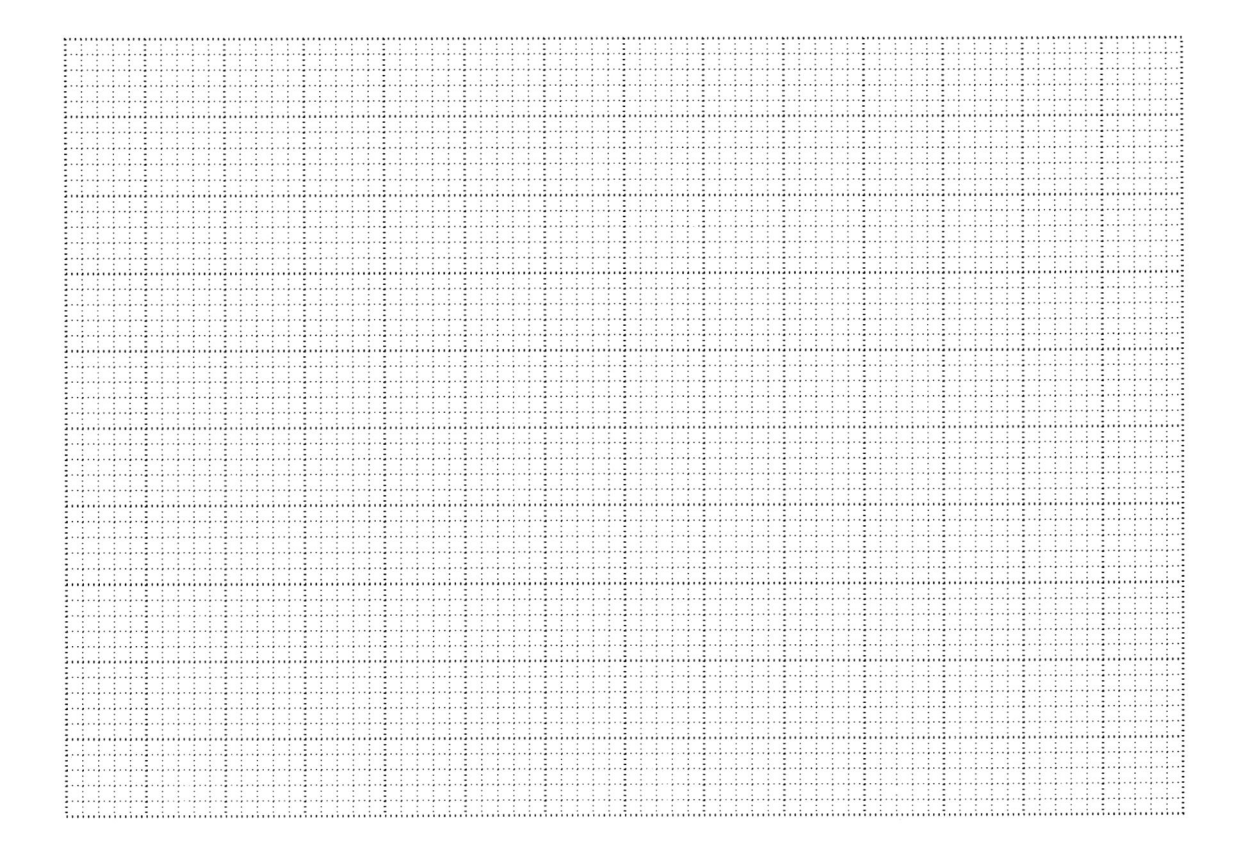

SOLUCIÓN

En el Ejercicio 2, la palabra "ocupa" es el detonador que implica una comparación de partidas. Aquí queremos saber quiénes son los competidores con mejor retorno sobre activos. En este caso, Kryalot tiene menos. Observe que la gráfica de barras demuestra de manera efectiva el punto, ubicando a esta empresa en la parte inferior de la lista y destacándola con sombreado.

Ejercicio 2

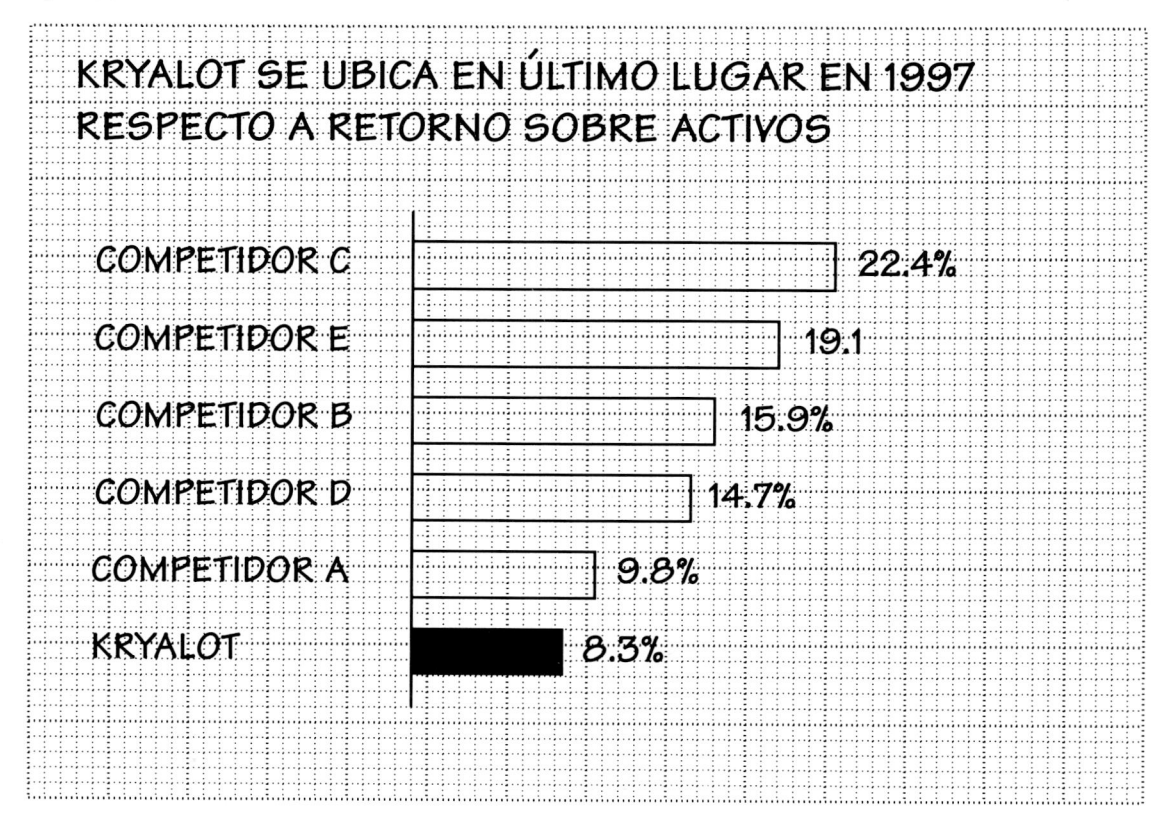

KRYALOT SE UBICA EN ÚLTIMO LUGAR EN 1997 RESPECTO A RETORNO SOBRE ACTIVOS

Competidor	%
COMPETIDOR C	22.4%
COMPETIDOR E	19.1
COMPETIDOR B	15.9%
COMPETIDOR D	14.7%
COMPETIDOR A	9.8%
KRYALOT	8.3%

Ejercicio 3

Dibuje una gráfica que demuestre si existe correspondencia entre la participación de ventas y retornos sobre activos en la industria del juguete durante 1997.

Participación de ventas en la industria, 1997

Kryalot	19.3%
Competidor A	10.1%
Competidor B	16.6%
Competidor C	12.4%
Competidor D	31.8%
Competidor E	9.8%

Retornos sobre activos, 1997

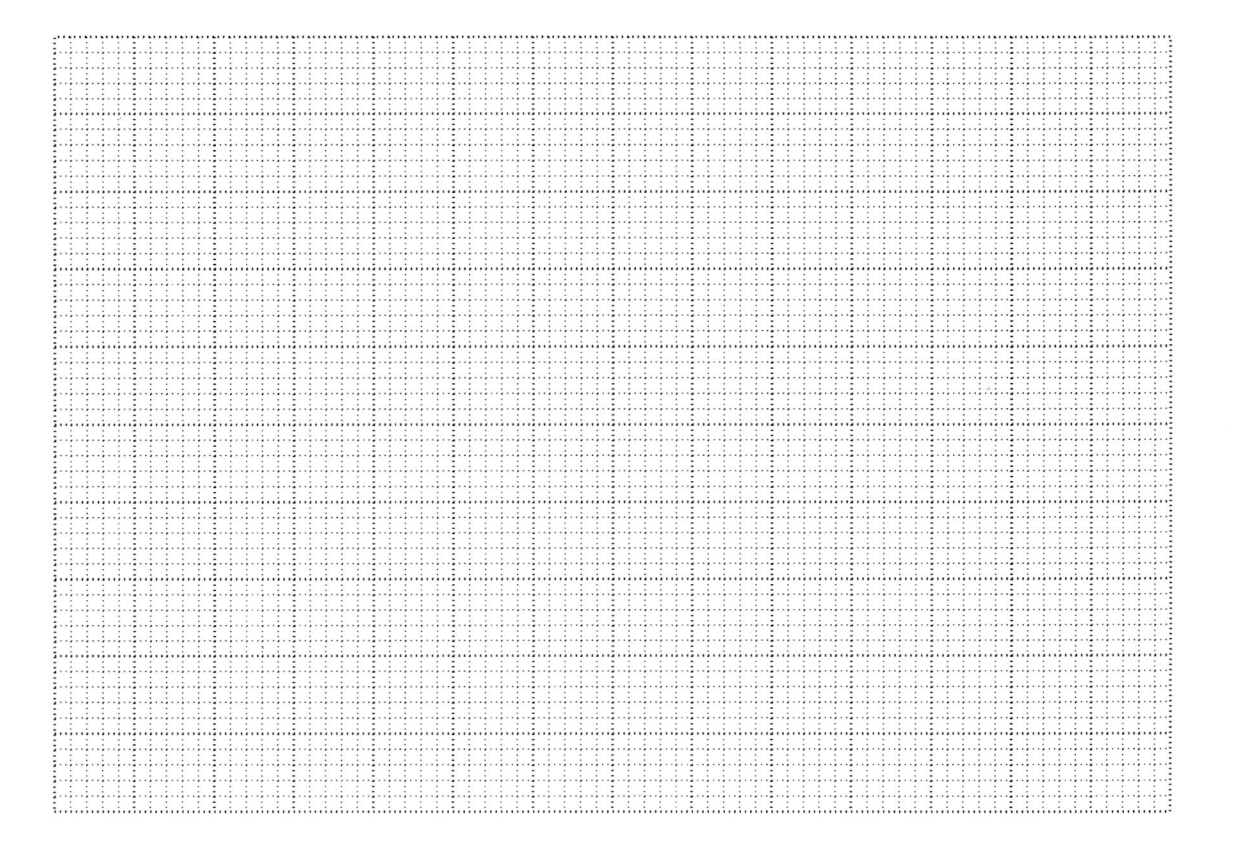

Kryalot	8.3%
Competidor A	9.8%
Competidor B	15.9%
Competidor C	22.4%
Competidor D	14.7%
Competidor E	19.1%

SOLUCIÓN

Normalmente esperaríamos que existieran nexos entre participación en ventas y retorno sobre activos, es decir, a mayor participación, mejor retorno sobre activos. Aquí no ocurre tal cosa. Por ejemplo, aunque Kryalot ocupa el segundo lugar en cuanto a participación, su retorno sobre activos es menor que, digamos, el del Competidor C, ubicado en cuarto lugar respecto a participación de mercado.

Aunque la gráfica de puntos podría resultar igualmente apropiada, la gráfica de barras apareadas nos permite etiquetar de manera eficaz cada conjunto de barras.

Ejercicio 3

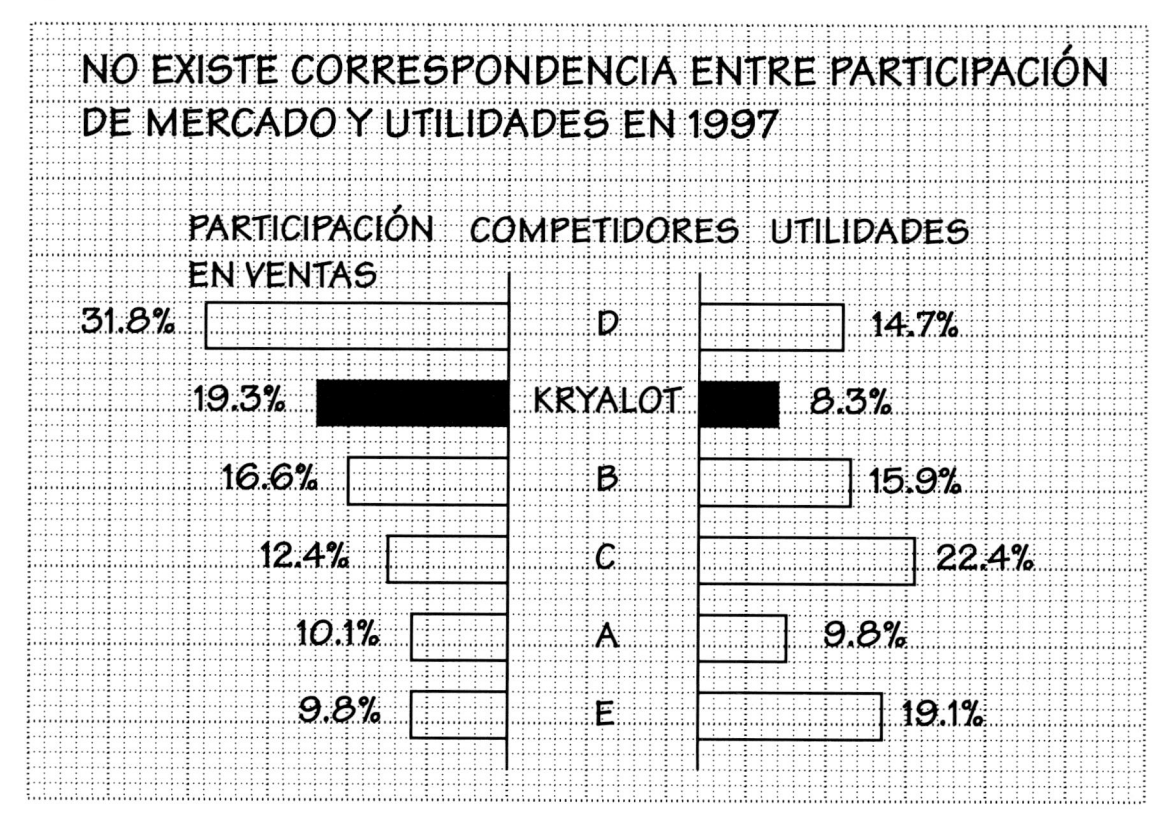

NO EXISTE CORRESPONDENCIA ENTRE PARTICIPACIÓN DE MERCADO Y UTILIDADES EN 1997

PARTICIPACIÓN EN VENTAS	COMPETIDORES	UTILIDADES
31.8%	D	14.7%
19.3%	KRYALOT	8.3%
16.6%	B	15.9%
12.4%	C	22.4%
10.1%	A	9.8%
9.8%	E	19.1%

Ejercicio 4

Dibuje una gráfica que muestre las tendencias de ventas y ganancias de Kryalot entre 1993 y 1997, utilizando 1993 como año base y mostrando los años sucesivos como porcentaje de éste.

Ventas netas de Kryalot

	Millones	1993 = 100
1993	387	100
1994	420	109
1995	477	123
1996	513	133
1997	530	137

Ganancias de Kryalot

	Millones	1993 = 100
1993	24	100
1994	39	162
1995	35	146
1996	45	188
1997	29	121

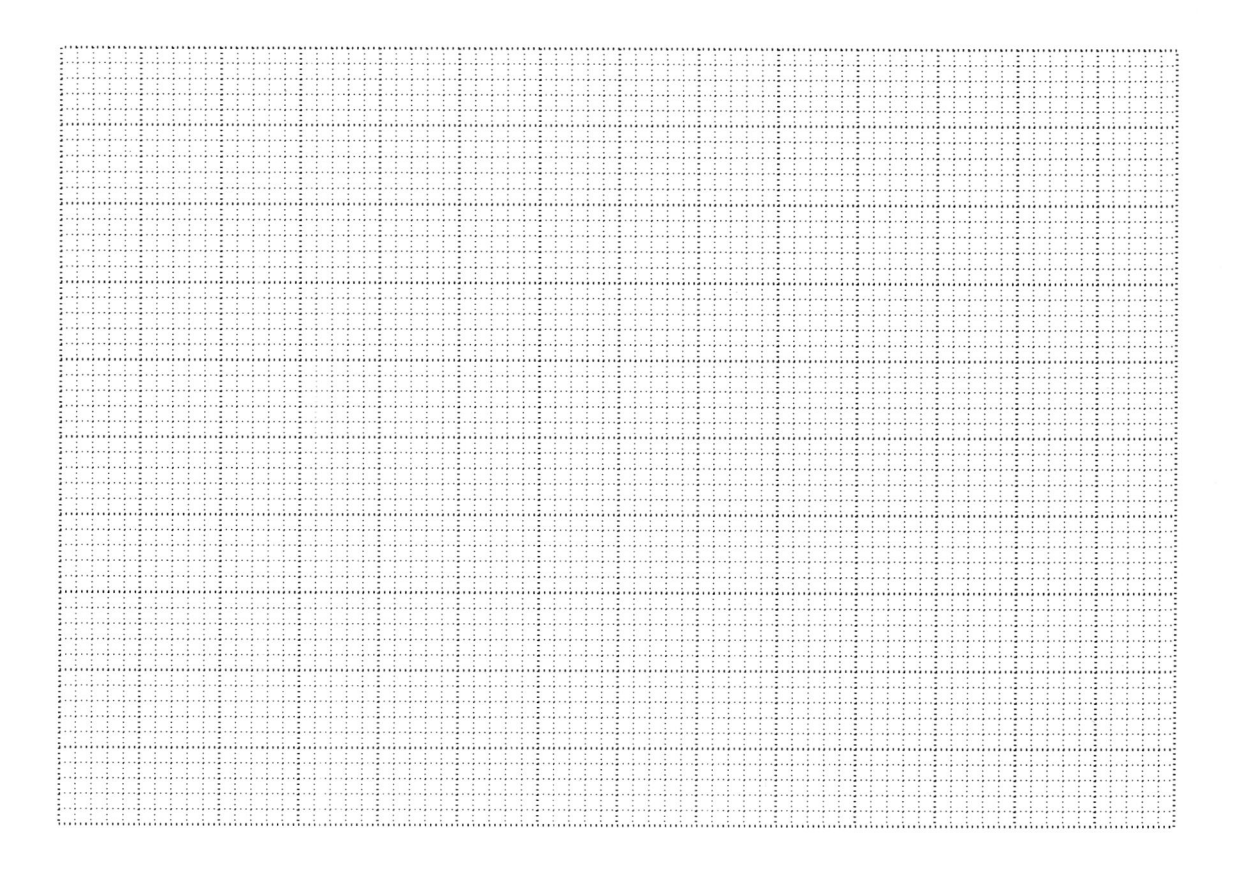

SOLUCIÓN

El Ejercicio 4 requiere mostrar los cambios ocurridos en un lapso, es decir, una comparación de series de tiempo, y la gráfica de líneas sirve muy bien para ese propósito.

Tradujimos los datos absolutos a porcentajes de un valor óptimo —en este caso, las cifras de 1993—, a fin de proporcionar una base común y más clara para la comparación de cifras tan dispares: 530 millones de dólares comparados con 29 millones.

Éste es un excelente ejemplo del valor que tienen las gráficas sobre las tablas. La gráfica demuestra de manera por demás eficiente el patrón errático de las ganancias, que podría no haber sido tan obvio si los datos hubieran sido proporcionados en forma tabular.

Ejercicio 4

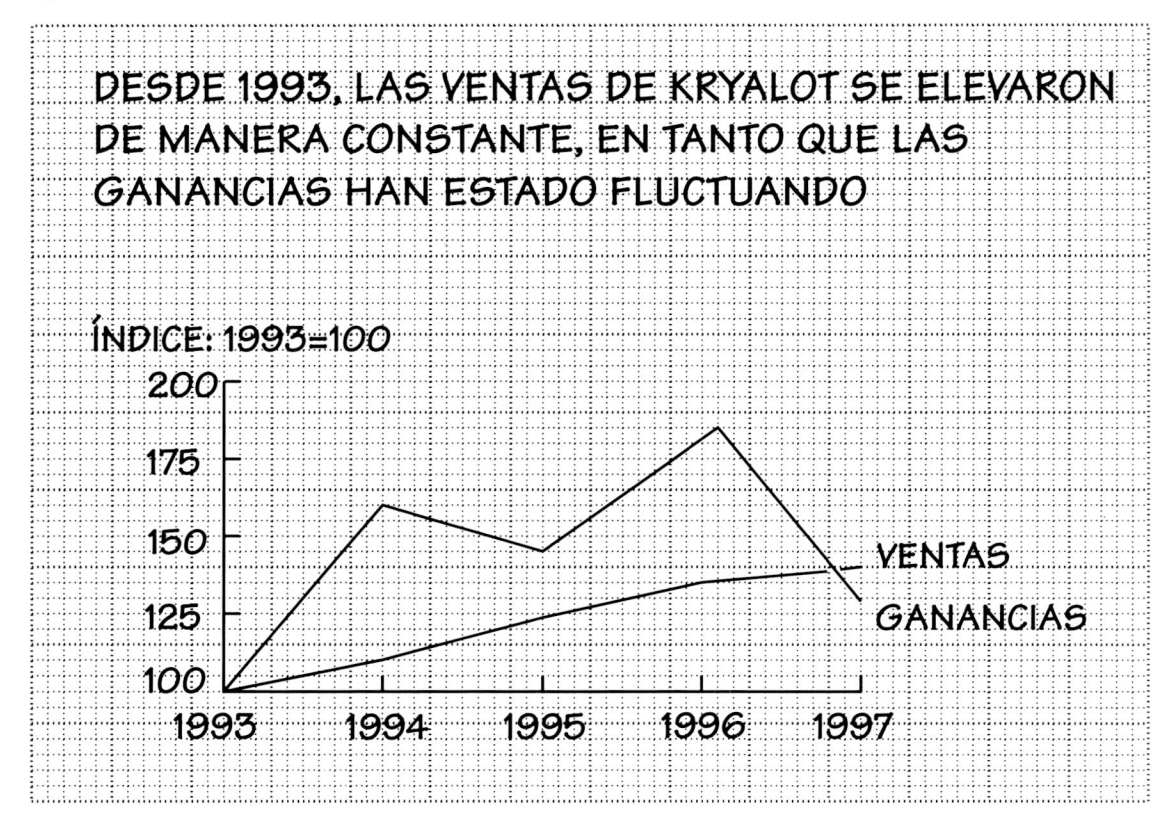

DESDE 1993, LAS VENTAS DE KRYALOT SE ELEVARON DE MANERA CONSTANTE, EN TANTO QUE LAS GANANCIAS HAN ESTADO FLUCTUANDO

ÍNDICE: 1993=100

VENTAS
GANANCIAS

1993 1994 1995 1996 1997

Ejercicio 5

Dibuje una gráfica que demuestre que en 1997 la mayor parte de las ventas corresponden a los modelos menos costosos, a diferencia de lo que ocurre con el Competidor D.

	Número de unidades vendidas, 000	
Monto de las ventas	Kryalot	Competidor D
Menos de 5.00	320	280
5.00-9.99	770	340
10.00-14.99	410	615
15.00-19.99	260	890
20.00 o más	105	550

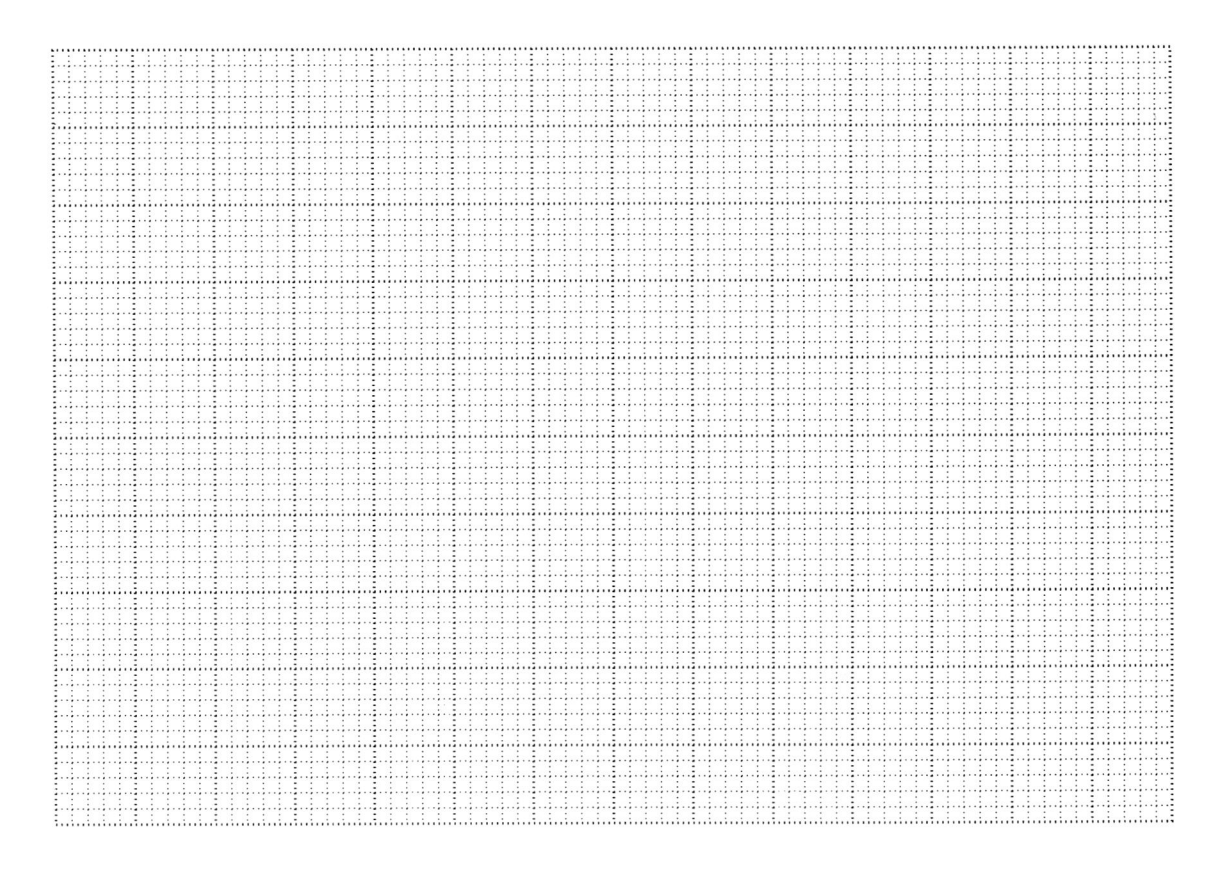

SOLUCIÓN

El Ejercicio 5 requiere una comparación de distribución de frecuencias, es decir, el número de unidades que se venden en ciertas escalas de precios. En este caso, mostramos la columna para Kryalot contra la del Competidor D. También podrían haberse utilizado dos líneas sobrepuestas, pero son tan pocos datos que las columnas constituyen una opción preferible.

Ejercicio 5

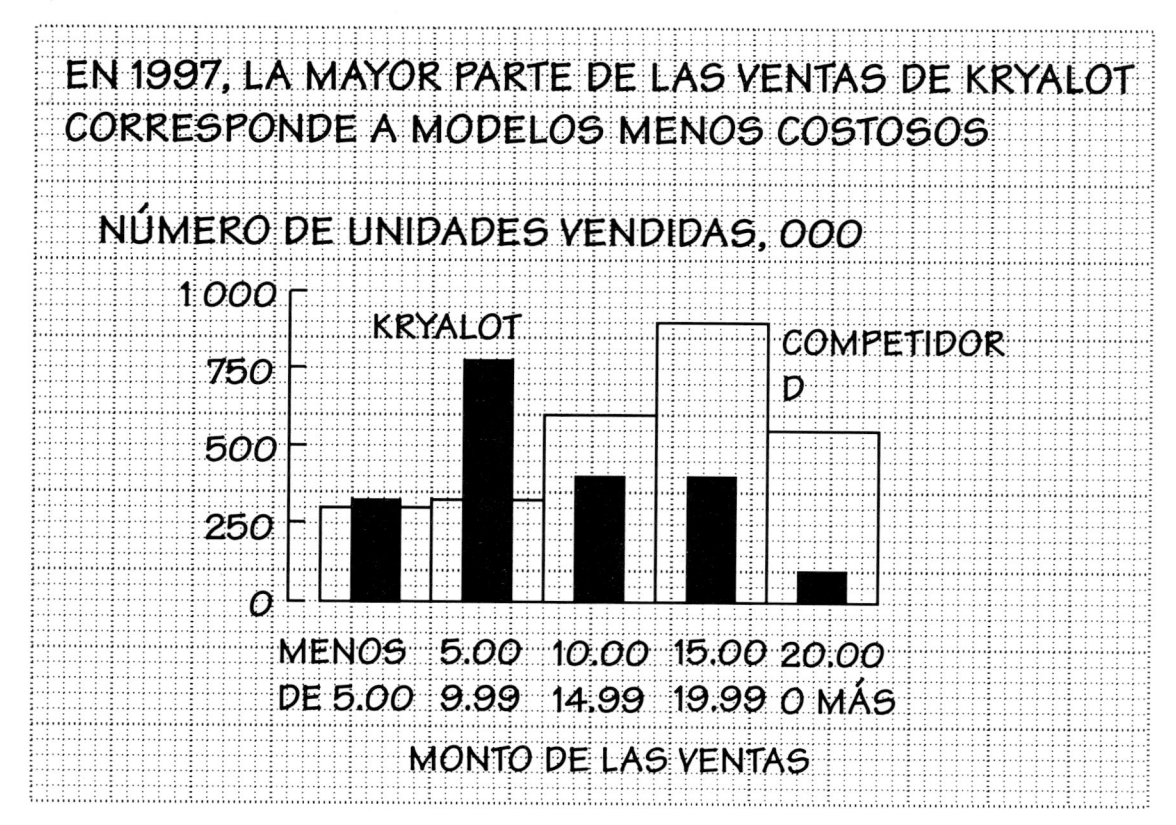

EN 1997, LA MAYOR PARTE DE LAS VENTAS DE KRYALOT CORRESPONDE A MODELOS MENOS COSTOSOS

NÚMERO DE UNIDADES VENDIDAS, 000

	MENOS DE 5.00	5.00 9.99	10.00 14.99	15.00 19.99	20.00 O MÁS

MONTO DE LAS VENTAS

Ejercicio 6

Dibuje una gráfica que muestre de qué manera difiere la venta de nuestra mezcla de productos de la del Competidor D en 1997.

Porcentaje del total de ventas por producto, 1997

Productos	Kryalot	Competidor D
Slithy Toves	15.0%	25.3%
Gimbling Wabes	8.4%	21.3%
Mimsy Borogoves	20.6%	19.9%
Outgrabe Mome Raths	16.2%	18.6%
Frumious Bandersnatches	39.8%	14.9%
	100.0%	100.0%

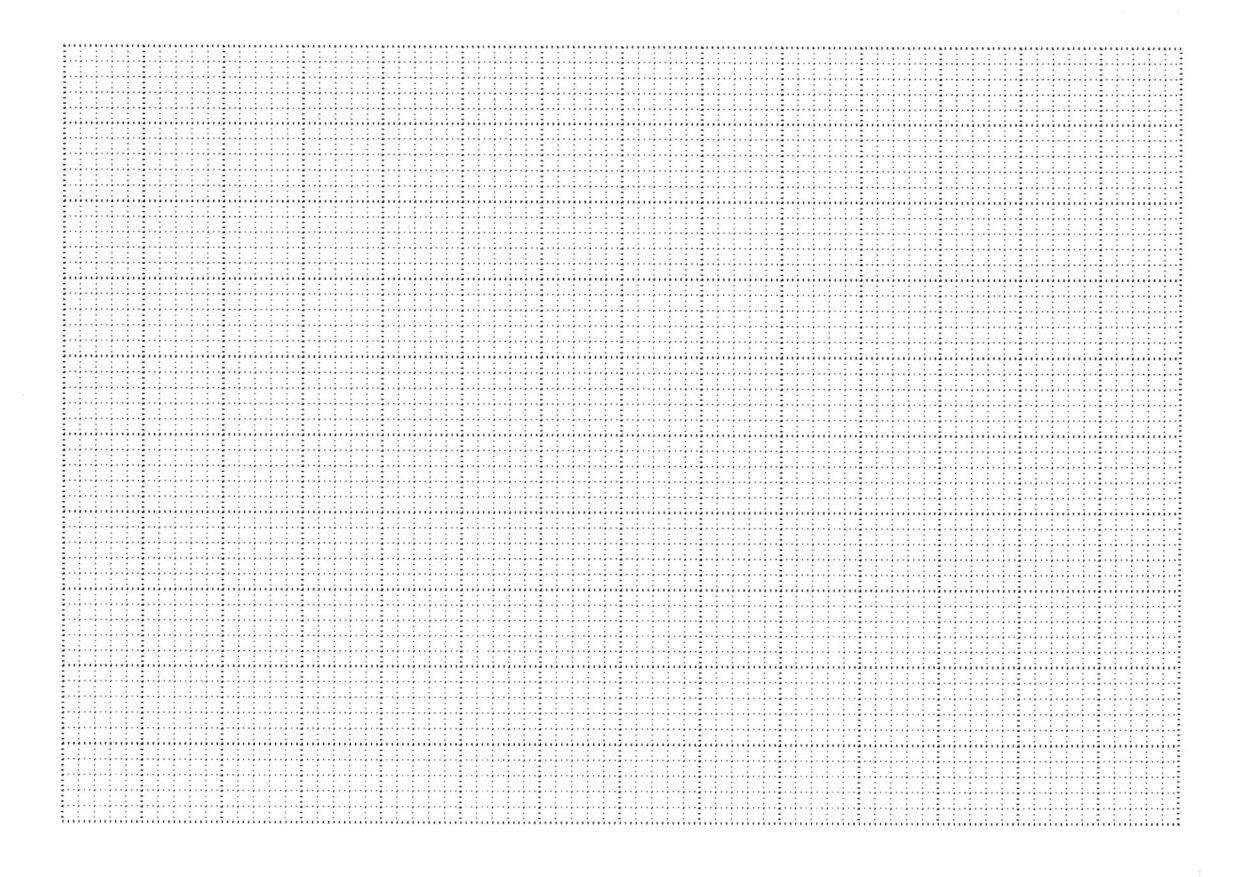

SOLUCIÓN

En este último ejercicio, volvemos al punto inicial con una comparación de componentes, es decir, volvemos a mostrar el porcentaje del total de ventas. Como indica la matriz, podríamos emplear gráficas de pastel. No obstante, como manejamos más de un total, uno para Kryalot y otro para el Competidor D, nos convienen más las columnas que indican cien por ciento, lo cual evita los títulos redundantes que tendrían que utilizarse con dos pasteles, elimina la necesidad de tener una leyenda y proporciona una gráfica que muestra, en forma expedita, las relaciones entre segmentos.

Ejercicio 6

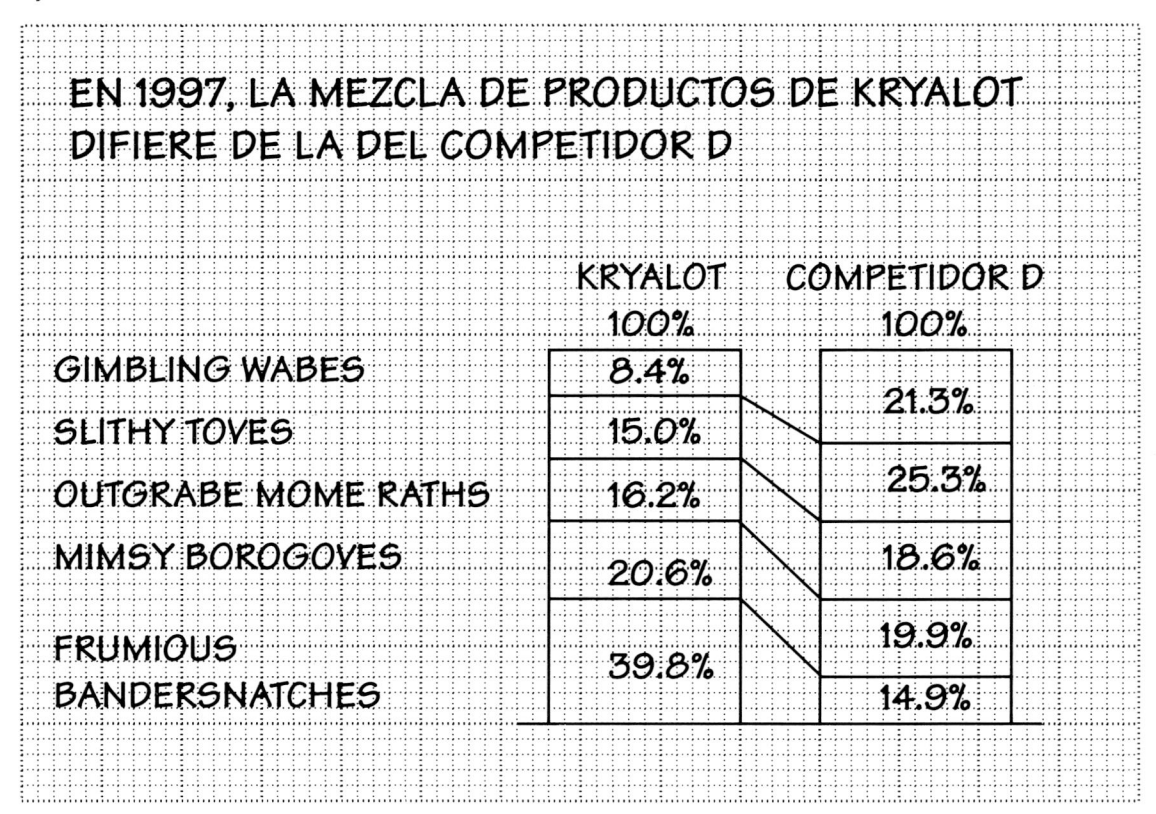

EN 1997, LA MEZCLA DE PRODUCTOS DE KRYALOT DIFIERE DE LA DEL COMPETIDOR D

	KRYALOT 100%	COMPETIDOR D 100%
GIMBLING WABES	8.4%	21.3%
SLITHY TOVES	15.0%	25.3%
OUTGRABE MOME RATHS	16.2%	18.6%
MIMSY BOROGOVES	20.6%	19.9%
FRUMIOUS BANDERSNATCHES	39.8%	14.9%

Permítanme resumir los principales mensajes presentados hasta el momento.

¶ Las gráficas constituyen una forma de lenguaje muy importante. Cuando están bien concebidas y diseñadas, le ayudan a comunicarse con mayor rapidez y claridad que si utilizara datos en forma tabular.

¶ Ni los datos ni las medidas le indican el tipo de gráfica a utilizar, sino *su mensaje*, lo que *usted* desea mostrar o el punto específico que quiere subrayar.

¶ Mientras menos, mejor. Utilice gráficas únicamente cuando le ayuden de manera evidente a transmitir su mensaje.

¶ Las gráficas son *herramientas* visuales, no sustitutos de lo que usted desea escribir o expresar. Permita que le ayuden a comunicar su mensaje y le serán de gran utilidad.

Sección 2

CÓMO UTILIZAR GRÁFICAS

A continuación presentamos una cartera de 80 gráficas ordenadas conforme a las cinco clases básicas de comparaciones: componentes, partidas, series de tiempo, distribución de frecuencias y correlación. La sección de series de tiempo se divide a su vez en un segmento para gráficas de columnas, uno para gráficas de líneas y otro para la combinación de ambas. Dentro de cada sección, las gráficas se presentan en orden ascendente de complejidad y van, digamos, de un pastel por gráfica a múltiples pasteles.

Nota: Todas las gráficas de este libro se derivan de datos ficticios. Su propósito es puramente ilustrativo y no deberán ser empleadas como material fuente de contenido.

TÍTULOS DE MENSAJES

Con el objeto de reforzar el Paso 1, en el proceso de elección de gráficas incluimos *títulos de mensajes* para todos los ejemplos, aunque en la práctica usted podrá borrarlos. Por ejemplo, al elaborar transparencias de 35 mm en las que el espacio es limitado, usted podrá incluir el título del mensaje únicamente en el guión de su presentación y no mostrarlo en la transparencia. Sin embargo, la omisión del título no significa que usted desconozca *su* mensaje, es decir, lo que quiere mostrar y, en especial, lo que desea subrayar, ya que esto determinará el tipo de gráfica que ha de ser empleada.

COMPARACIONES DUALES

En varios ejemplos observará que las gráficas parecen no corresponder al segmento. Esto ocurre porque a veces el *mensaje* que usted definió a partir del análisis de los datos disponibles, implica una comparación *dual*; por ejemplo, partida y componente o series de tiempo y partida. En estos casos, usted debe determinar cuál es la comparación primaria y cuál la secundaria. A guisa de ejemplo, analice el siguiente mensaje que contiene no sólo una comparación de series de tiempo sino también una de partidas: "Se estima que las ventas aumentarán durante los próximos 10 años, pero se piensa que las utilidades probablemente no crezcan al mismo tiempo." La primera parte del mensaje es una comparación de series de tiempo, pero con la frase "probablemente no crezcan al mismo tiempo", añadimos una segunda comparación, de partidas. En otras palabras, no solamente nos interesa el cambio cronológico en las ventas (series de tiempo), sino también el desempeño de las mismas (partida número 1) comparado con las utilidades (partida número 2). Sin embargo, se hace un mayor énfasis sobre los cambios en un lapso determinado y, por lo tanto, debiéramos usar el tipo de gráfica básica más apropiado para una serie de tiempo. En este caso, la mejor opción es una gráfica de líneas con una línea independiente para cada una de las dos partidas. En la cartera, las gráficas de comparaciones duales aparecen en la sección que trata sobre el tipo de comparación que consideré predominaba.

ESCALAS

La escala de valores fue omitida en virtud de que la naturaleza y la magnitud de los datos que habrán de aparecer en la gráfica (por ejemplo, ventas en miles de dólares) no es importante para nuestros propósitos en esta cartera. Claro está que, en la práctica, se usan escalas de valores, pero el hecho de suprimirlas no transgrede la relación ilustrada por cada gráfica. De hecho, hacerlo constituye una buena prueba para saber si sus mensajes son transmitidos con claridad aun cuando no se muestren las escalas.

Lo anterior no significa que las consideraciones en materia de escalas carezcan de importancia para el diseño de gráficas;[1] por el contrario, las escalas erróneas podrían generar gráficas engañosas o, peor aún, deshonestas. A continuación presentamos un ejemplo extremo de cada una.

---

[1] Para una presentación más completa del uso inadecuado y abuso de las escalas, consulte mi artículo "Grappling with Graphics", aparecido en *Management Review*, octubre, 1975. Los ejemplos seleccionados en esta sección fueron reproducidos con la autorización del editor de *Management Review*, octubre, 1975 © 1975 por AMACOM, una división de American Management Associations, Nueva York, derechos reservados.

EJEMPLO ▶ 1

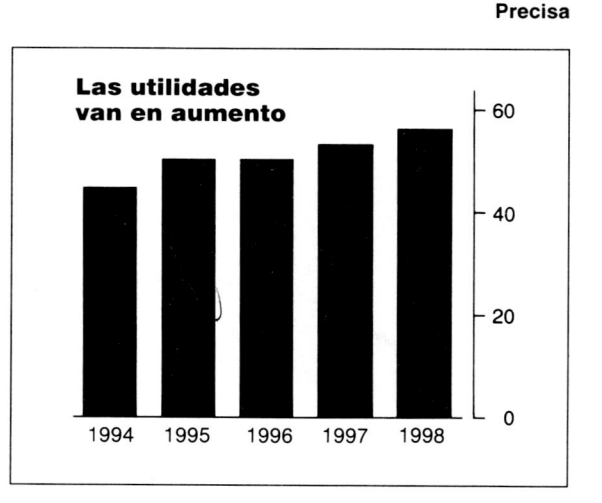

Engañosa   **Precisa**

TENDENCIA DE LAS UTILIDADES

1998 1997 1996 1995 1994

Las utilidades van en aumento

1994 1995 1996 1997 1998

En el Ejemplo 1, la gráfica de la izquierda muestra un panorama de la tendencia de las utilidades durante los últimos cinco años. Nuestra impresión inmediata es que las utilidades van en descenso. No obstante, al analizarla con mayor detalle, observamos cuatro problemas de escalas: 1) los años aparecen en orden descendente, pues el año reciente aparece a la izquierda y los años anteriores a la derecha (emulando informes anuales, en que los datos recientes se ubican a la izquierda para llamar la atención); 2) las 20 unidades de la parte inferior están cortadas de la gráfica; 3) las columnas están dibujadas en tres dimensiones, de modo que resulta difícil saber si hay que medir su altura por el frente o por atrás; 4) las líneas de la escala están dibujadas en perspectiva. El conjunto crea, así, un panorama lamentablemente engañoso cuyo desempeño es desfavorable. Pobres accionistas.

En la gráfica de la derecha percibimos, con mayor rapidez y claridad, que las utilidades han aumentado.

EJEMPLO ▶ 2

Deshonesta   **Precisa**

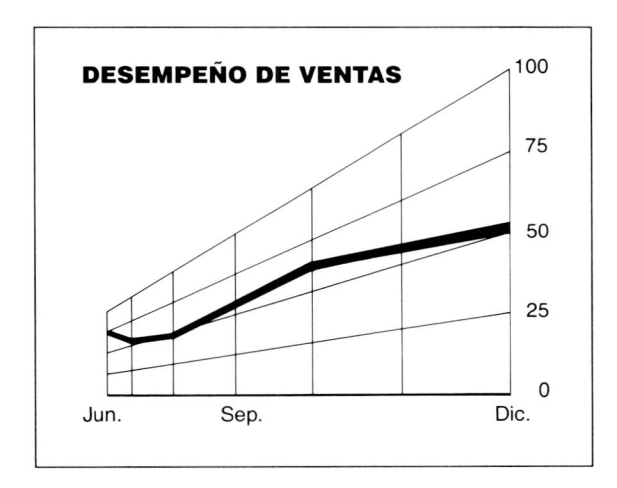

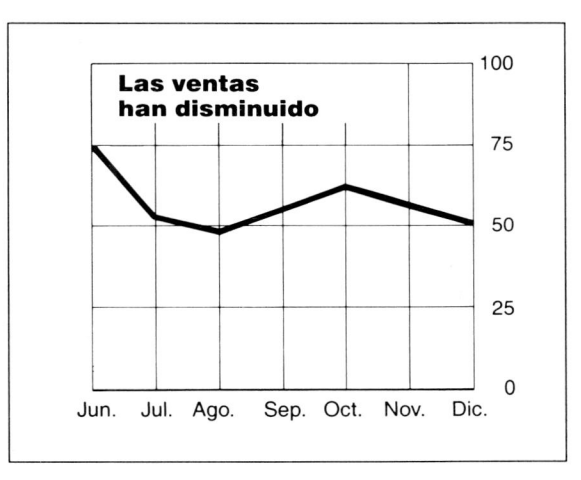

En el segundo ejemplo, al reducir las líneas de la escala en la gráfica izquierda se da la impresión de que las ventas se incrementan, lo que no es verdad, como se observa en la gráfica de la derecha.

La cuestión es que una gráfica representa en forma visual una serie de relaciones y lo que finalmente cuenta es la imagen. Todo lo demás, es decir, títulos, etiquetas, escala de valores, sólo sirve para identificar y explicar. Lo fundamental es la manera en que nos *impacta* la imagen. Las escalas tienen un efecto importante de control sobre dicha impresión. Ahora veremos con qué facilidad y qué tanto las escalas pueden moldear nuestra percepción del mensaje. ¿Cuál gráfica de las dos siguientes escogería usted, A o B?

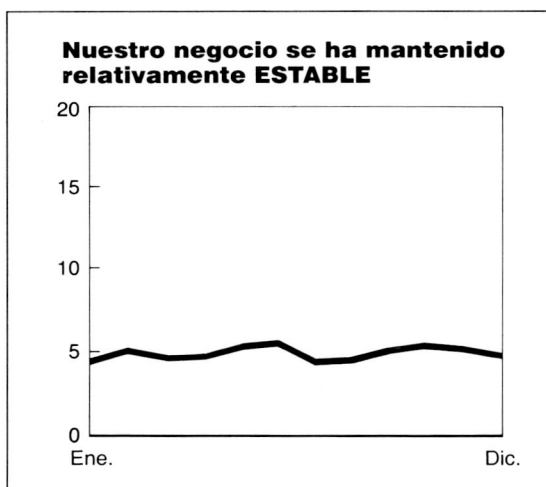

▶ A

Nuestro negocio se ha mantenido relativamente ESTABLE

▶ B

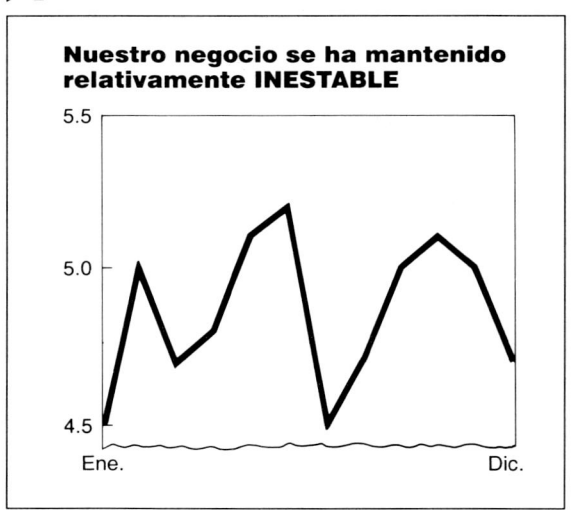

Nuestro negocio se ha mantenido relativamente INESTABLE

Sería sencillo optar por la respuesta "algo intermedio", aunque quizá resultaría inapropiado. La decisión yace en *su comprensión sobre el significado de los cambios.* Así, pues, un cambio de mil dólares en un contrato multimillonario podría ser insignificante, en tanto que la alteración de un centavo en el precio de una loseta podría no serlo. Por tanto, usted seleccionaría una escala que reflejara su percepción respecto a la importancia de los cambios; posiblemente la imagen de la izquierda sería apropiada para contratos y la de la derecha para losetas.

Diseñe sus gráficas de manera que éstas reflejen su comprensión acerca de los cambios sin descuidar el manejo de los factores que influyen en la imagen:

La forma de la gráfica, es decir, de corta y ancha hasta alta y angosta.

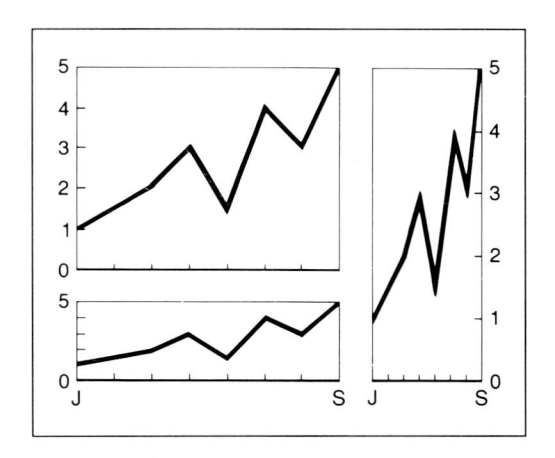

El rango de la escala, digamos, de 0 a 5, de 0 a 10 o de 0 a 25.

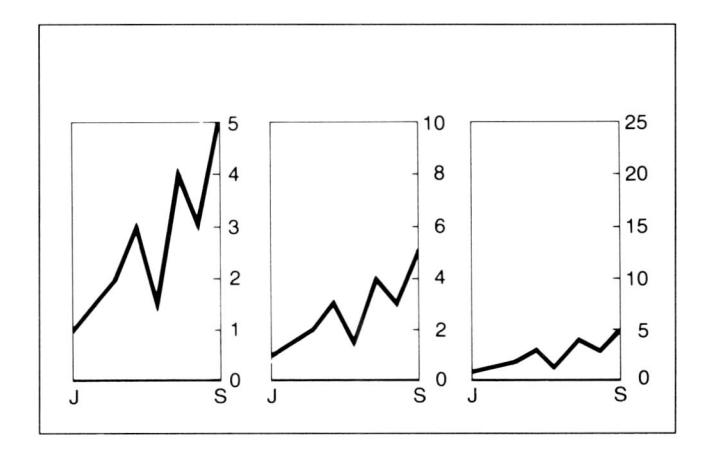

En el comentario que acompaña a cada gráfica de la cartera, se analizan éstas y otras consideraciones importantes en relación con escalas.

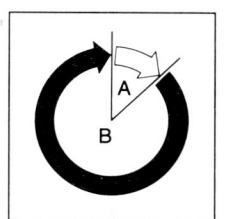

COMPARACIÓN DE COMPONENTES
Muestra el tamaño de cada parte como un porcentaje del total

COMPARACIÓN DE COMPONENTES

▶ 1

La Gráfica 1 ilustra el uso más simple de la gráfica de pastel, y el único realmente apropiado: comparar unos cuantos componentes. Se utilizan cuatro sombreados para distinguir las compañías, y se reserva el más oscuro para la Compañía A con el objeto de subrayar el aspecto a que hace mención el título.

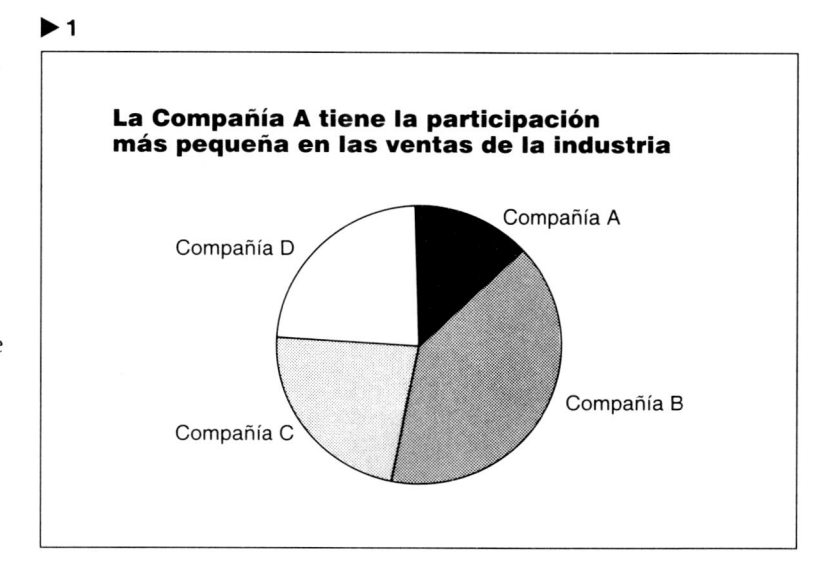

La Compañía A tiene la participación más pequeña en las ventas de la industria

- Compañía A
- Compañía B
- Compañía C
- Compañía D

COMPARACIÓN DE COMPONENTES

La Gráfica 2 ilustra dos métodos para concentrar la atención sobre un componente: 1) usar sombreado más oscuro y 2) separar el segmento del resto del pastel. En este ejemplo los componentes están acomodados de acuerdo al flujo natural de actividades.

▶ 2

El diseño de productos representa menos del 10% del costo total

- Diseño
- Servicio
- Manufactura
- Ventas
- Distribución

Dado que la mente tiende a completar la circunferencia de un círculo incompleto, si se omite un segmento se destaca el componente faltante, como lo muestra la Gráfica 3. En este caso, la carencia de esfuerzos por conseguir nuevos negocios está implícita en la omisión del segmento. La flecha llama todavía más la atención sobre ese sector.

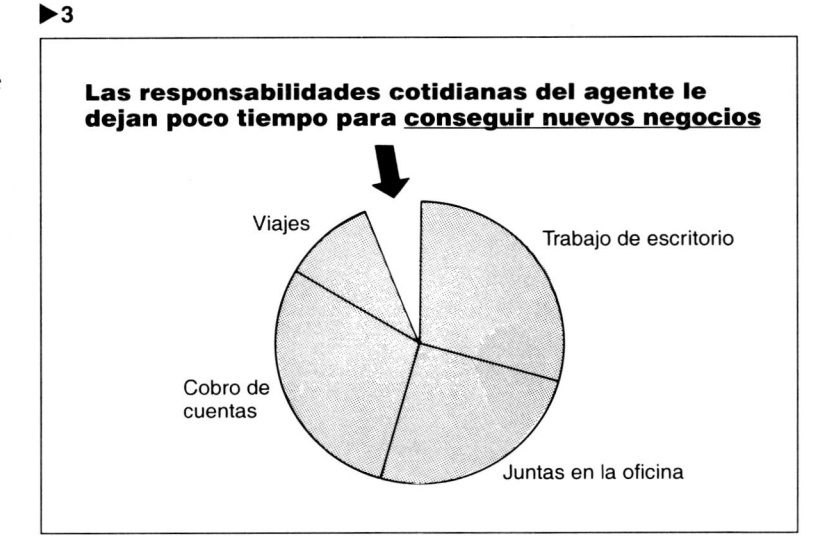

▶ 3

Las responsabilidades cotidianas del agente le dejan poco tiempo para <u>conseguir nuevos negocios</u>

- Viajes
- Trabajo de escritorio
- Cobro de cuentas
- Juntas en la oficina

COMPARACIÓN DE COMPONENTES

▶ 4

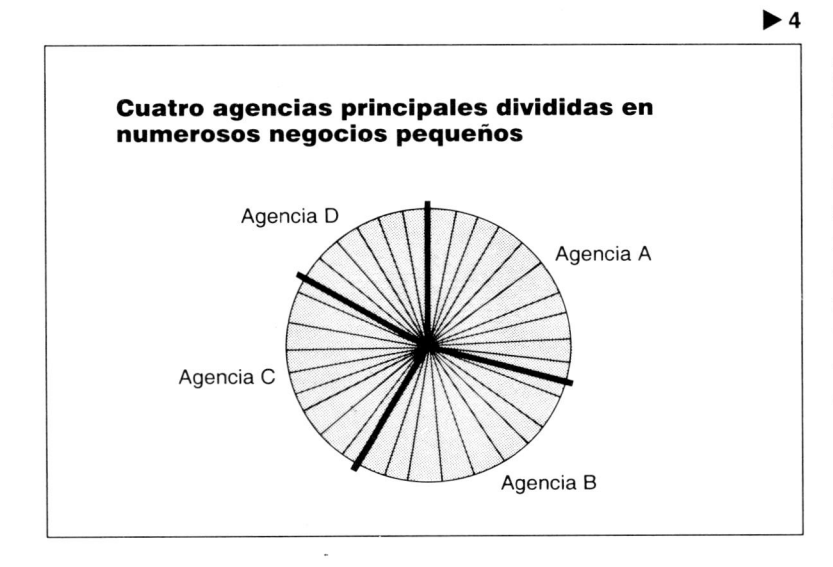

Cuatro agencias principales divididas en numerosos negocios pequeños

Agencia D
Agencia A
Agencia C
Agencia B

Aunque la Gráfica 4 viola el lineamiento contra el uso de más de seis componentes en una gráfica de pastel, en este caso se emplea para subrayar el mensaje de que hay numerosos negocios de agencias. Observe que virtualmente resulta imposible medir el tamaño relativo de cada componente; si se ve obligado a hacerlo, le conviene presentar los datos en forma tabular o como gráfica de barras (véanse las Gráficas 12 y 13).

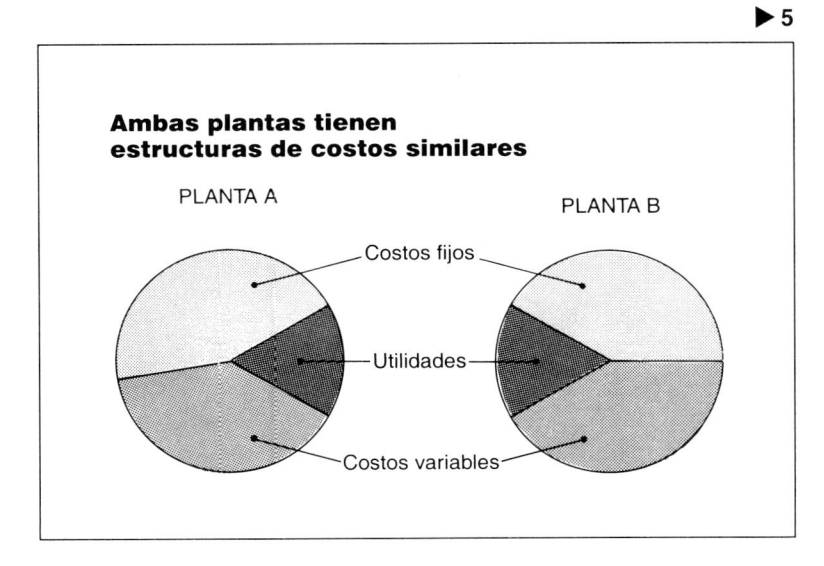

▶ 5

Ambas plantas tienen estructuras de costos similares

PLANTA A   PLANTA B

Costos fijos
Utilidades
Costos variables

Acomodar los componentes de cada pastel en una imagen de espejo, como se hace en la Gráfica 5, permite el uso de un solo conjunto de títulos. Esta simplificación no impide la repetición de los títulos para cada pastel, y el empleo de una leyenda que obligue al lector a ir de ésta al componente respectivo. En el proceso, hemos de ignorar dos lineamientos: 1) empezar en el punto inicial marcado por "las 12 en punto" y 2) acomodar los componentes en el mismo orden.

COMPARACIÓN DE COMPONENTES

▶ 6

La Gráfica 6 compara componentes dentro de pasteles separados. Cuando use esta técnica, maneje las cosas en forma simple: no utilice más de tres componentes ni más de dos pasteles. Si necesita más de dos pasteles, lo mejor es cambiar a columnas para expresar porcentajes de 100 por ciento (véase la Gráfica 40).

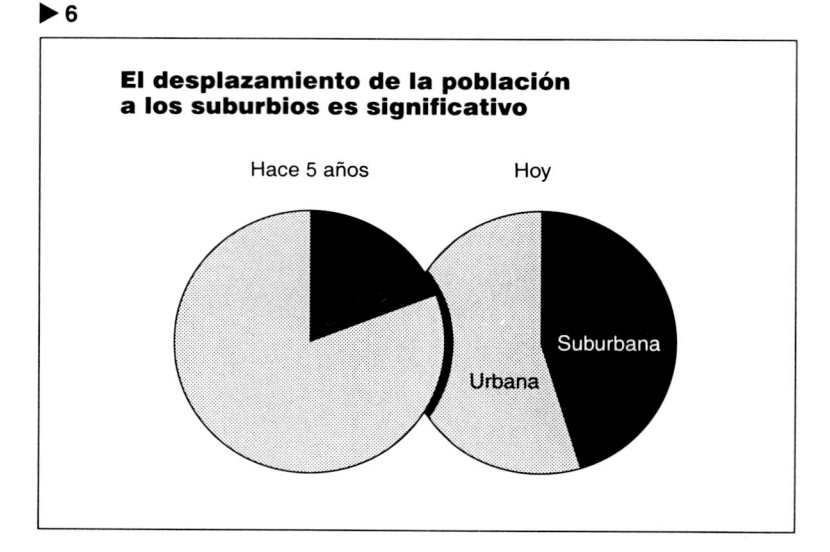

El desplazamiento de la población a los suburbios es significativo

Hace 5 años   Hoy

Suburbana
Urbana

▶ 7

Dudo en incluir la Gráfica 7, ya que sólo funciona con dos componentes e incluso así el sombreado puede resultar confuso. Por el contrario, si la gráfica se mantiene simple, como observamos aquí, puede ser recordada. Si tiene dudas, no lo piense y utilice la opción más convencional de dos conjuntos de columnas de 100 por ciento.

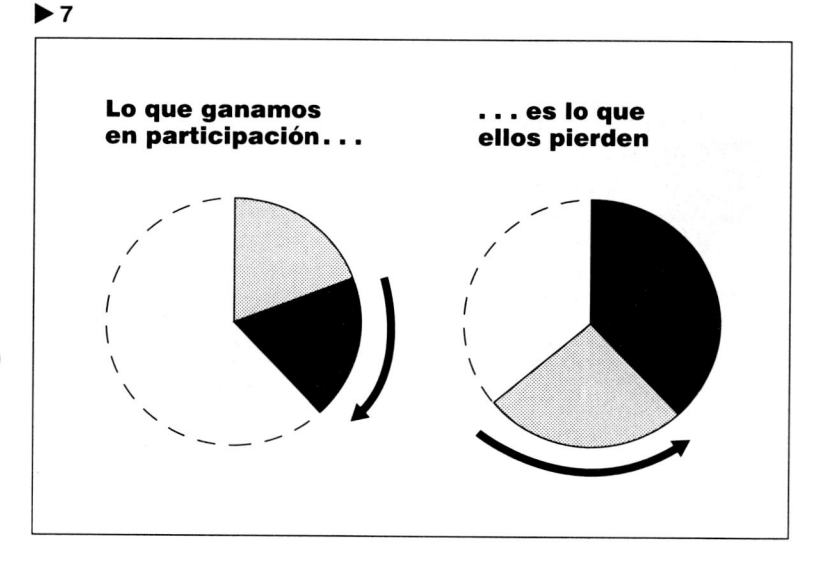

Lo que ganamos en participación...

...es lo que ellos pierden

COMPARACIÓN DE COMPONENTES

▶ 8

La participación de mercado de la compañía es mayor en la Costa Oeste

Centro Norte   Noreste

Pacífico   Centro Sur   Sureste

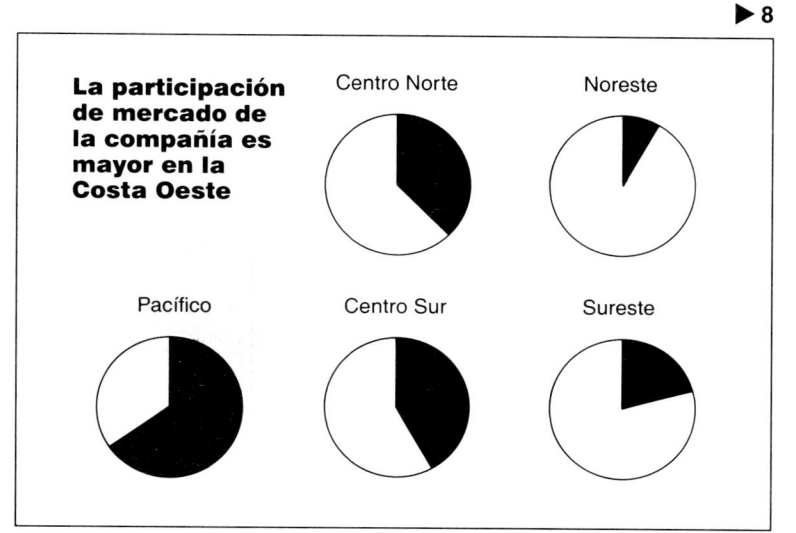

Al usar un pastel independiente para cada región, como en la Gráfica 8, apreciamos, primero, la participación de la compañía en cada zona y, segundo, la variación entre regiones. Aunque podrían usarse las barras de porcentajes (véase la Gráfica 21), colocar los pasteles de modo que simulen la ubicación geográfica natural hace que esta presentación resulte más eficaz.

▶ 9

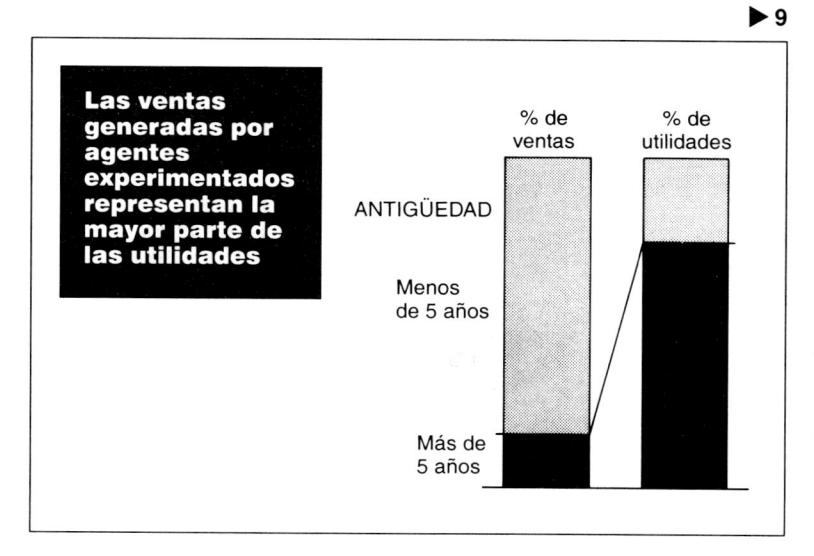

Las ventas generadas por agentes experimentados representan la mayor parte de las utilidades

ANTIGÜEDAD

Menos de 5 años

Más de 5 años

% de ventas   % de utilidades

La Gráfica 9 ilustra la conveniencia de mostrar la relación entre los componentes de más de un total, mediante barras o columnas de porcentajes. Esta gráfica se conoce comúnmente como gráfica 20/80 y explica que los agentes experimentados, aunque representan la participación de ventas más baja, se concentran en ventas que generan la mayor parte de las utilidades.

COMPARACIÓN DE COMPONENTES

Podemos mostrar más de dos elementos y dos componentes por elemento en una gráfica de columnas de porcentajes, como lo indica la Gráfica 10, pero será preciso evitar usar más de tres componentes en cada elemento porque sería confuso entender esta clase de comparación. Las Gráficas 9 y 10 podrían expresarse con barras horizontales en lugar de verticales. Sin embargo, las que se muestran tienen un uso muy difundido y son ampliamente aceptadas.

▶ 10

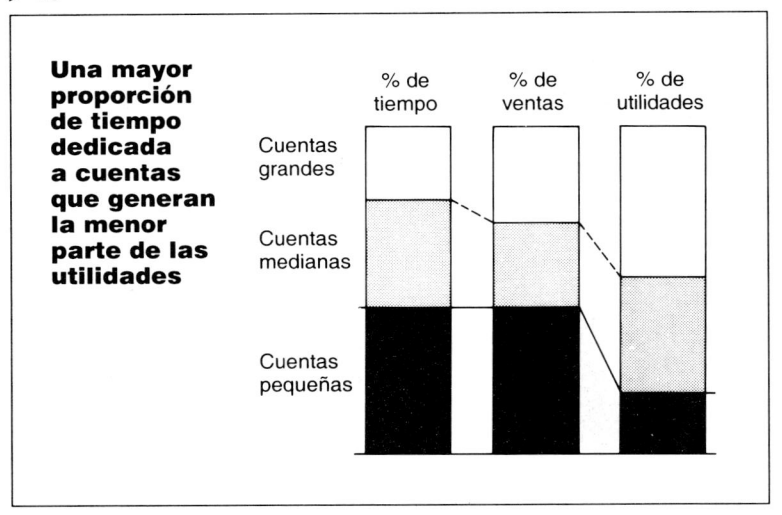

Una mayor proporción de tiempo dedicada a cuentas que generan la menor parte de las utilidades

% de tiempo   % de ventas   % de utilidades

Cuentas grandes
Cuentas medianas
Cuentas pequeñas

La Gráfica 11 combina una gráfica de pastel y una de columnas de porcentajes para poder comparar un total dentro de otro: 1) del total de empleados, el porcentaje que tiene menos de 30 años y 2) de estos últimos, el porcentaje de distribución por nivel educativo.

Al utilizar esta combinación, empiece siempre con la gráfica de pastel y siga con la de columnas de porcentajes, y no a la inversa.

▶ 11

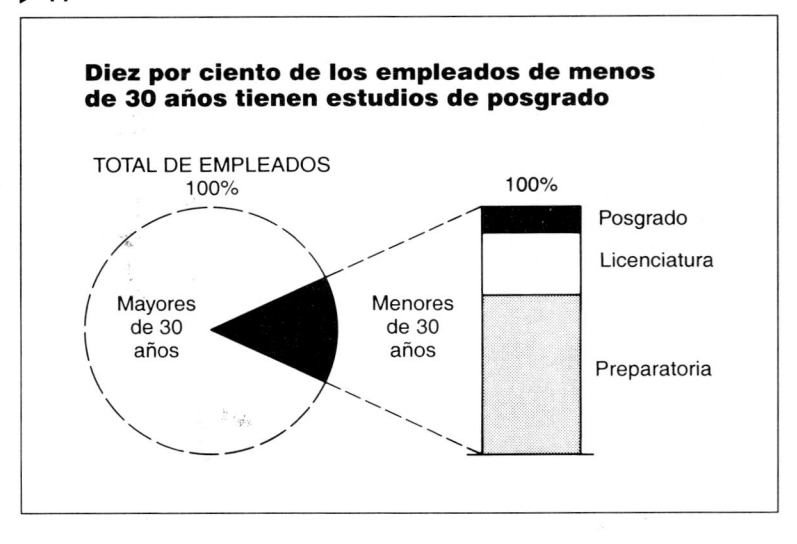

Diez por ciento de los empleados de menos de 30 años tienen estudios de posgrado

TOTAL DE EMPLEADOS
100%   100%

Mayores de 30 años
Menores de 30 años

Posgrado
Licenciatura
Preparatoria

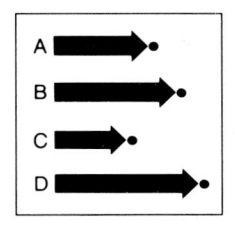

COMPARACIÓN DE PARTIDAS
Muestra la posición que ocupa cada elemento

COMPARACIÓN DE PARTIDAS

▶ 12

En una gráfica de barras, como la Gráfica 12, el orden de las partidas puede ser importante. En esta presentación, las partidas aparecen en secuencia, de mayor a menor, para hacer referencia a la posición que ocupan en cuanto a desempeño, y para mostrar la posición que guarda nuestra compañía. Se resaltó la utilidad de nuestra compañía utilizando un sombreado más oscuro y un tipo de letra diferente.

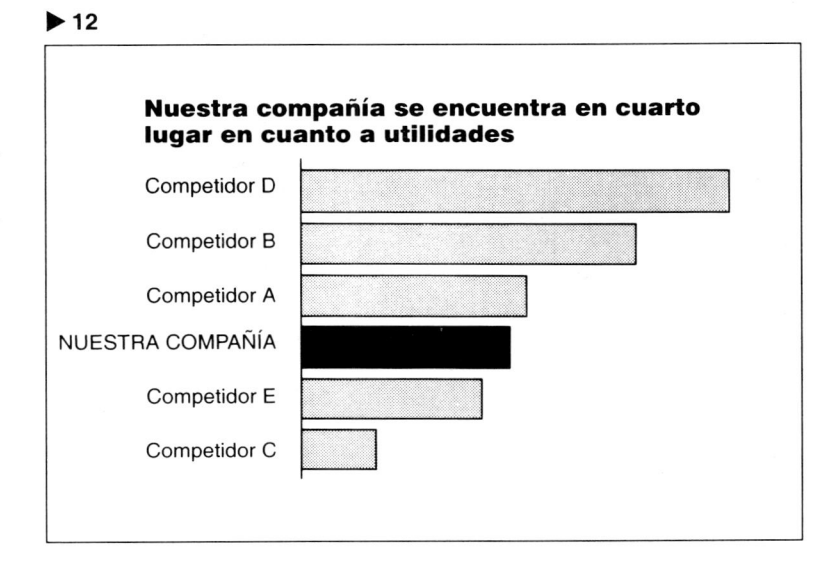

Nuestra compañía se encuentra en cuarto lugar en cuanto a utilidades

Competidor D
Competidor B
Competidor A
NUESTRA COMPAÑÍA
Competidor E
Competidor C

COMPARACIÓN DE PARTIDAS

En lugar de clasificar las partidas de menor a mayor o viceversa, en la Gráfica 13 se acomodan al azar para subrayar la disparidad que existe en el desempeño de los representantes de ventas.

▶ 13

El desempeño en ventas es disparejo

Representante D
Representante B
Representante F
Representante A
Representante E
Representante C

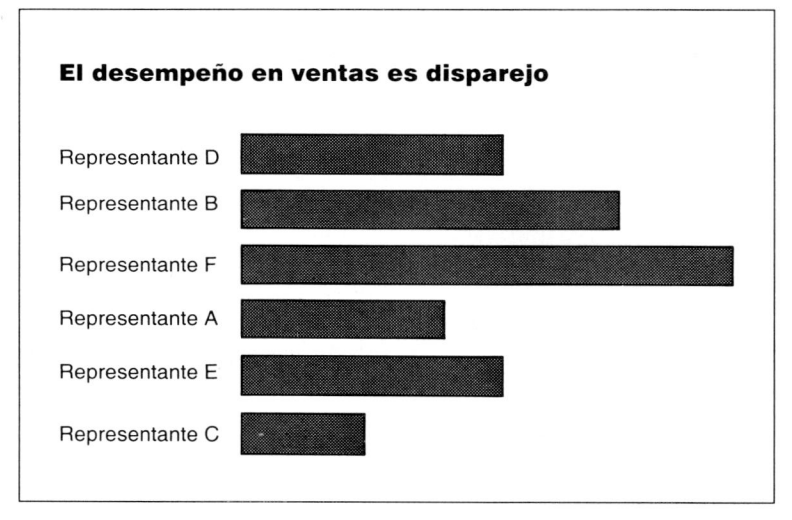

En la Gráfica 14 los títulos se ubican arriba de las barras en lugar de al lado. En este caso se hace un mejor uso del espacio vertical, lo cual permite una distribución más atractiva y compacta. En este proceso se proporciona mayor espacio a la escala horizontal para subrayar las importantes diferencias que existen entre los departamentos.

▶ 14

Las tasas de rotación de personal varían por departamento

Investigación y desarrollo

Manufactura

Marketing

Distribución

COMPARACIÓN DE PARTIDAS

▶ 15

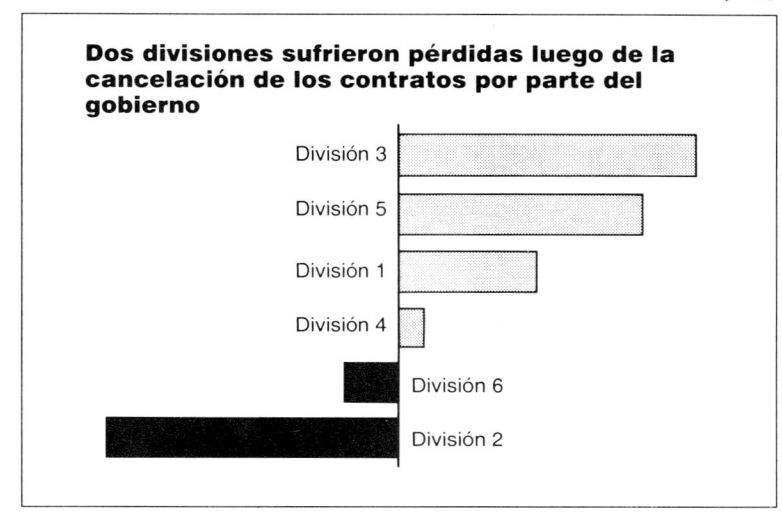

Dos divisiones sufrieron pérdidas luego de la cancelación de los contratos por parte del gobierno

- División 3
- División 5
- División 1
- División 4
- División 6
- División 2

La Gráfica 15 es una desviación de la gráfica de barras. En ella, las barras se extienden hacia la izquierda de la línea de base, igual que las columnas que se extienden por debajo de la línea cero, lo cual sugiere resultados o condiciones desfavorables. La línea de base vertical separa las divisiones con utilidades de las que tienen pérdidas. Los elementos se clasifican empezando con el que genera más utilidades para terminar con el de menos utilidades. Para que la gráfica quede compacta, los títulos aparecen a la izquierda, para las ganancias, y cambian a la derecha para las pérdidas.

▶ 16

Los márgenes de descuento ofrecidos para el nuevo modelo varían mucho por área

Descuento mínimo — Descuento máximo

- Noreste
- Sureste
- Centro Norte
- Centro Sur
- Noroeste
- Suroeste

La Gráfica 16 muestra el margen existente entre valores mínimos y máximos, en vez de limitarse a ilustrar los valores. Las barras que muestran rangos son útiles cuando se desea destacar tanto los valores en cada extremo como el diferencial entre ellos.

89

COMPARACIÓN DE PARTIDAS

La Gráfica 17 es una gráfica de barras que permite comparar dos o más conjuntos de barras, en forma tanto vertical como horizontal. De ambas comparaciones, la vertical es más directa porque las partidas se miden contra una línea de base común, en tanto que resulta más difícil comparar elementos horizontalmente, en virtud de que se acumulan contra la misma línea de base. Si bien los promedios podrían haberse mostrado como barras, las líneas de rayas que señalan el desempeño de cada compañía distinguen con mayor claridad las ventas por encima del promedio de las que están por debajo.

▶ 17

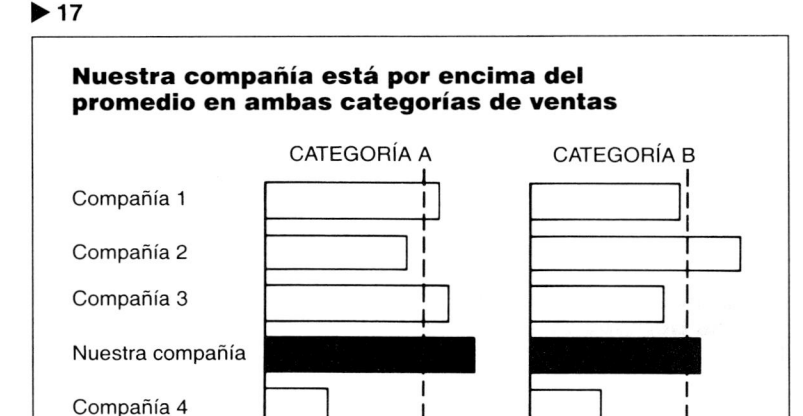

Nuestra compañía está por encima del promedio en ambas categorías de ventas

CATEGORÍA A   CATEGORÍA B

Compañía 1
Compañía 2
Compañía 3
Nuestra compañía
Compañía 4
Compañía 5

|← Promedio →|

La Gráfica 18 es una gráfica de barras agrupadas que compara un número de partidas, las Plantas 1, 2 y 3, en dos puntos de tiempo. Se usan diferentes sombreados para distinguir los periodos. Aunque las líneas de rayas y las flechas no son necesarias, ayudan a destacar la dirección y el monto de la variación.

▶ 18

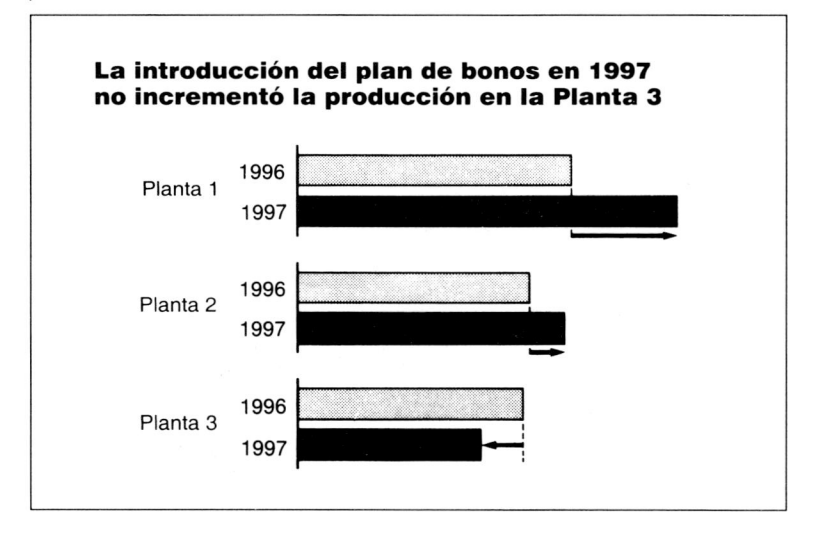

La introducción del plan de bonos en 1997 no incrementó la producción en la Planta 3

Planta 1   1996
           1997

Planta 2   1996
           1997

Planta 3   1996
           1997

90

COMPARACIÓN DE PARTIDAS

▶ 19

El nuevo sistema de organización ha reducido los tiempos extra en todas las actividades

Reproducción — Sep. / Oct.
Composición
Edición
Dibujo mecánico

La Gráfica 19 es una forma especial de gráfica de barras agrupadas que, en ocasiones, resulta efectiva. El hecho de sobreponer las barras ahorra espacio vertical, ayuda a destacar el periodo más reciente y concentra la atención en la brecha que hay entre ambos lapsos. En este ejemplo las actividades se enumeran según el tamaño de la brecha, aunque también podrían haberse acomodado de acuerdo con el flujo normal de actividades, es decir, de la edición a la composición, al dibujo mecánico y a la reproducción. Nota: esta técnica resulta efectiva sólo si la barra de fondo es consistentemente más larga que la del frente; si no ocurre así, la barra de fondo parecerá más delgada y puede confundir a quien observa la gráfica.

Las Gráficas 18 y 19 ignoran el lineamiento contra el uso de las gráficas de barras para mostrar cambios en el tiempo. Aquí funciona únicamente con dos periodos, pues si hay más, se utiliza la gráfica de columnas.

COMPARACIÓN DE PARTIDAS

La Gráfica 20 es una gráfica de barras subdivididas en la que las barras y sus componentes se grafican de acuerdo con valores absolutos más que relativos, es decir, usando dólares, toneladas, clientes o alguna otra unidad de medición directa, en lugar de porcentajes.

Observe que, en todas las gráficas de barras subdivididas, columnas y líneas, es preciso ubicar el componente principal contra la línea de base, ya que únicamente pueden compararse con precisión aquellos que parten de la base.

▶ 20

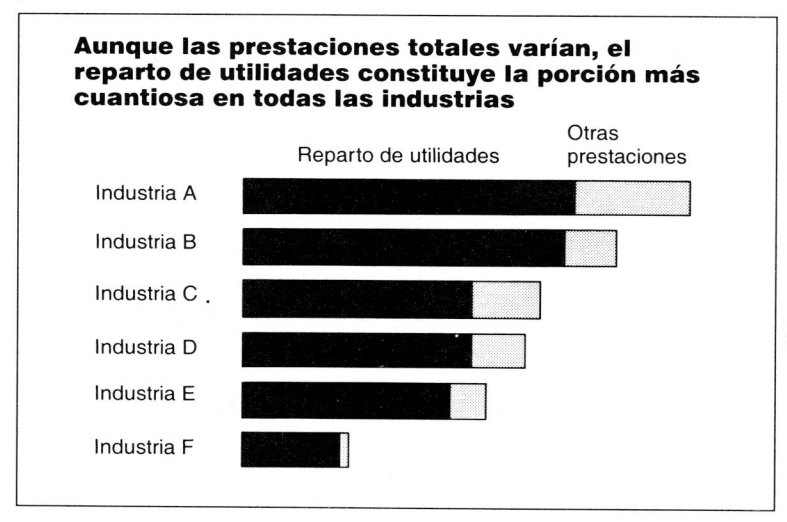

Aunque las prestaciones totales varían, el reparto de utilidades constituye la porción más cuantiosa en todas las industrias

Reparto de utilidades   Otras prestaciones

Industria A
Industria B
Industria C
Industria D
Industria E
Industria F

La Gráfica 21 es una gráfica de barras subdivididas que representan el cien por ciento. En ella, cada barra y sus componentes se grafican según el monto relativo (porcentaje) de sus componentes, al margen del valor absoluto representado por la barra. En este tipo de gráfica, hay dos líneas de base contra las cuales se colocan los componentes importantes, la que se encuentra a la izquierda, que une las barras, y la que se encuentra a la derecha, que no las conecta.

▶ 21

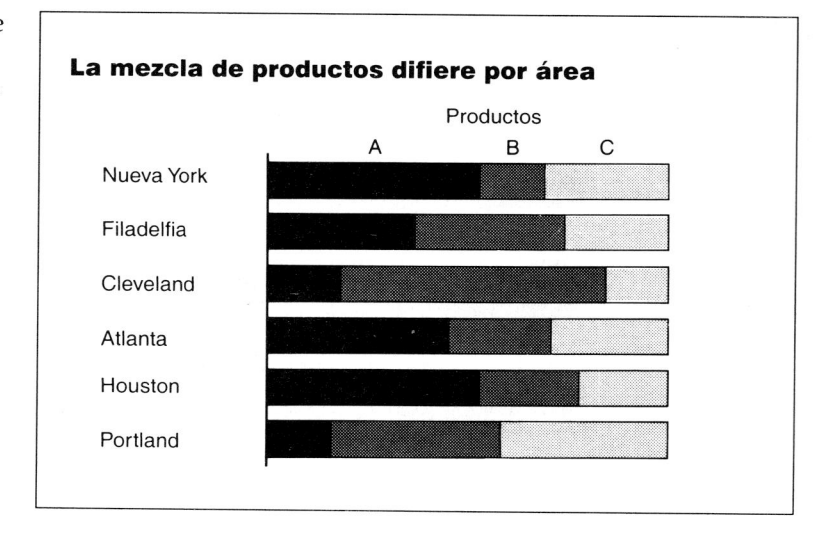

La mezcla de productos difiere por área

Productos
A   B   C

Nueva York
Filadelfia
Cleveland
Atlanta
Houston
Portland

COMPARACIÓN DE PARTIDAS

▶ 22

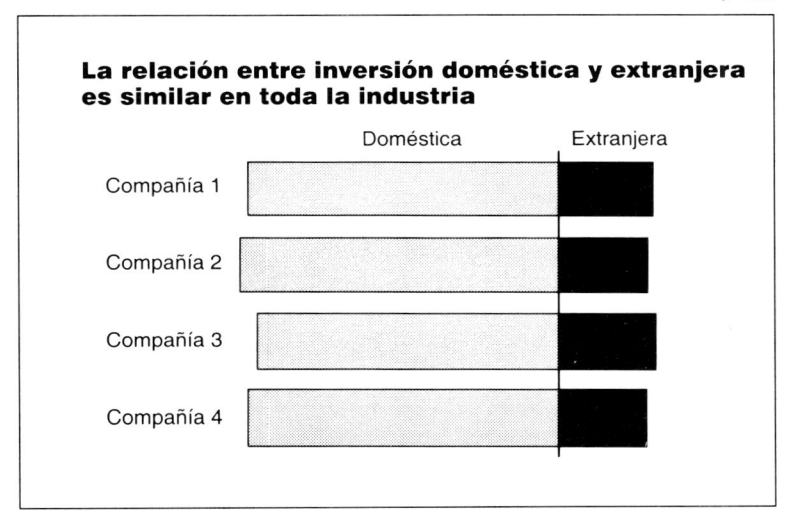

La relación entre inversión doméstica y extranjera es similar en toda la industria

Doméstica | Extranjera
Compañía 1
Compañía 2
Compañía 3
Compañía 4

La Gráfica 22 es una gráfica de barras subdivididas deslizantes, útil cuando hay tan sólo dos componentes (o dos grupos importantes de componentes). Como la división entre dos segmentos sirve como línea de base común, puede compararse con precisión cada componente. En este caso, las barras representan 100 por ciento, aunque también pueden usarse valores absolutos.

▶ 23

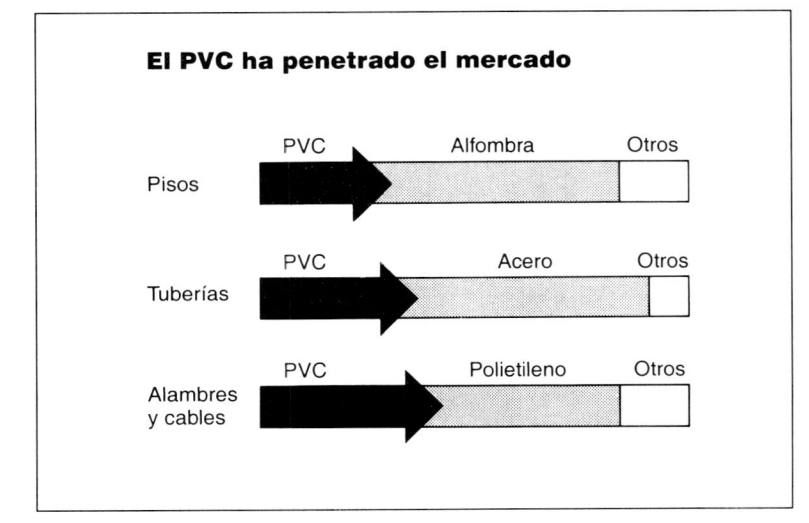

El PVC ha penetrado el mercado

Pisos — PVC | Alfombra | Otros
Tuberías — PVC | Acero | Otros
Alambres y cables — PVC | Polietileno | Otros

En las Gráficas 23 a 27 se introduce el uso de flechas en las gráficas de barras. Aunque las flechas no son necesarias, añaden un sentido de dirección y movimiento que con frecuencia enfatiza el mensaje del título.

La Gráfica 23, como la Gráfica 21, es una gráfica de barras subdivididas que representan cien por ciento. Sin embargo, aquí las flechas utilizadas para mostrar la parte correspondiente al PVC acentúan la idea de penetración mencionada en el título.

COMPARACIÓN DE PARTIDAS

▶ 24

La Gráfica 24 puede resultar de gran valor para representar los puntos sobresalientes de un informe de utilidades y pérdidas. Los componentes de los activos se van acumulando hasta representar el total y se comparan contra los componentes de los pasivos. Las barras, ciertamente, podrían ser verticales en lugar de horizontales, aunque el tratamiento utilizado proporciona mayor espacio a los títulos de los componentes en el lado izquierdo de las barras.

Nuestras U y P

Activos
A
B
C

Pasivos
D
E
F

▶ 25

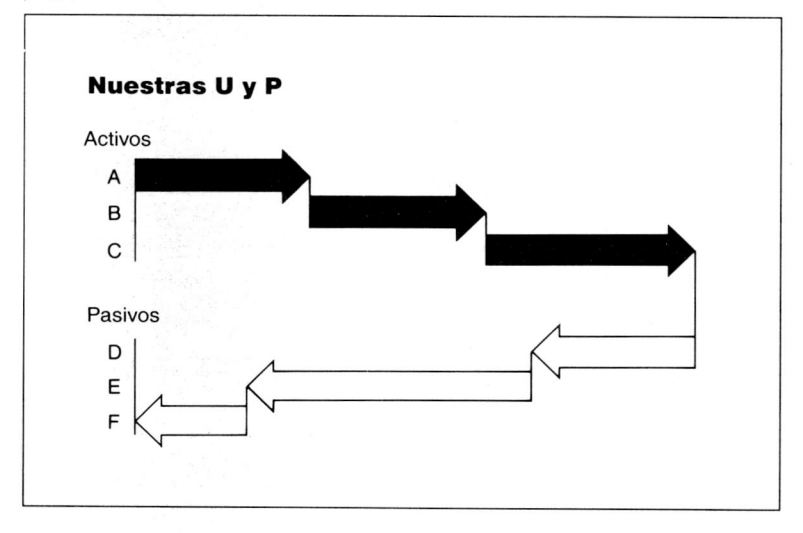

La Gráfica 25 se conoce como una gráfica de cascada. Las flechas rellenas muestran el costo que se ha *añadido* en cada etapa sucesiva de un proceso; los segmentos más claros indican el total de las etapas previas.

La manufactura representa el aumento principal en costos

Diseño › Manufactura › Distribución › Ventas › Servicio

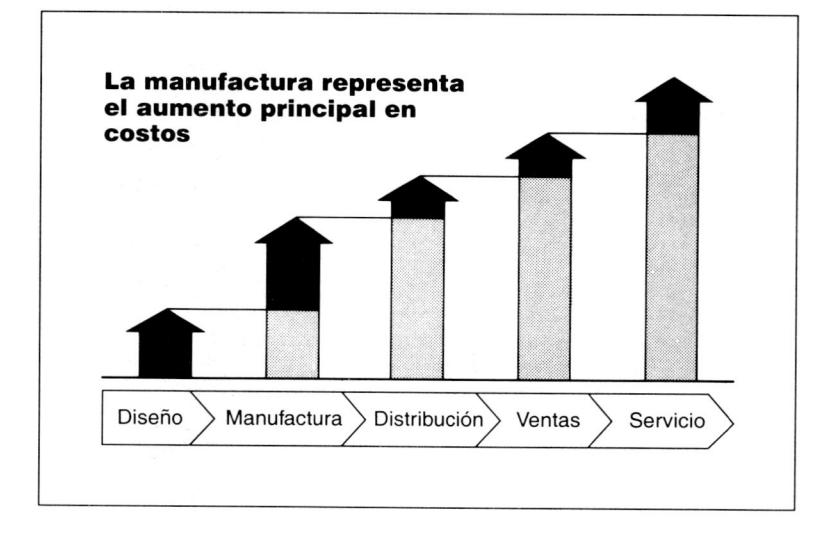

COMPARACIÓN DE PARTIDAS

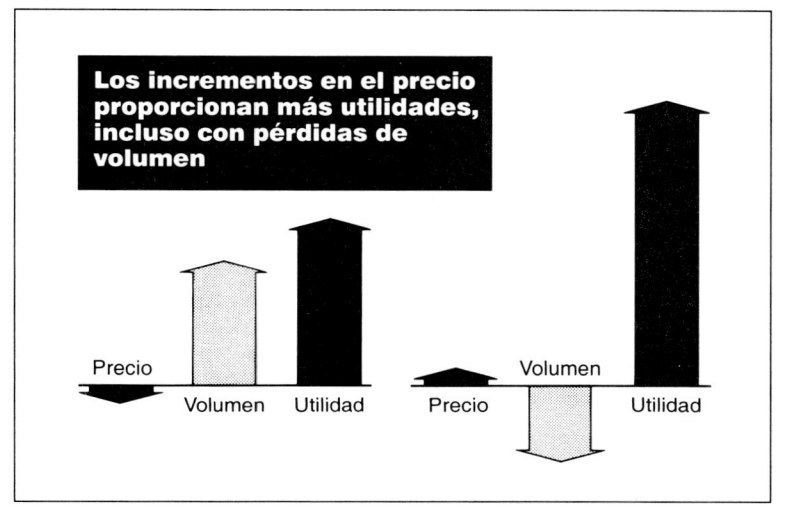

▶ 26

Los incrementos en el precio proporcionan más utilidades, incluso con pérdidas de volumen

Precio Volumen Utilidad   Precio Volumen Utilidad

Los análisis de sensibilidad frecuentemente se demuestran empleando el tratamiento que se presenta en la Gráfica 26. Esta gráfica de desviaciones subraya el impacto sobre las utilidades que tienen los cambios en uno o más elementos relacionados. Aquí, el uso de flechas dinámicas en lugar de barras estáticas subraya la naturaleza de los cambios, tanto positivos como negativos.

▶ 27

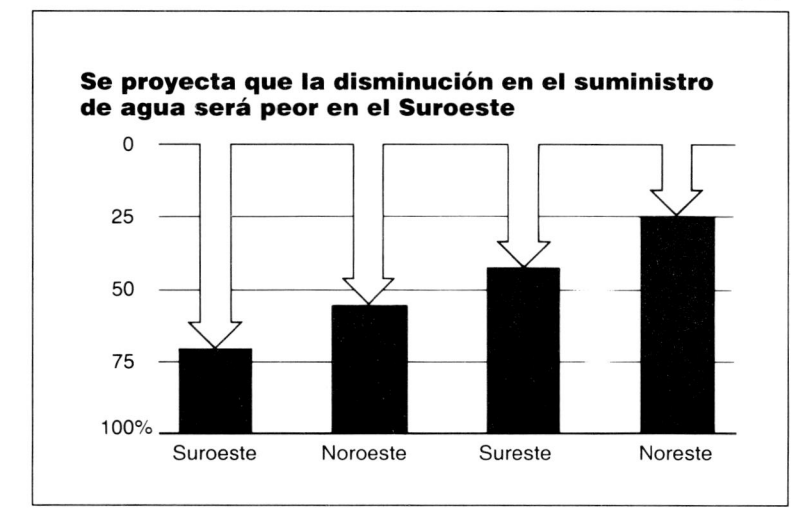

Se proyecta que la disminución en el suministro de agua será peor en el Suroeste

0
25
50
75
100%
Suroeste Noroeste Sureste Noreste

La Gráfica 27 funciona bien a pesar del tratamiento poco convencional de la escala, o quizá gracias a éste, ya que ésta se inicia en la parte superior con cero por ciento y desciende hasta cien por ciento. Las flechas destacan la magnitud de la disminución a la vez que señala el porcentaje restante. Los elementos se clasifican a partir de la región afectada hasta la menos afectada por la disminución.

COMPARACIÓN DE PARTIDAS

▶ 28

La mayoría de las bajas en nuestra fuerza de ventas elige departamentos de ventas en otras compañías

Total de contrataciones

% que renuncia

Ingresar en negocio familiar

Regresar a estudiar

Aceptar un tipo diferente de trabajo

No se dio ningún motivo

Aceptar un puesto en ventas con otra compañía

La Gráfica 28 combina una gráfica de pastel, que resume el panorama total, con una gráfica de barras, que desglosa los motivos de los representantes de ventas para renunciar a la compañía donde trabajan. La barra más oscura concentra la atención en el hecho de que la mayor parte de ellos opta por puestos similares en otras compañías, lo cual indica que existe un problema con su empleo actual.

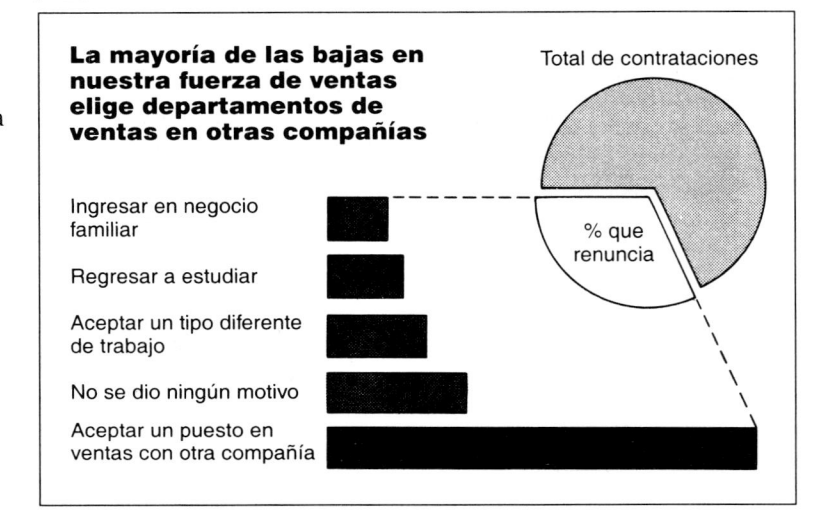

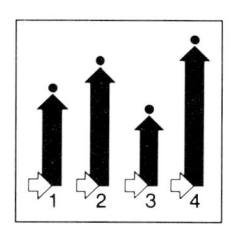

COMPARACIÓN DE SERIES DE TIEMPO
*Muestra cambios que se presentan
con el transcurso del tiempo*

COMPARACIÓN DE SERIES DE TIEMPO
GRÁFICAS DE COLUMNAS

▶ 29

La Gráfica 29 es una gráfica de columnas simple que sirve para mostrar niveles cambiantes con el transcurso del tiempo. Lo mejor es usar la gráfica de columnas para un máximo de ocho periodos.

Utilice efectos gráficos, como flechas, líneas, sombreados o color, cuando desee subrayar un aspecto específico de los datos, como se muestra aquí y en las tres gráficas siguientes. En esta presentación, la flecha tiene el doble propósito de centrar la atención en el año 1996 y subrayar el nivel descendente.

Las ventas continúan creciendo a pesar de la caída resultado de la huelga en 1996

1991 1992 1993 1994 1995 1996 1997

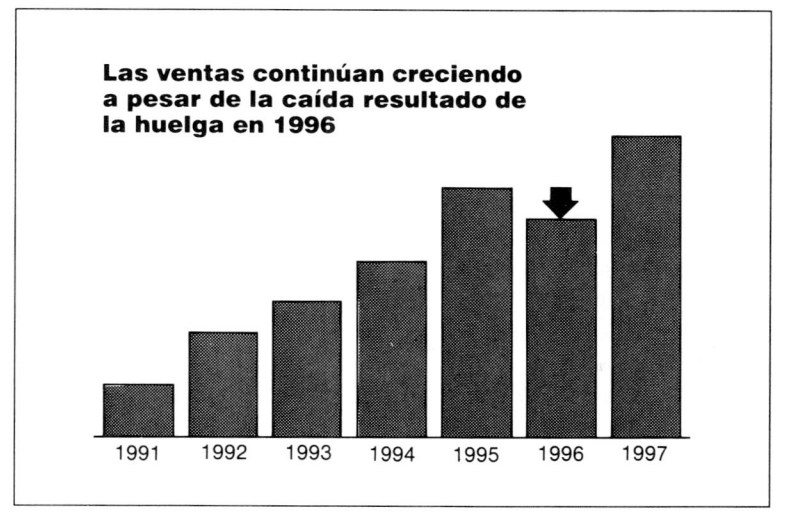

COMPARACIÓN DE SERIES DE TIEMPO

▶ 30

En la Gráfica 30, la flecha subraya el incremento que se ha dado de 1991 a 1997.

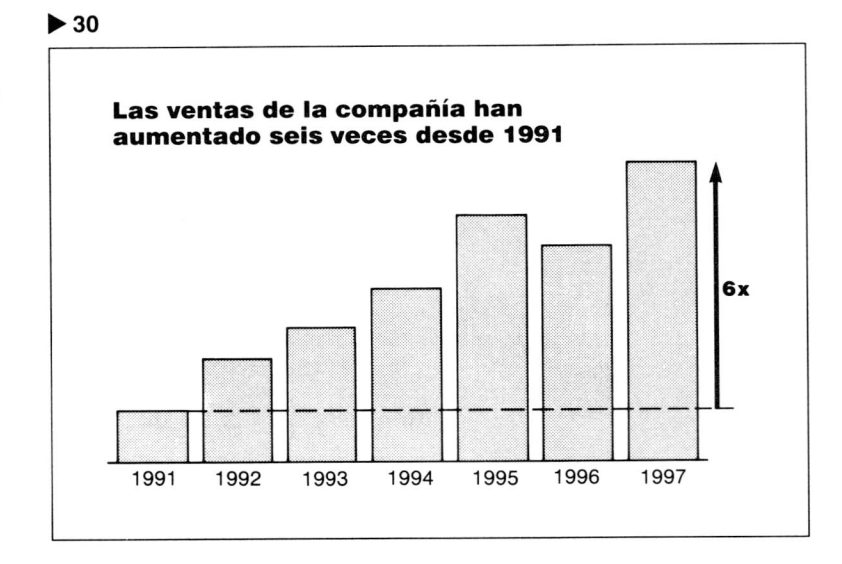

Las ventas de la compañía han aumentado seis veces desde 1991

[Gráfica de barras con años 1991-1997, indicando 6x]

▶ 31

En la Gráfica 31 se utiliza un sombreado más claro para 1996 con el propósito de distinguir ese año de todos los demás. Este efecto destaca en qué nivel *estuvieron* las ventas durante 1996, en lugar de enfatizar cuánto bajaron respecto a 1995. Este uso de sombreados oscuros y claros también puede resultar efectivo para distinguir entre datos reales y estimados, o entre datos históricos y proyectados.

La huelga de 1996 frenó temporalmente el incremento en las ventas

[Gráfica de barras con años 1991-1997, con barra de 1996 en tono más claro]

COMPARACIÓN DE SERIES DE TIEMPO

▶ 32

Desde 1991 las ventas se han elevado cada año, excepto en uno

1991 1992 1993 1994 1995 1996 1997

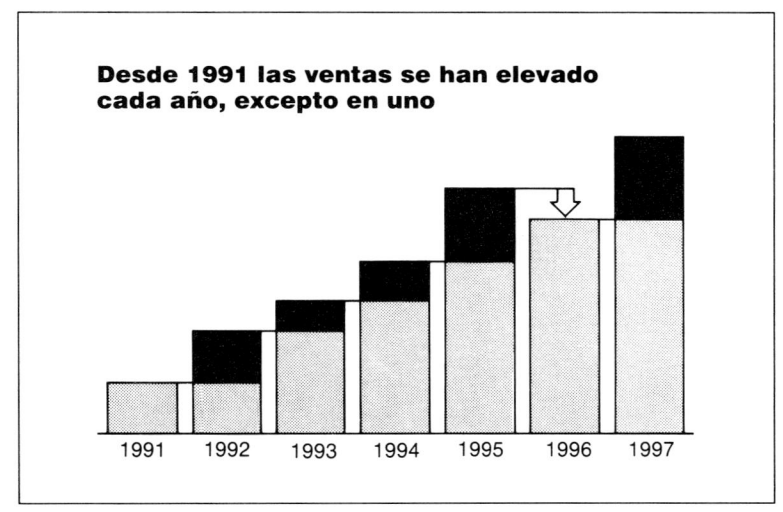

La Gráfica 32 combina efectos gráficos, como extremos oscuros en las columnas y una flecha, para destacar el monto del cambio entre un año y otro, así como para distinguir entre periodos de crecimiento y de baja.

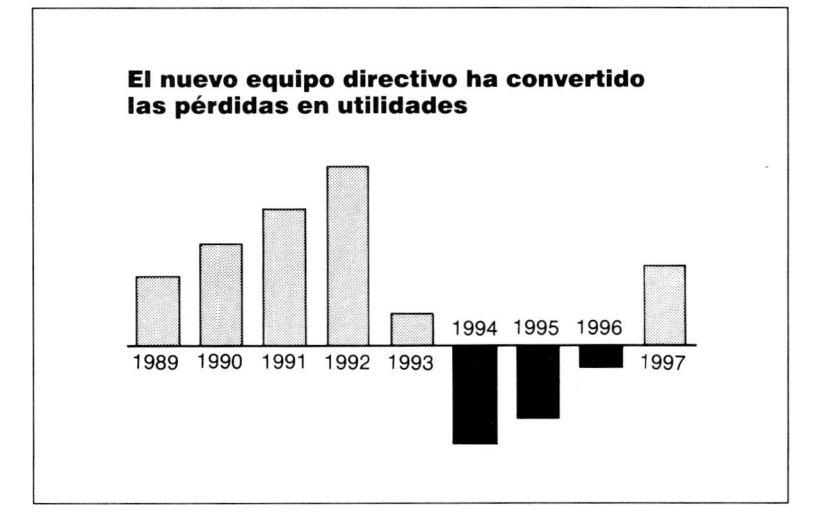

▶ 33

El nuevo equipo directivo ha convertido las pérdidas en utilidades

1989 1990 1991 1992 1993 1994 1995 1996 1997

La Gráfica 33 emplea varias técnicas para distinguir entre datos positivos y negativos: 1) gráfica de columnas por debajo de la línea cero para indicar déficit o condiciones desfavorables, 2) usa diferentes sombreados y 3) escalona los títulos de las columnas.

COMPARACIÓN DE SERIES DE TIEMPO

La Gráfica 34 se encuentra en la página de nuestro periódico cuando analizamos el desempeño del mercado accionario. Se trata de una gráfica de columnas que sirve para expresar límites y subrayar los márgenes entre dos conjuntos de valores, en este caso las alzas y las bajas diarias, y no sólo la magnitud de los valores. La pequeña línea cruzada, que por lo general se usa para indicar el promedio de los valores alto/bajo, indica el nivel de cierre para cada día.

▶ 34

Todo lo que sube... tiene que bajar

Alto
Cierre
Bajo

L M M J V   L M M J V
Semana 1   Semana 2

En la Gráfica 35 se empalman dos gráficas de columnas, una a cada lado de la línea de base: las columnas de arriba indican el número creciente de equipos, las de abajo muestran la profundidad promedio en que los equipos perforan el suelo. En este caso, las columnas que se extienden por debajo de la línea no indican ni déficit ni condición desfavorable, sino que refuerzan la idea de profundidad; asimismo, las columnas se hicieron más estrechas para sugerir la idea de las brocas de taladro.

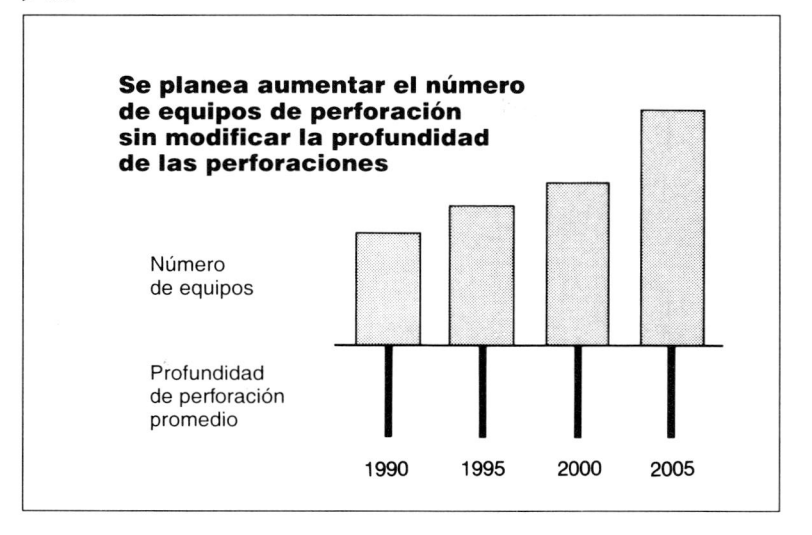

▶ 35

Se planea aumentar el número de equipos de perforación sin modificar la profundidad de las perforaciones

Número
de equipos

Profundidad
de perforación
promedio

1990   1995   2000   2005

100

COMPARACIÓN DE SERIES DE TIEMPO

▶ 36

Los objetivos a cinco años requieren aumentos sustanciales en número de tiendas, ventas y utilidades

Número de tiendas
50 (1996) — 75 (2001) ↑50%

Ventas ($ millones)
$150 (1996) — $300 (2001) ↑100%

Utilidades ($ millones)
$20 (1996) — $50 (2001) ↑150%

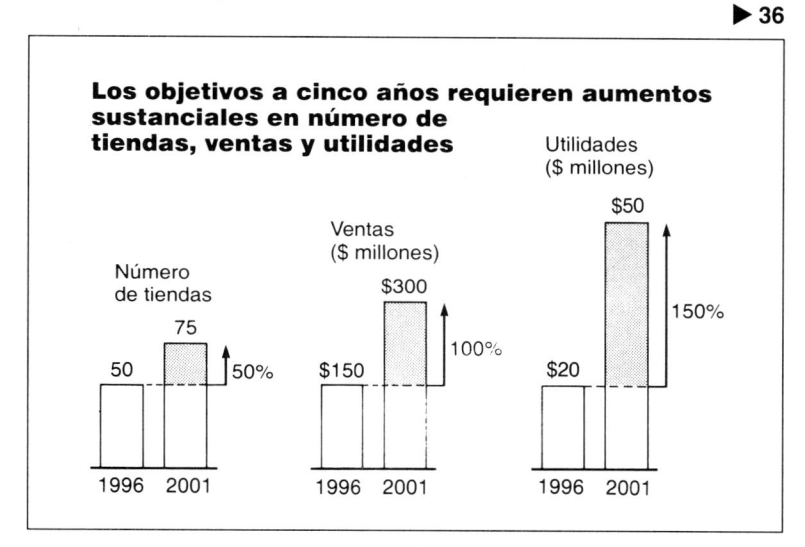

La Gráfica 36 es una gráfica de columnas agrupadas para tres conjuntos de datos que se miden en diferentes clases de unidades (número de tiendas *versus* dólares) y en unidades de distintas magnitudes (ventas en cientos de millones *versus* utilidades en decenas de millones). Para proporcionar una base común de comparación, traduzca los datos absolutos a porcentajes (o un índice) del valor base (en este caso, 2001 dividido entre 1996) y trace los valores base de 1996 a la misma altura. Es decir, asumamos que en 1996 el número de tiendas, ventas y utilidades estaban en el mismo nivel. Después grafique los valores correspondientes al año 2001 según su incremento porcentual. El resultado es un índice "visual" que permite mostrar los valores absolutos, al mismo tiempo que presenta los cambios porcentuales y la proporción que guardan entre sí.

101

COMPARACIÓN DE SERIES DE TIEMPO

▶ 37

Las columnas sobrepuestas, como las de la Gráfica 37, funcionan bien cuando los dos elementos se relacionan en la misma medición. En este caso, los dos elementos, el planeado y el real, constituyen aspectos relacionados de producción. (Recuerde que un elemento deberá ser consistentemente mayor que el otro. De lo contrario, la columna sobrepuesta ocultará el grosor de la del fondo.)

Gracias a la nueva planta pronto logramos los objetivos en producción que antes parecían inalcanzables

Nueva planta

PLAN

REAL

Jun. Jul. Ago. Sep. Oct. Nov. Dic.

▶ 38

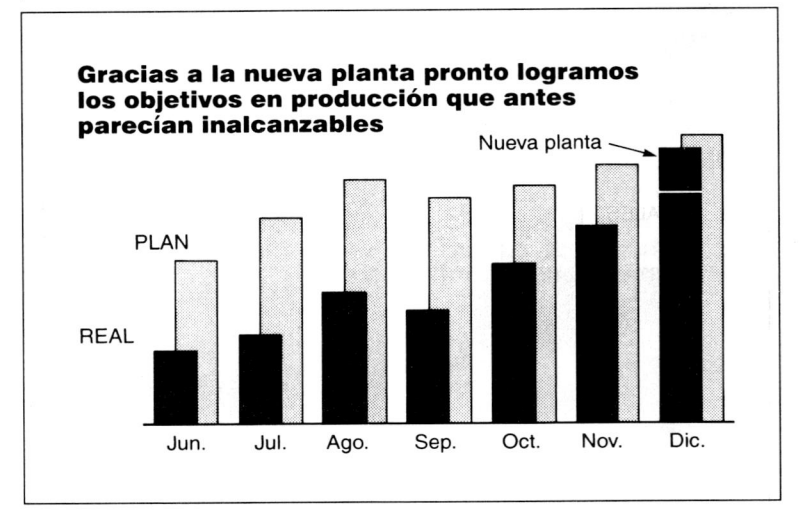

La Gráfica 38 es una gráfica de columnas subdivididas que muestra la variación que sufren los totales con el paso del tiempo, y de qué manera contribuyen los componentes al cambio. En todas las gráficas subdivididas, la tendencia es mostrar demasiados componentes, lo que provoca que resulte difícil identificar y comparar cada segmento por separado. No utilice más de cinco. Si necesita mediciones exactas de cada componente, le conviene el enfoque ilustrado en la siguiente gráfica.

Las marcadas fluctuaciones en el mercado total no han afectado las ventas de nuestra compañía

VENTAS TOTALES
Otros
Competidor principal
Nuestra compañía

1990 1991 1992 1993 1994 1995 1996 1997

102

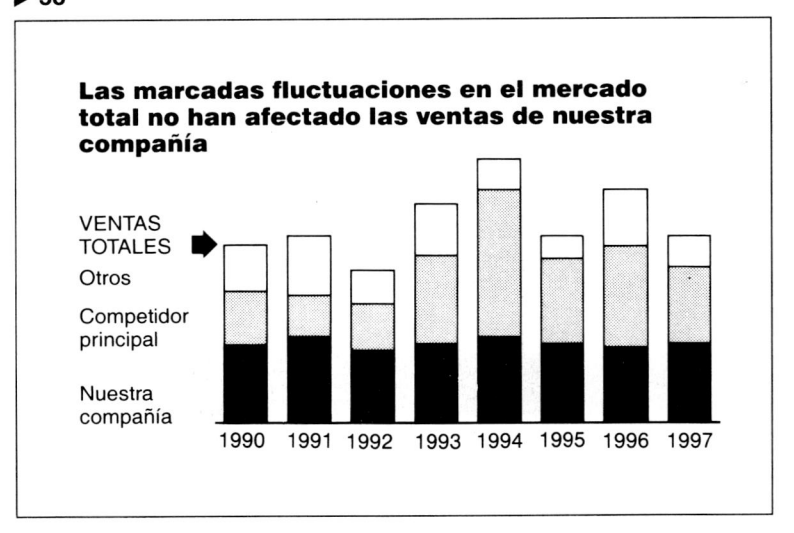

COMPARACIÓN DE SERIES DE TIEMPO

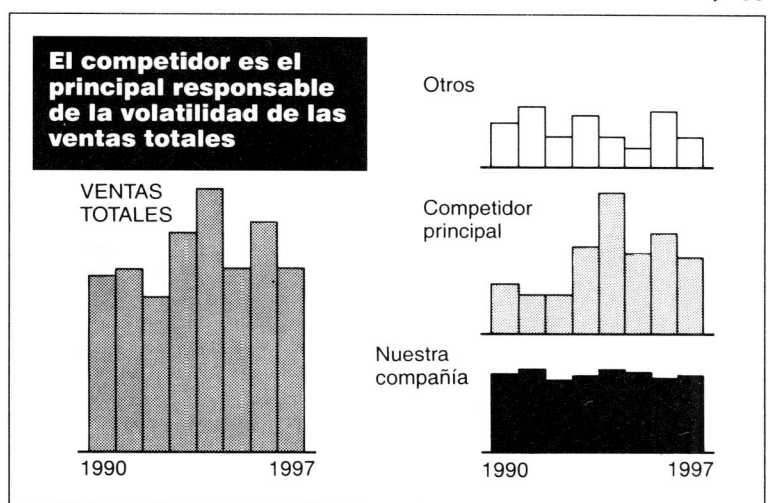

▶ 39

En la Gráfica 39 se emplean los mismos datos utilizados en la anterior, aunque de forma tal que las tendencias para el total y para cada componente pueden medirse con precisión contra su propia línea de base. Este ajuste altera el enfoque de la gráfica, pues en lugar de concentrarse en los componentes que modifican la tendencia a lo largo de un tiempo determinado, se centra en la variación sufrida por cada elemento.

▶ 40

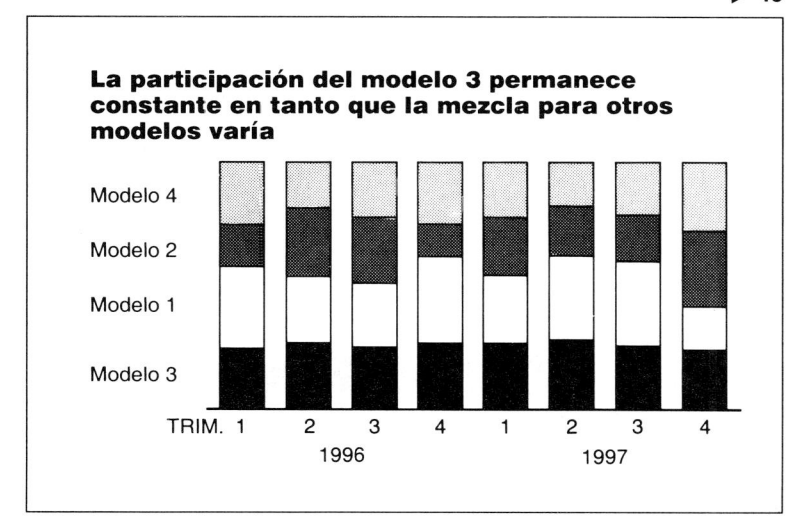

La Gráfica 40 es una gráfica de columnas divididas que representan el cien por ciento. Aunque existe la costumbre de leer la página de arriba hacia abajo, una gráfica de columnas se mide a partir de la línea cero hacia arriba (al igual que una gráfica de superficie subdividida). Por este motivo, el componente más importante, por lo general, se ubica contra dicha base. Utilice diferentes sombreados para distinguir los componentes dentro de las columnas, y para ayudar a identificar el patrón de cambio de cada uno en toda la gráfica.

COMPARACIÓN DE SERIES DE TIEMPO

▶ 41

La Gráfica 41 es una gráfica de cascada que indica el origen de modificación del volumen desde el principio del periodo hasta el final. Aquí las flechas refuerzan la naturaleza positiva y negativa de los cambios, a la vez que miden la magnitud del cambio que representa cada cuenta.

Las ganancias de A y B no han logrado compensar las pérdidas de C

Cuenta C
Cuenta B
Cuenta A

Volumen Ene. 1
Volumen Dic. 31

▶ 42

La Gráfica 42, de columnas escalonadas, podría considerarse como una gráfica sin espacios entre las columnas o como una gráfica de superficie (líneas) con sombreado en el espacio que está entre la línea y la base; sin el sombreado, se convierte en una gráfica de líneas. Es óptima para presentar datos que cambian de manera abrupta a intervalos regulares, como podrían ser los niveles de personal.

Se ha alcanzado un nivel más alto en la producción desde que se empezó a usar el nuevo equipo, a principios de 1997

Volumen

Trim. 2 3 4 | 1 2 3 4 | 1 2 3 4
1995 | 1996 | 1997

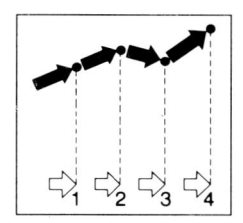

COMPARACIÓN DE SERIES DE TIEMPO
Muestra los cambios con el paso del tiempo

COMPARACIÓN DE SERIES DE TIEMPO
GRÁFICAS DE LÍNEAS

▶ 43

La Gráfica 43 es una simple gráfica de líneas que muestra los cambios que se presentan con el paso del tiempo cuando se tienen muchos periodos. Se utilizan dos tratamientos gráficos: 1) la línea continua para lo real se distingue de la línea de rayas para el pronóstico y 2) la flecha subraya la dirección y la magnitud del cambio.

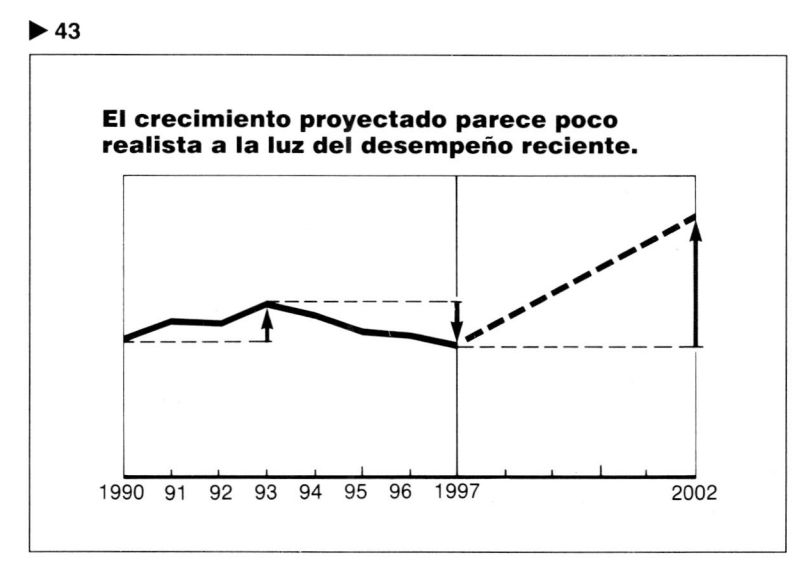

El crecimiento proyectado parece poco realista a la luz del desempeño reciente.

1990 91 92 93 94 95 96 1997   2002

105

COMPARACIÓN DE SERIES DE TIEMPO

▶ 44

Las Gráficas 44 a 53 constituyen ejemplos de gráficas de líneas agrupadas o múltiples.

Cuando las líneas se cruzan, como lo muestra la Gráfica 44, hay que utilizar diferentes patrones (por ejemplo, líneas punteadas, de rayas, continuas, gruesas, delgadas) a fin de eliminar la confusión; esto no es necesario cuando las líneas no se cruzan. En cualquier caso, la línea continua, más gruesa, habrá de reservarse para el elemento más significativo.

El desempeño real sugiere que no se alcanzará el objetivo

Acumulado — Plan — Real
Ene. Feb. Mar. Abr. May. Jun. Jul. Ago. Sep. Oct. Nov. Dic.

▶ 45

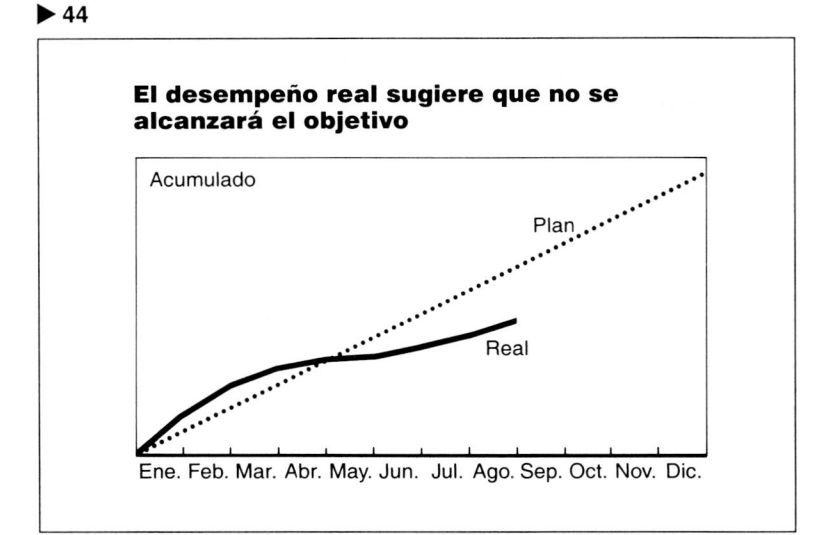

La línea ondulada que se emplea como base de la Gráfica 45 indica que se ha eliminado la parte inferior de la escala vertical. En este caso no se enfoca en los niveles relativos del ingreso *versus* el gasto (sí así fuera, la gráfica tendría que trazarse a partir de una línea cero), sino en las diferencias que existen entre ambos. Aquí se utilizan sombreados diferentes para distinguir entre superávit y déficit.

Los déficit siguen creciendo

Ingreso — Superávit — Déficit — Gastos
1989 — 1992 — 1997

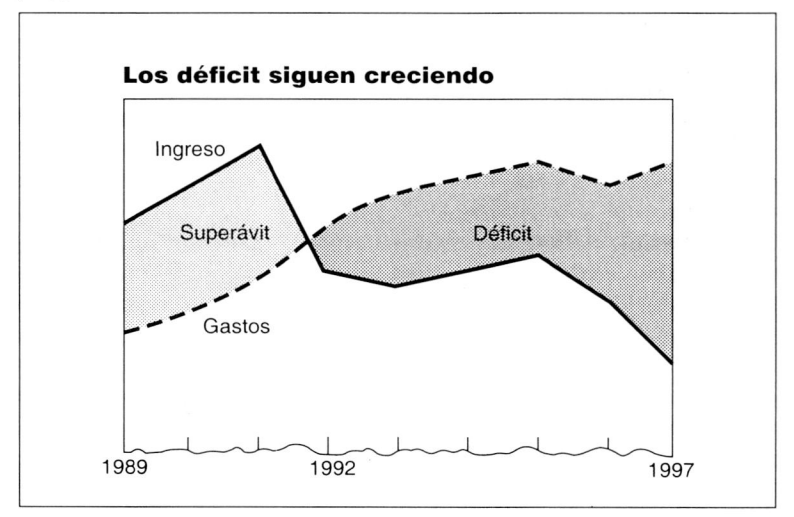

COMPARACIÓN DE SERIES DE TIEMPO

▶ 46

El ingreso neto proyectado deberá de alcanzar el punto de equilibrio durante los próximos 12 a 18 meses

Optimista
Realista
Pesimista

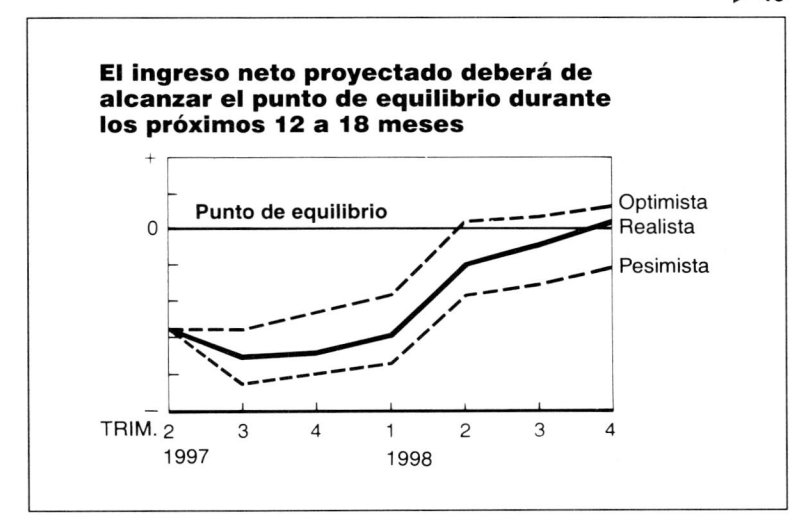

Punto de equilibrio

TRIM. 2 3 4 1 2 3 4
1997   1998

La Gráfica 46 proporciona un colchón de seguridad cuando se presentan datos proyectados. El hecho de establecer un rango optimista/pesimista, alrededor de la línea de la tendencia que representa la mejor suposición (realista), reduce el riesgo de hacerse responsable de una proyección que, cuando mucho, puede ser moderada, independientemente de los supuestos considerados. En este caso, se usan líneas delgadas de rayas para establecer el rango; aunque también resultaría efectivo sombrear el rango mismo.

▶ 47

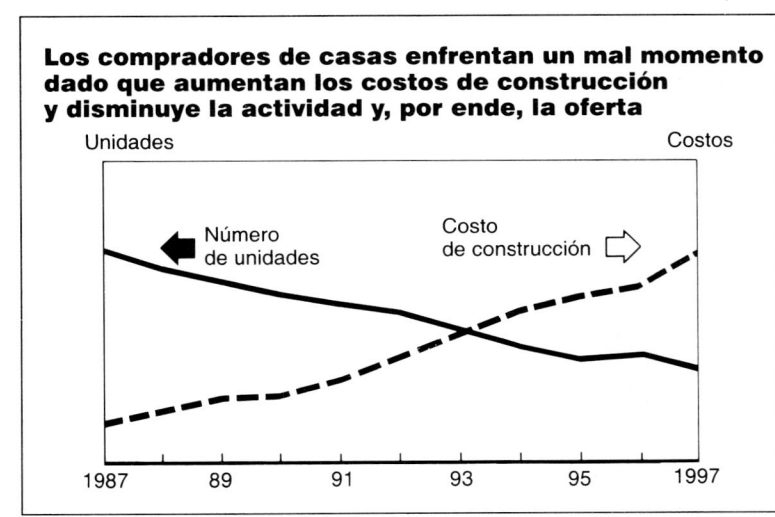

Los compradores de casas enfrentan un mal momento dado que aumentan los costos de construcción y disminuye la actividad y, por ende, la oferta

Unidades   Costos

Número de unidades   Costo de construcción

1987   89   91   93   95   1997

La Gráfica 47 constituye una gráfica de múltiples escalas —es decir, con escalas diferentes a izquierda y derecha—, lo cual acerca, para efectos de comparación, dos o más curvas que se miden en diferentes unidades o que están tan alejadas en cuanto a tamaño que resultaría difícil compararlas. Si usted desea comparar cambio o crecimiento, haga que la línea cero de ambas escalas coincida y seleccione sus intervalos de tal manera que las curvas se encuentren en algún punto significativo. Mejor aún, convierta ambas series en una base común (por ejemplo, números indicadores o cambios en porcentajes). Use únicamente una escala.

COMPARACIÓN DE SERIES DE TIEMPO

La Gráfica 48, dibujada contra una escala logarítmica (semilog), muestra la tasa de cambio desde cualquier punto hasta cualquier otro punto de la serie de datos. En este tipo de gráficas, las cifras absolutas que se incrementan en una tasa constante (por ejemplo, cinco por ciento cada semana), serían presentadas como una línea recta; en cambio, en una gráfica de escala aritmética, las cifras absolutas que se incrementan en una tasa constante del cinco por ciento aparecerán como una línea curva inclinada hacia arriba en un ángulo cada vez más empinado.

Como no hay línea cero, esta gráfica no deberá usarse para medir niveles, magnitudes ni datos negativos, tampoco puede mostrarse como una gráfica de superficies o de columnas. Utilice siempre con precaución las escalas logarítmicas; si existe la posibilidad de que el lector no comprenda la escala, explíquele cómo leerla y qué ha de buscar.

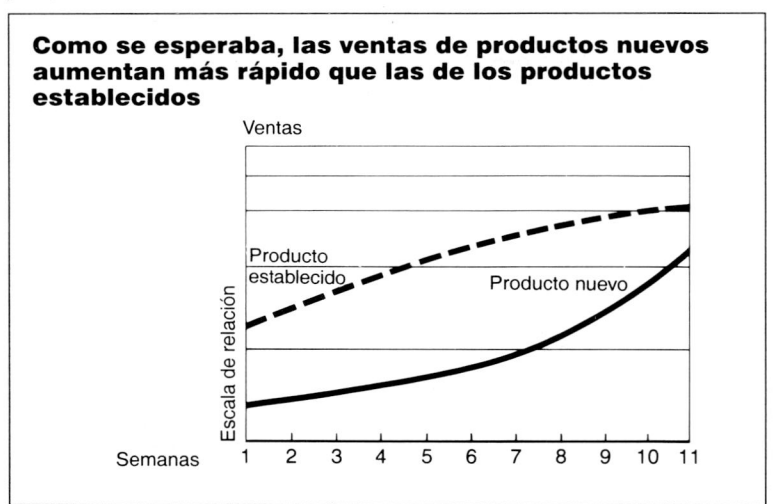

▶ 48

Como se esperaba, las ventas de productos nuevos aumentan más rápido que las de los productos establecidos

COMPARACIÓN DE SERIES DE TIEMPO

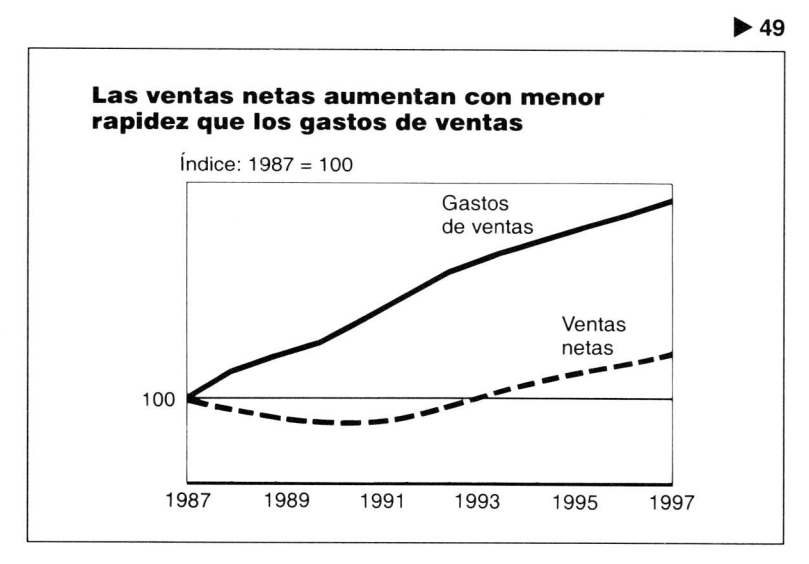

▶ 49

Las ventas netas aumentan con menor rapidez que los gastos de ventas

Índice: 1987 = 100

Gastos de ventas

Ventas netas

100

1987 1989 1991 1993 1995 1997

La Gráfica 49 es una gráfica de escalas de índices, que presenta datos que han sido convertidos en porcentajes a partir de un valor base. A diferencia de la escala logarítmica, que muestra el cambio relativo entre dos puntos *cualesquiera* en el tiempo, la gráfica con escalas de índices presenta el cambio relativo únicamente a partir del valor base para cada periodo. Ofrece, además, una ventaja sobre las escalas de cantidades absolutas, ya que puede utilizarse para comparar dos o más series de datos medidos en diferentes clases de unidades o en unidades de distintos tamaños. Esta clase de comparación resulta clara si los cambios se presentan en términos de simples diferencias de porcentajes. Por ejemplo, "El aumento porcentual en las ventas desde 1987" muestra exactamente el mismo panorama que el "Índice de ventas: 1987 = 100", pero en la primera expresión la escala está dividida en 0, 25 y 50 por ciento, en lugar de 100, 125 y 150.

COMPARACIÓN DE SERIES DE TIEMPO

En lugar de valores en índices, la Gráfica 50 utiliza una escala que muestra cambios de porcentajes entre 1992 y 1997. Para proporcionar una comparación significativa entre los tres elementos, es decir, ingresos, activos y ventas, las escalas habrán de ser las mismas para los tres. Una opción es mostrar únicamente dos gráficas, una para la Compañía A y otra para la Compañía B, y presentar el cambio en porcentaje para cada compañía en cuanto a ingresos, activos y ventas en su propio cuadro.

La Gráfica 51 utiliza un árbol de cálculo para visualizar una fórmula matemática. En este caso, el retorno sobre la inversión resulta de multiplicar el retorno sobre ventas por la rotación de la inversión. En cada ventana se muestra la tendencia para las dos compañías, lo que permite que el lector analice las distintas ramas del árbol e identifique la fuente de cualquier problema que sea resultado del desempeño del retorno sobre la inversión.

▶ 50

El desempeño de la Compañía A fue superior al de la Compañía B a pesar de que el crecimiento de B fue mayor en cuanto a activos y ventas

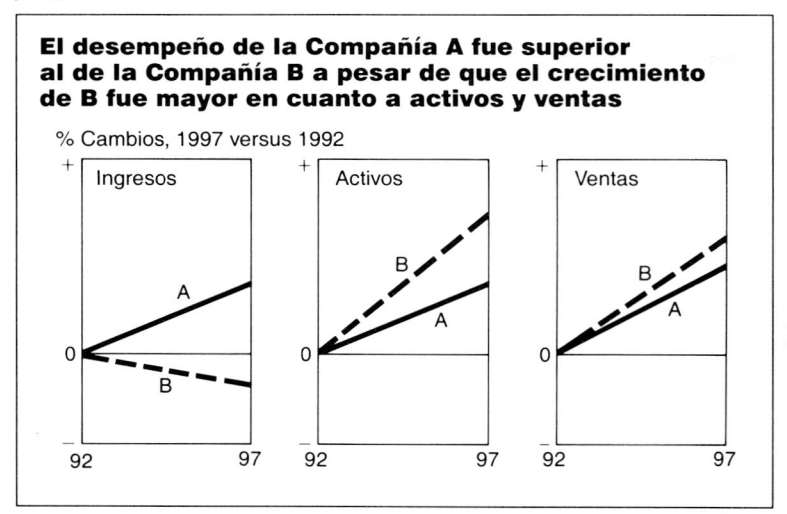

% Cambios, 1997 versus 1992

▶ 51

El retorno sobre la inversión de la compañía A es mejor que el de la compañía B

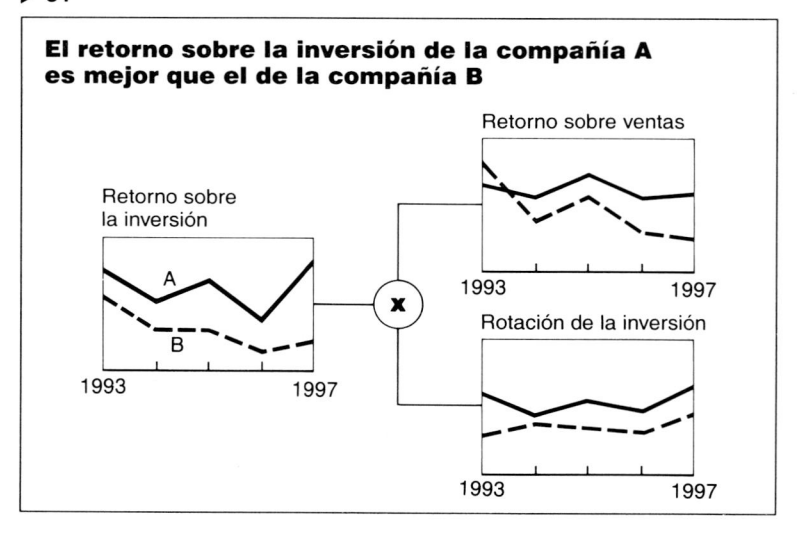

COMPARACIÓN DE SERIES DE TIEMPO

▶ 52

Nuestra empresa muestra un crecimiento constante que contrasta con los patrones erráticos de los competidores

En la Gráfica 52, la línea que representa al cliente está marcada como una raya continua oscura que es comparada con las líneas de *todos* los competidores. Si, por el contrario, usted quiere comparar al cliente con *cada* competidor, la técnica que presentamos en el siguiente ejemplo es más apropiada.

▶ 53

Nuestra empresa muestra un crecimiento constante que contrasta con el patrón errático de los competidores

La Gráfica 53 contiene más gráficas (y, por tanto, se requiere mayor tiempo para dibujarla), pues en ella la empresa es comparada por separado, con cada competidor, pero la comparación por gráfica es más simple que en el ejemplo previo. La línea de la empresa es idéntica en cada gráfica. Al usar este enfoque, se pueden agrupar las comparaciones para facilitar su lectura (es decir, por competidores que superaban a la empresa o que estaban a su nivel, o peor, en un momento determinado). También podría subrayar el desempeño de la empresa utilizando, más que una gráfica de curva, una de superficies.

111

COMPARACIÓN DE SERIES DE TIEMPO

▶ 54

La Gráfica 54 es una gráfica de superficies, esto es, una gráfica de líneas con sombreado en el espacio que queda entre la línea de la tendencia y la línea de base, que proporciona una sensación más definida de cantidad. El tratamiento gráfico de este ejemplo, es decir, un sombreado más oscuro para los periodos de descenso, llama la atención sobre los dos trimestres que están bajo escrutinio.

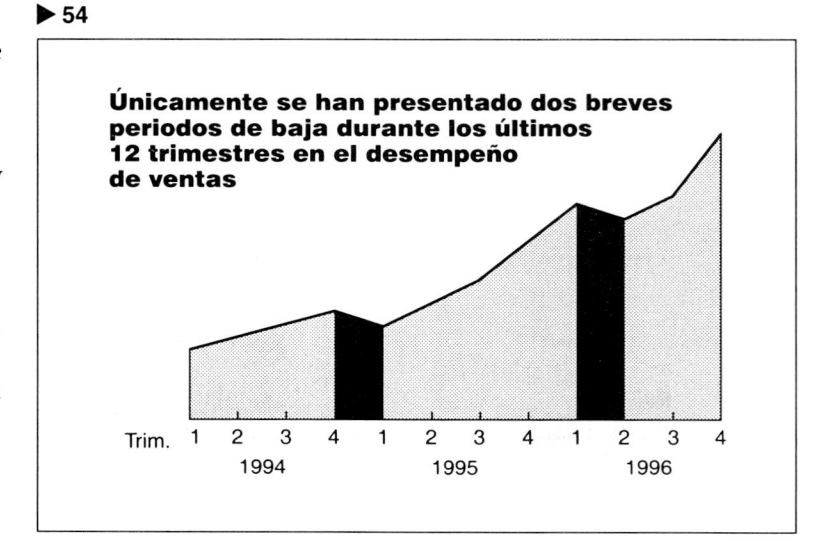

Únicamente se han presentado dos breves periodos de baja durante los últimos 12 trimestres en el desempeño de ventas

Trim. 1 2 3 4 1 2 3 4 1 2 3 4
1994 1995 1996

▶ 55

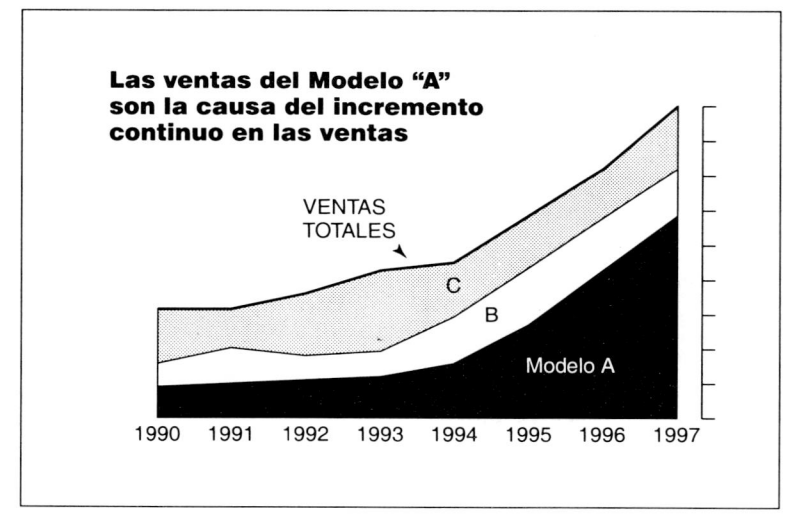

La Gráfica 55 muestra el cambio en la contribución absoluta de tres componentes en el tiempo, aunque el énfasis principal se hace en el total. Sólo la capa inferior se mide directamente a partir de una base fija. Todas las demás capas se miden a partir de una base variable y su tamaño sólo puede calcularse en forma aproximada. Para permitir la lectura directa, utilice el enfoque ilustrado en la Gráfica 39. Si las capas fluctúan en forma notoria, utilice una gráfica de columnas subdivididas (véase la Gráfica 38) o el enfoque ilustrado en la Gráfica 39.

Las ventas del Modelo "A" son la causa del incremento continuo en las ventas

VENTAS TOTALES
C
B
Modelo A

1990 1991 1992 1993 1994 1995 1996 1997

▶ 56

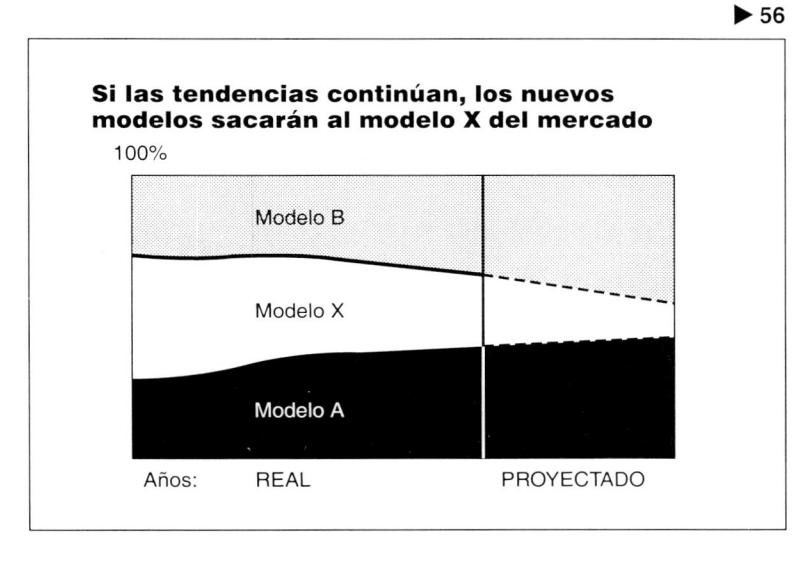

Si las tendencias continúan, los nuevos modelos sacarán al modelo X del mercado

100%

Modelo B

Modelo X

Modelo A

Años: REAL   PROYECTADO

La Gráfica 56 muestra el cambio en las contribuciones relativas de los componentes en un lapso determinado. El componente principal, en este caso, la participación del Modelo X, se encuentra entre los dos modelos que compiten entre sí para subrayar el mensaje. Como todas las gráficas que ilustran relaciones, éstas pueden resultar engañosas si los porcentajes se basan en cantidades absolutas que no son del todo estables. Por ejemplo, si cien por ciento representa un total que tiende a incrementarse, puede ser que un porcentaje descendente represente, en realidad, una cantidad en aumento. En tales casos, conviene representar las cantidades absolutas en una gráfica o tabla adjunta.

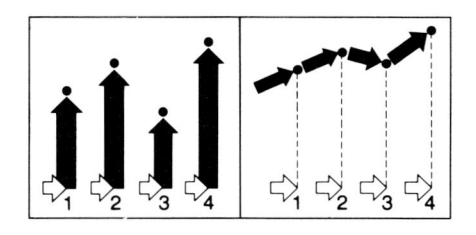

COMPARACIONES DE SERIES
DE TIEMPO
Muestran cambios con el transcurso del tiempo

COMPARACIÓN DE SERIES DE TIEMPO
COMBINACIONES DE GRÁFICAS

▶ 57

Las Gráficas 57 a 63 combinan columnas y líneas para proporcionar perspectivas adicionales sobre los cambios que se presentan en cierto tiempo.

En la Gráfica 57 podrían usarse columnas agrupadas, (es decir, una columna para capacidad y otra para pedidos), pero como la capacidad es constante, resulta preferible presentarla como una gráfica de superficie en el fondo. Para subrayar la diferencia entre capacidad y pedidos —en vez de sus niveles, como se hace en este ejemplo—, existe la opción de emplear una gráfica de desviaciones (véase la Gráfica 33) con la capacidad, como línea de base, para medir el número de pedidos por debajo o por encima de la capacidad existente.

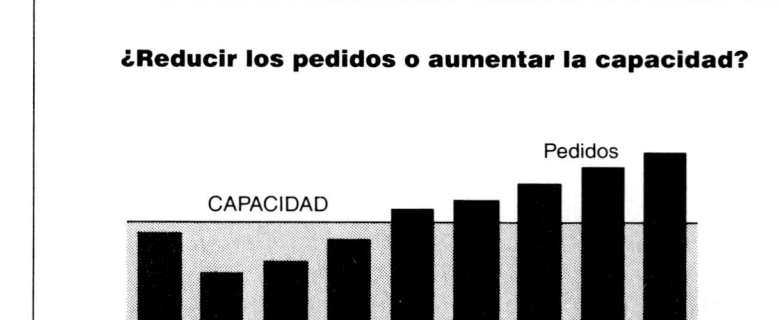

¿Reducir los pedidos o aumentar la capacidad?

Pedidos

CAPACIDAD

Abr. May. Jun. Jul. Ago. Sep. Oct. Nov. Dic.

COMPARACIÓN DE SERIES DE TIEMPO

▶ 58

Los índices de rotación de personal muestran un patrón estacional, pero en un nivel más elevado que el año pasado

Este año
El año pasado

Ene. Feb. Mar. Abr. May. Jun.

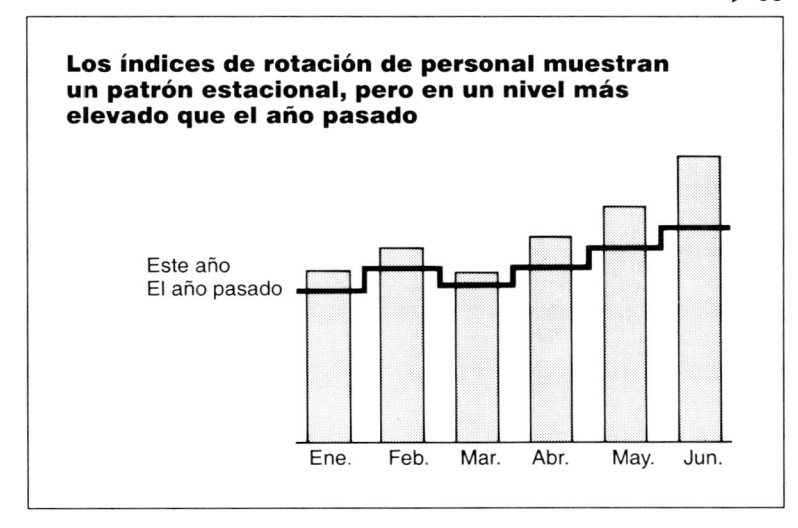

La Gráfica 58 también podría presentarse como una gráfica de columnas agrupadas (una para este año, otra para el anterior). Por el contrario, esta técnica de columnas y líneas pone especial énfasis en las columnas que representan la actividad de este año y énfasis secundario en la comparación de los datos de este año y los del año pasado.

▶ 59

El incremento constante en la producción visto en forma acumulada, oculta amplias variaciones que se presentan mensualmente

Acumulado

Ene. Feb. Mar. Abr. May. Jun. Jul.

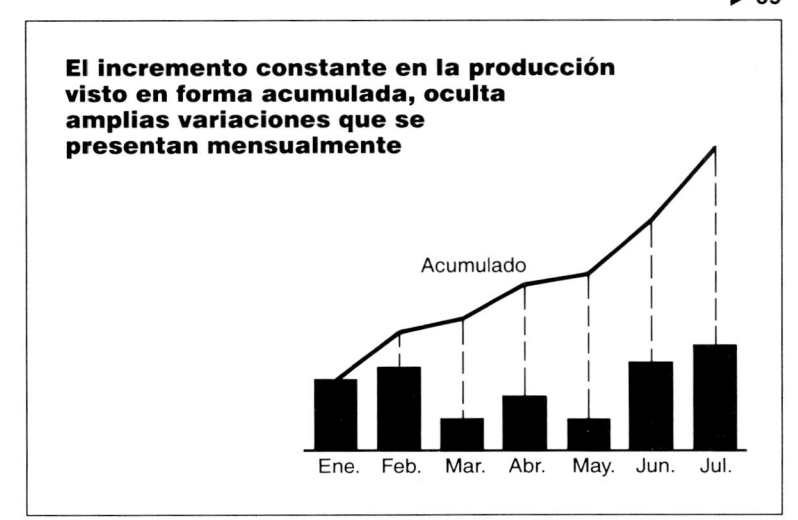

La Gráfica 59 combina una gráfica de columnas, cuyo propósito es mostrar la fluctuación en la producción mensual, con una gráfica de líneas, que pretende mostrar la tendencia acumulada (denominada, en ocasiones, como "de un año a la fecha") desde enero.

115

COMPARACIÓN DE SERIES DE TIEMPO

▶ 60

El flujo de efectivo anual resultó positivo en 1994, lo cual permitió que fuera alcanzado el punto de equilibrio en 1995

En la Gráfica 60 se usa una gráfica de columnas con desviaciones —para mostrar que las inversiones iniciales en 1992 y 1993 resultaron positivas en 1994—, y una de líneas, que indica el momento en que se alcanzó el punto de equilibrio.

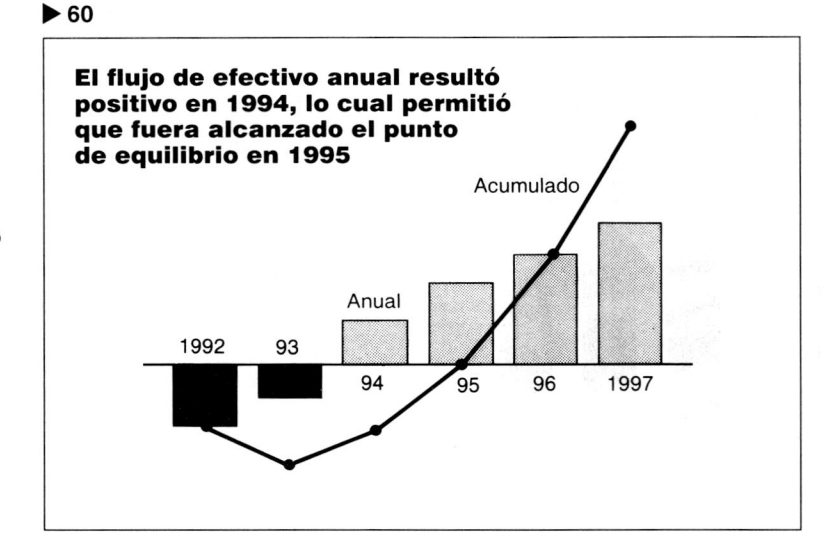

▶ 61

Las pérdidas compensan las ganancias y las neutralizan

La Gráfica 61 es similar a las Gráficas 59 y 60 pero, en este caso, la línea representa la diferencia neta entre las ganancias y las pérdidas de cada mes en vez de la tendencia acumulada.

116

COMPARACIÓN DE SERIES DE TIEMPO

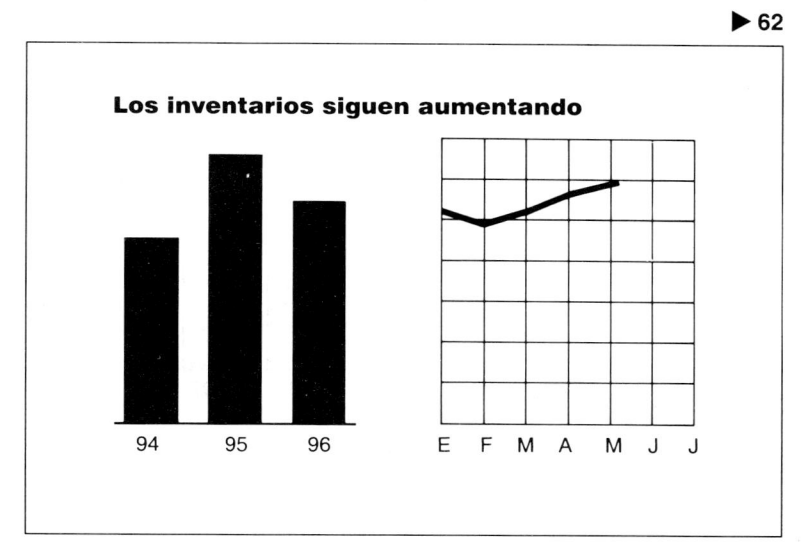

▶ 62

Los inventarios siguen aumentando

94 95 96   E F M A M J J

En la Gráfica 62 se emplean columnas para resumir los datos de años pasados y una gráfica de líneas para analizar el desempeño de este año mes por mes. Esta técnica se utiliza con frecuencia en el área de sistemas de información administrativa puesto que deja espacio para añadir datos de desempeño mensuales, eliminando de esta manera la necesidad de preparar una gráfica nueva cada mes.

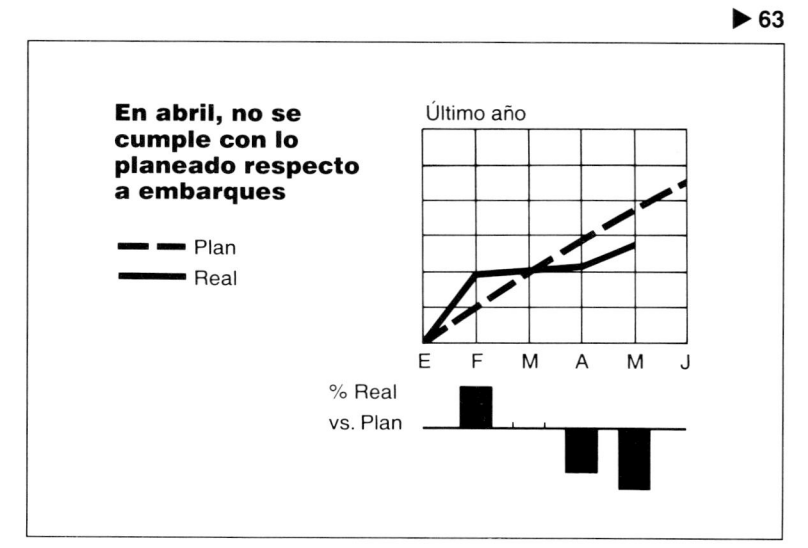

▶ 63

En abril, no se cumple con lo planeado respecto a embarques

– – Plan
— Real

Último año

E F M A M J

% Real vs. Plan

La Gráfica 63 es comúnmente utilizada en el área de sistemas de información administrativa. Es una representación de resultados mensuales (semanales o trimestrales) contra el plan propuesto al inicio del año (contra un objetivo o el total del año pasado). Sobre una base acumulativa, las diferencias entre lo real y el plan tienden a ser pequeñas y, con frecuencia, resulta difícil fijar la atención en los periodos problemáticos. Una buena idea para resaltar estas diferencias consiste en mostrar las variaciones porcentuales de lo real contra lo planeado, como se ilustra en este ejemplo.

COMPARACIÓN DE SERIES DE TIEMPO

▶ 64

La Gráfica 64 combina gráficas de pastel con una de líneas. Las gráficas de pastel muestran la mezcla de participaciones en cada punto de tiempo, y la gráfica de líneas exhibe los cambios de los totales en cierto lapso. Hay que mantenerla simple y no utilizar más de tres componentes por pastel, ni más de una línea de tendencia ni, por último, más de seis periodos.

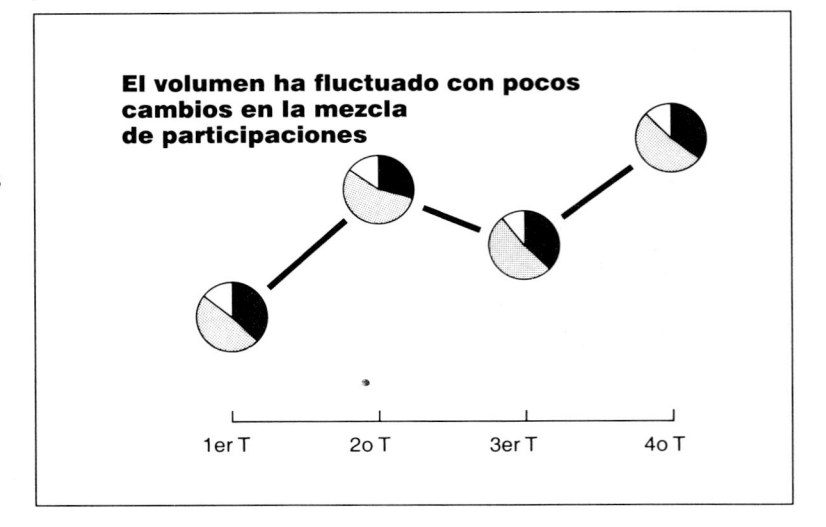

El volumen ha fluctuado con pocos cambios en la mezcla de participaciones

1er T   2o T   3er T   4o T

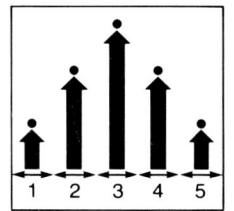

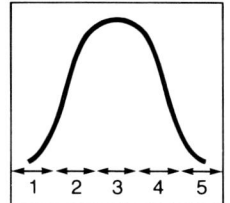

COMPARACIÓN DE DISTRIBUCIÓN DE FRECUENCIAS
Muestra cuántos elementos caen dentro de una serie de rangos numéricos progresivos.

COMPARACIÓN DE DISTRIBUCIÓN DE FRECUENCIAS

La Gráfica 65 muestra la distribución de frecuencias en forma de histograma. Observe que los rangos que aparecen en la escala horizontal son iguales y discretos.

▶ 65

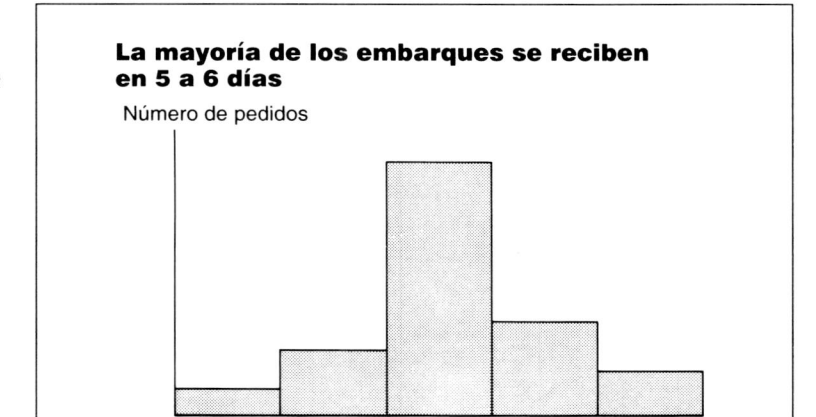

La mayoría de los embarques se reciben en 5 a 6 días

Número de pedidos

Días: 1-2 3-4 5-6 7-8 Más de 8

COMPARACIÓN DE DISTRIBUCIÓN DE FRECUENCIAS

▶ 66

Cuando en vez de datos discretos, como en la Gráfica 65, se trate de datos continuos, use la histografía que se muestra en la Gráfica 66. Aquí, la escala horizontal muestra los valores alineados contra las marcas en lugar de que estén expresados como grupos.

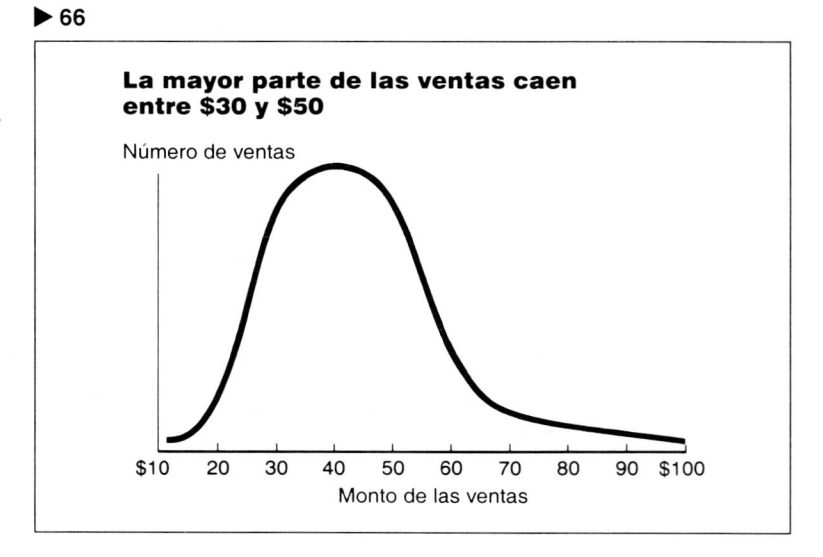

La mayor parte de las ventas caen entre $30 y $50

Número de ventas

Monto de las ventas

▶ 67

La Gráfica 67 combina la columna y la línea escalonadas, a fin de comparar dos distribuciones en la misma gráfica.

La distribución por edades de los empleados en la compañía, difiere marcadamente de la de nuestro competidor

Competidor   Compañía

EDAD: Menores de 30 | 30-34 | 35-39 | 40-44 | 45-49 | 50-54 | 55 o más

COMPARACIÓN DE DISTRIBUCIÓN DE FRECUENCIAS

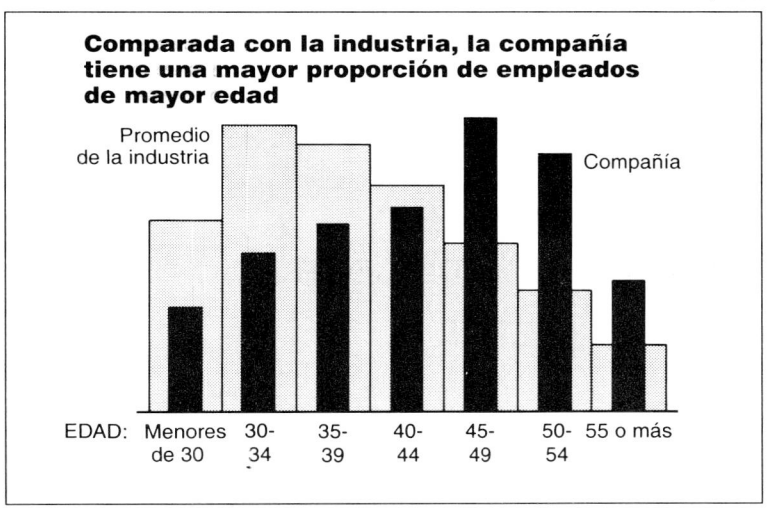

▶ 68

Comparada con la industria, la compañía tiene una mayor proporción de empleados de mayor edad

Promedio de la industria

Compañía

EDAD: Menores de 30 | 30-34 | 35-39 | 40-44 | 45-49 | 50-54 | 55 o más

La Gráfica 68 combina la gráfica de columnas, para los datos de la compañía, con la gráfica de columnas escalonadas, para la industria. Este tipo de tratamiento resulta especialmente apropiado para esta clase de comparación: aquí se compara un elemento contra todos los demás. En este caso algunas de las columnas sobrepuestas son más altas que las del fondo, sin que haya confusión (véase el análisis de las Gráficas 19 y 37).

▶ 69

En los niveles más altos de salarios, hay un mayor número de empleados con título universitario

Total de empleados

Sin título universitario

Con título universitario

I | II | III | IV | V | VI | VII
Niveles de salarios

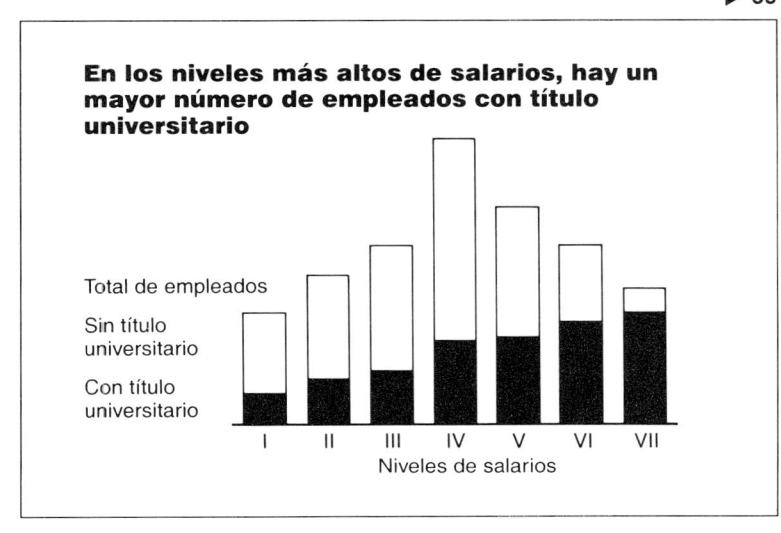

La Gráfica 69 es un histograma subdividido que muestra, primordialmente, la distribución del número total de empleados y, en forma secundaria, los componentes de cada nivel salarial. Aquí, el nivel de salario es un pretexto para mostrar los niveles reales de salario.

121

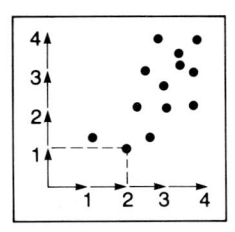

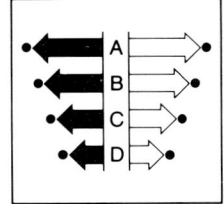

COMPARACIÓN DE CORRELACIONES
Muestra si la relación, entre dos variables, cumple con lo esperado.

COMPARACIÓN DE CORRELACIONES

▶ 70

No existe relación entre descuento y volumen vendido

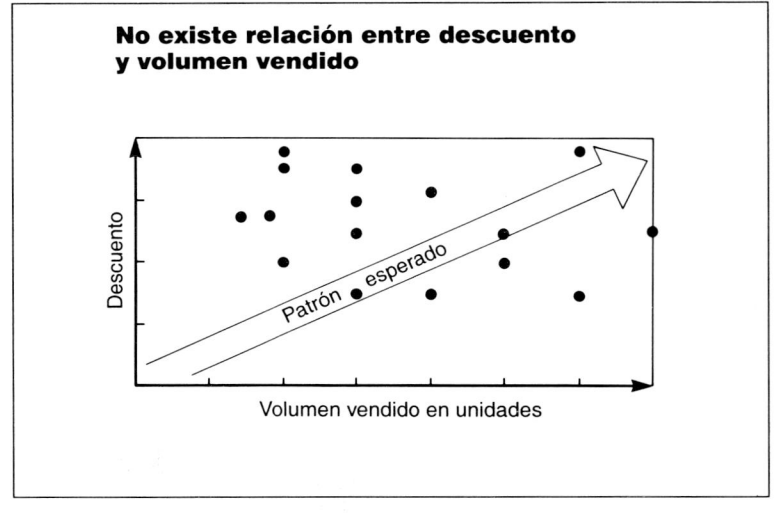

La Gráfica 70 es una gráfica de puntos (diagrama disperso), que ayuda a determinar si la relación entre dos variables sigue un patrón determinado. En este ejemplo, cabría esperar que mientras más alto fuera el descuento ofrecido, mayor sería el volumen vendido. La flecha indica dónde podría caer el patrón esperado y subraya el hecho de que dicho patrón y el real difieren considerablemente. Aunque los puntos representan transacciones individuales, no identifican de manera específica a los vendedores, ya que el hecho de etiquetar cada punto haría que la gráfica luciera abigarrada. En la siguiente gráfica sugerimos una opción para identificar a vendedores específicos.

COMPARACIÓN DE CORRELACIONES

▶ 71

No existe relación entre descuento y volumen vendido

Descuento — Volumen vendido en unidades

C P D B O J M N G H I K A F E L

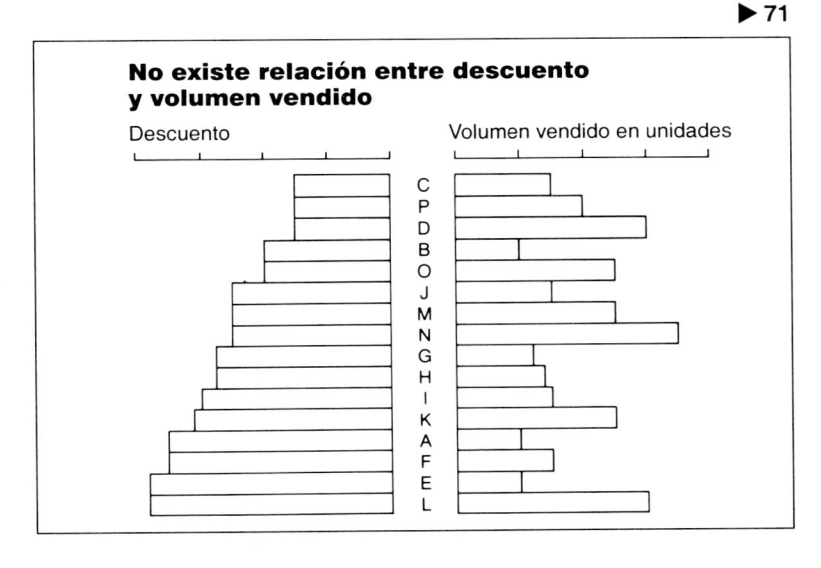

La Gráfica 71 constituye una gráfica de barras apareadas que permite identificar cada transacción así como la correlación global. Utilizamos los mismos datos que en la gráfica anterior y los clasificamos por monto de descuento. Si la correlación fuera la esperada, las barras de volumen repetirían el patrón de descuentos como visto con espejo.

▶ 72

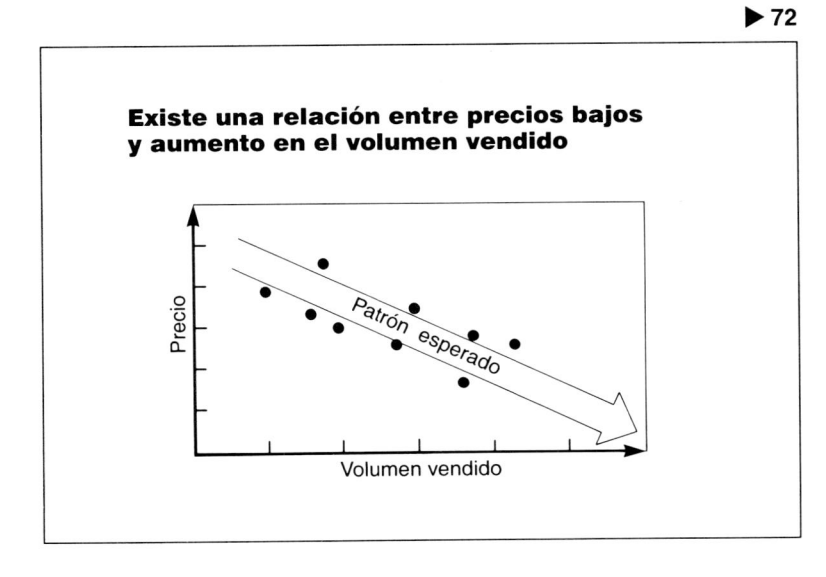

Existe una relación entre precios bajos y aumento en el volumen vendido

Precio / Patrón esperado / Volumen vendido

Dependiendo de la información, el patrón esperado podría ser horizontal (indicando que no existe relación) o descendente, como se muestra en la Gráfica 72. Aquí, los puntos se agrupan a lo largo del patrón esperado indicando que *sí existe* una relación entre aumento en precios y disminución en el volumen vendido.

COMPARACIÓN DE CORRELACIONES

En la Gráfica 73 se utilizan los datos de la Gráfica 72, pero se presentan en una gráfica de barras apareadas. En este ejemplo, las barras no forman una imagen en espejo, pero muestran una correlación inversa entre precios y volumen vendido.

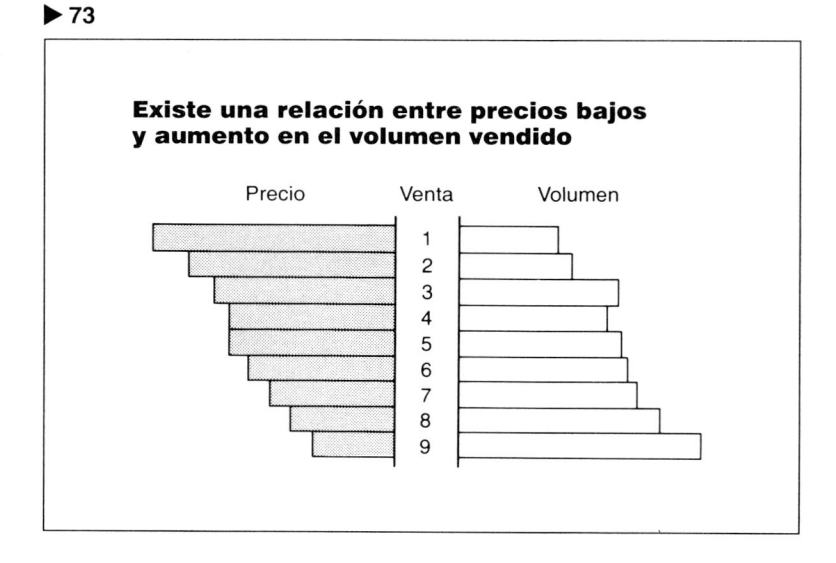

▶ 73

Existe una relación entre precios bajos y aumento en el volumen vendido

Precio Venta Volumen
1
2
3
4
5
6
7
8
9

La Gráfica 74 es una gráfica de puntos agrupados que muestra más de un elemento. Para establecer la distinción entre los dos elementos, hay que emplear puntos y círculos, aunque también pueden emplearse otros símbolos, como cuadros y triángulos.

▶ 74

En la Planta B, los empleados con mayor preparación académica reciben salarios más altos

Salarios semanales

Total de empleados

Sin instrucción universitaria

Con

Nivel académico

COMPARACIÓN DE CORRELACIONES

▶ 75

La compensación del presidente ejecutivo no es consistente con la del resto de la industria

Compensación

Escala de relación

Parámetros de la industria

PUNTO MEDIO

Presidente ejecutivo

★

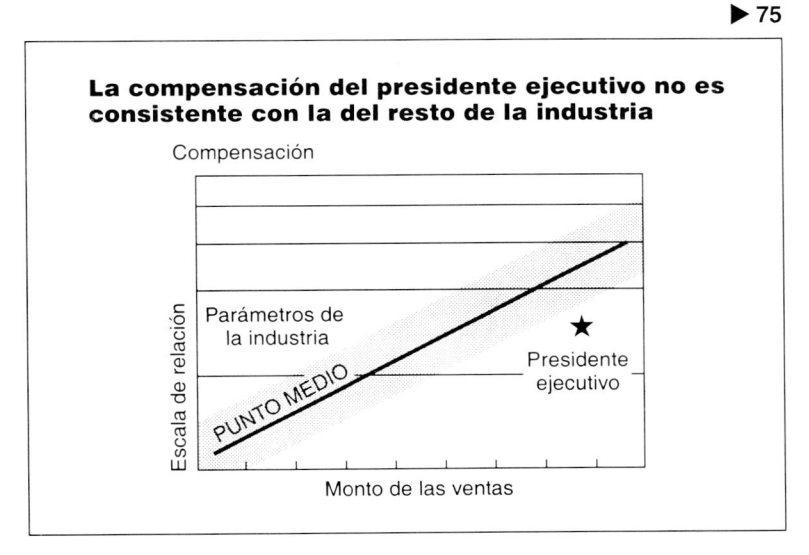

Monto de las ventas

La Gráfica 75 muestra una comparación de correlaciones utilizando una escala semilogarítmica. Los dos elementos de este ejemplo son, por un lado, los parámetros de la industria (quizá cinco por ciento arriba y abajo del punto medio) y, por el otro, la compensación del presidente ejecutivo relativa a las ventas de su compañía (que aquí se marca con una estrella equivalente a un punto). En la escala aritmética, los parámetros de la industria se harían mayores conforme se desplazan a lo largo de la gráfica, ya que habitualmente se calculan como un incremento constante en porcentaje; también se curvarían hacia arriba, lo cual dificultaría analizar las relaciones. Al mantener recta la línea que señala el punto medio y conservar los parámetros de la industria del mismo ancho, se hace más obvia la comparación.

COMPARACIÓN DE CORRELACIONES

La Gráfica 76 es similar a la anterior, pero los parámetros se definen mediante un máximo, un punto medio y un mínimo dentro de cada nivel salarial. Los puntos representan los salarios reales de los empleados dentro de cada nivel y su relación con respecto a los parámetros. El motivo de redefinir la estructura radica en que la mayor parte de los empleados se hallan por encima del punto medio de su nivel y muchos están por arriba del punto máximo.

▶ 76

Los salarios reales exigen una redefinición de la estructura salarial

La Gráfica 77 es una gráfica de equilibrio en la que se combina una gráfica de superficies subdivididas, que permite mostrar costos (fijos y variables), con una gráfica de líneas, cuyo propósito es mostrar el volumen de ventas. Aunque al parecer esta gráfica no debiera estar aquí, pues no es ni una gráfica de puntos ni una de barras apareadas, se usa para mostrar la correlación entre el volumen creciente y el mayor costo. Puede añadirse la barra vertical de la derecha para identificar los componentes de los costos en un volumen de ventas específico.

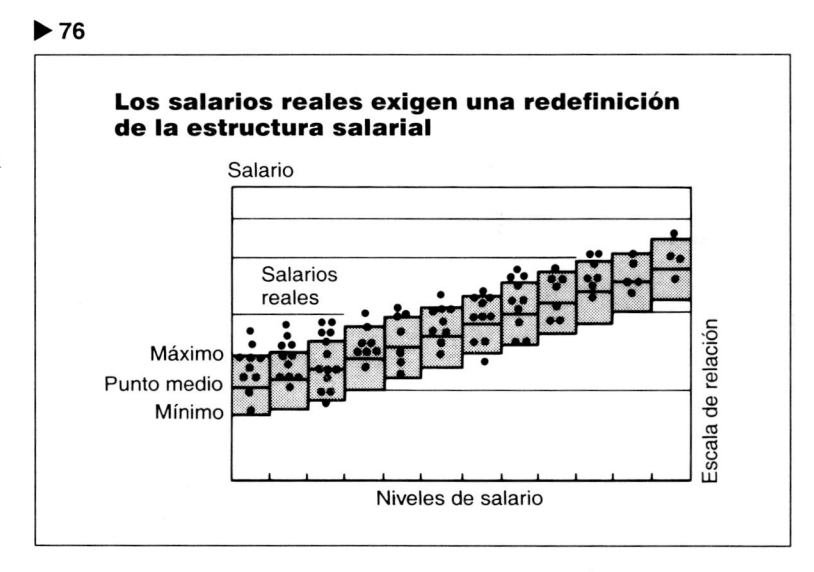

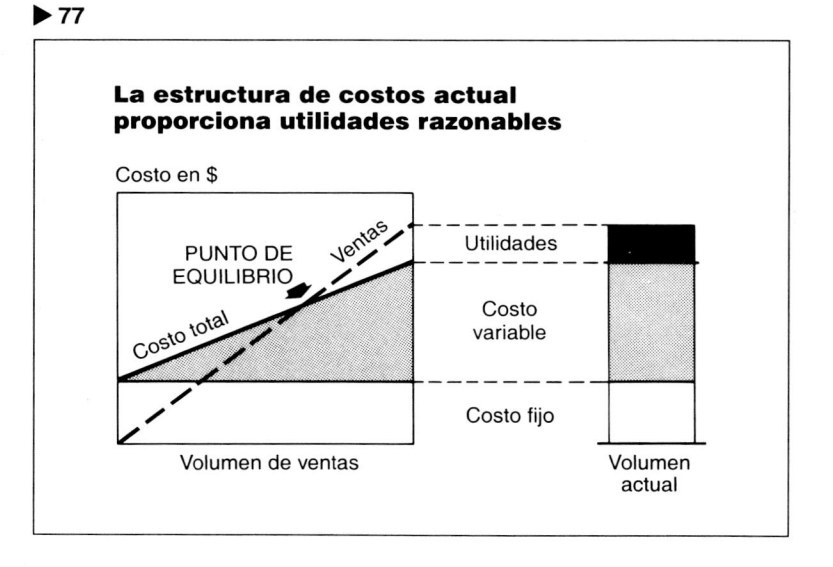

▶ 77

La estructura de costos actual proporciona utilidades razonables

COMPARACIÓN DE CORRELACIONES

▶ 78

La Gráfica 78 también se conoce por el nombre de "gráfica de burbujas". Es más informativa que una gráfica de puntos, ya que el tamaño distinto de los puntos refleja una tercera dimensión. En este ejemplo, que trata sobre la cartera de negocios de una compañía, los nueve negocios están ubicados de acuerdo con la correlación de atractivo de mercado y fortaleza de la compañía; mientras más se acerque un negocio al extremo superior derecho, mejor resulta. El punto que representa cada negocio se ha hecho más grande para convertirlo en una "burbuja" e indicar, en este caso, el rango de utilidades que aporta dicho negocio.

▶ 79

La Gráfica 79 toma tres de los nueve negocios mostrados en la Gráfica 78 e ilustra el movimiento de cada uno de ellos, durante cierto tiempo, en virtud de su rentabilidad medida por la correlación entre la rentabilidad de los activos y de los gastos. El hecho de colocar cada negocio en su propia cuadrícula resulta menos confuso que ubicar a los tres en una sola. ¿Demasiadas gráficas? Sí. Pero las comparaciones por gráfica son más simples.

127

Gráfica 80. Mmmm, creo que es el momento de terminar.

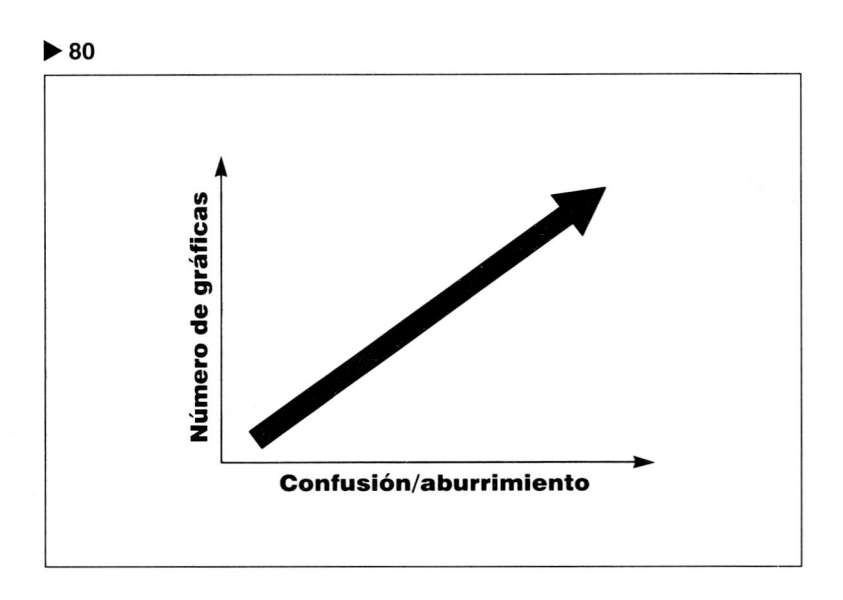

Sección 3

DÍGALO CON TRANSPARENCIAS DE 35 MM

Mientras Paco planeaba sus gráficas para las presentaciones de la siguiente etapa del proyecto, necesitaba decidir qué medio sería el más apropiado para enfrentar dicha situación. Se presentó en mi oficina con el propósito de analizar las opciones. Ésta fue la conversación.

PACO: Gene, a mis ojos, la herramienta visual ideal se podría preparar a partir de un original de cualquier tamaño. No sería costoso hacerla y, pese a ello, luciría nítida y clara en color o en blanco y negro. Sería fácil y rápido revisarla y reproducirla con cualquier equipo disponible de copiado, podría ser proyectada en una sala de cualquier tamaño con luces brillantes y sería legible para un público de entre una y mil personas. Por último, mediría 5 cm por 5 cm, pero aumentaría a 20 cm por 30 cm al usarla. En virtud de que no existe nada que posea todas esas cualidades, ¿cuáles son mis opciones?

GENE Z: Si exceptuamos película y video, la opción se reduce a documentos horizontales, acetatos o transparencias de 35 mm. Pero como cada uno cumple con una función bien específica, no debe pensarse que se pueden sustituir entre sí.

Los documentos horizontales, ya sean sujetos con clip o engargolados, que se reparten a cada integrante del grupo de trabajo, son el medio más adecuado para generar interacción con no más de cuatro personas. Normalmente, el propósito es analizar el trabajo realizado hasta la fecha, verificar la exactitud de los hechos, discutir los puntos álgidos, poner a prueba conclusiones, llegar a un consenso para emitir recomendaciones o lograr el compromiso de llevar a cabo programas de actividades. Al reunirse a trabajar juntos alrededor de una mesa contribuye a que en las discusiones participen como iguales.

Los **acetatos** son idóneos para grupos de cuatro a veinte integrantes, aunque yo los he utilizado para grupos más numerosos. En estas presentaciones, por lo general, usted se pone de pie y, ante el público, asume el papel de presentador. Pero la participación del grupo no queda descartada. Como uno puede modificar la secuencia de los acetatos, omitir alguno y mantener encendidas las luces de la sala, cuenta con la flexibilidad necesaria para llevar a cabo una presentación interactiva.

Las **transparencias de 35 mm** pueden emplearse con grupos de 20 integrantes en adelante, dependiendo de la interacción pretendida, pero si son más de 50 personas, lo mejor es utilizar transparencias. En esta situación, lo más probable es que usted esté de pie en un podio equipado con micrófono. Como está limitado por el orden que guardan las transparencias en el "carrusel" y la sala habitualmente está a oscuras, son pocas las preguntas que se le podrán plantear durante la presentación, si es que se le hace alguna. Como resultado, lo mejor es reservar las transparencias de 35 mm para presentaciones o discursos "puros".

PACO: ¿Qué hay del rumor que he escuchado acerca del equipo multimedia?

GENE Z: El equipo **multimedia** proporciona un grado de flexibilidad del que no se dispone con ninguna otra ayuda visual. Piensa que se hace una presentación de transparencias por computadora con sonido, video y/o animación. Considérala como una herramienta interactiva para presentaciones con la que puedes desplazarte por cualquier rama de una historia completa, en lugar de circunscribirte a una de carácter lineal, como de *guión*. Además, toma en cuenta que tales presentaciones requieren de un tiempo de preparación más largo y costoso. Déjame decirte, aquí entre nos, que no confío del todo en la tecnología y la experiencia que se requieren para manejarla exitosamente, por lo que, a mis presentaciones, llevo siempre acetatos de respaldo... por si acaso.

PACO: Parece prometedora. Buscaré oportunidades para utilizarla. Sin embargo, por ahora volvamos al análisis de las herramientas convencionales. Dime, ¿existe alguna diferencia en cuanto a impacto entre acetatos y transparencias de 35 mm?

GENE Z: La diferencia es sutil, aunque importante. Cuando utilizas acetatos, dado que las luces del salón están encendidas, tienes la flexibilidad de decidir si usas o no un determinado acetato, así como para modificar el orden de los mismos. Por tanto, la atención del público se concentra más en *uno* como fuente del mensaje y no tanto en los acetatos que te ayudan a contar la historia. Piensa en el locutor de un noticiario de televisión: estás consciente de la persona, él establece contacto visual contigo y, en ocasiones, utiliza apoyos visuales para fundamentar, enfatizar y explicar alguna noticia.

Con las transparencias de 35 mm sucede lo opuesto. El salón está a oscuras y la atención del público se enfoca en el desfile de imágenes. Tú, o mejor dicho, tu voz, sólo guía al público haciéndole notar ciertas cuestiones. Piensa en un documental sobre viajes: ante el cual uno fija la atención en los escenarios y se emociona al presenciar una ciudad, como París, en tanto que una voz, tras bambalinas, describe lo que se observa.

PACO: ¿Debo entender que las transparencias de 35 mm sirven para hacer una presentación más formal?

GENE Z: Se trata más de una cuestión de interacción que de una formalidad. No es el *medio* lo que dicta la formalidad, sino que un conjunto de cosas, como el orador, el tono de la voz, el lenguaje utilizado, establece el grado de formalidad. Si así lo decides, puedes establecer un tono formal con acetatos y un tono informal con transparencias de 35 mm.

PACO: Ya veo. La semana pasada utilicé acetatos con el comité directivo porque necesitaba interactuar con sus miembros y responder a las preguntas que fueran surgiendo. Ahora que el comité aprobó las recomendaciones, el presidente me pidió que las presentara en las regiones para fundamentar los planes estratégicos de la compañía en la década de 1990. Espero tener grupos numerosos y pocas preguntas, de modo que voy a usar transparencias de 35 mm. Por cierto, he visto algunos efectos visuales espectaculares elaborados con transparencias de 35 mm. ¿Cómo se logran? ¿Me conviene usarlos?

GENE Z: Probablemente te refieres a un sistema llamado "disolución rápida" o "disolución gradual"; quizá lo hayas visto en Disneylandia, en la Feria Mundial o en grandes convenciones.

Con el sistema habitual de un solo proyector, el mecanismo de cambio de transparencias deja la pantalla en blanco mientras el carrusel levanta la transparencia anterior y pasa a la siguiente. Con el sistema de disolución se conectan, en serie, dos o más proyectores mediante una caja negra. Con este sistema, la luz de un proyector se apaga mientras la del otro se enciende. El efecto producido es que conforme se desvanece una transparencia la otra empieza a aparecer en la pantalla. Los resultados ciertamente son impresionantes. Uno puede simular la animación o utilizar transparencias subsiguientes, sobrepuestas a otras transparencias.

Sin embargo, esta técnica requiere, en su preparación, la clase de cuidado que únicamente pueden hacer los profesionales experimentados. Las ilustraciones de las transparencias deben corresponder con exactitud de modo tal que la transición de una transparencia a la siguiente sea imperceptible para el público; los proyectores deben estar alineados de tal manera que las imágenes se fundan a la perfección y los focos de proyección han de tener el mismo nivel de brillantez.

Para el tipo de presentación que realizarás, yo evitaría esta clase de efectos, pues uno, como orador, suele llamar aún más la atención del auditorio y, debido a ello, se corre el riesgo de ser acusado de preocuparse más por el estilo que por la sustancia. Además, si no eres capaz de transmitir un mensaje con un proyector, dos no te servirán. También aumentas el riesgo de tener problemas con una transparencia que se atore o con un foco que se funda.

PACO: Suena lógico. Voy a hacerlo sencillo. ¿Tienes alguna idea sobre cómo puedo diseñar las transparencias?

GENE Z: Creí que nunca lo preguntarías.

Diseñar transparencias de 35 mm requiere de un grado de paciencia que raya en lo heroico. Estamos hablando de diseñar herramientas visuales que quepan en una superficie de 35 mm por 1 cm, independientemente del tamaño original y de que sean legibles por todas las personas del grupo.

Vamos a analizar las gráficas que preparé para subrayar las limitaciones. La gráfica 1a muestra cómo luce una gráfica compleja impresa en una hoja de papel, mientras que la 1b muestra el efecto de reducir la misma para adecuarla a una transparencia de 35 mm. Es obvio que los resultados no serían legibles independientemente del tamaño de la pantalla o de la distancia a la que se verá la proyección.

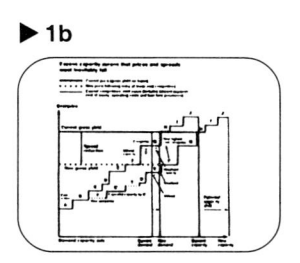

▶ 1b

▶ 1a **El exceso de capacidad significa que los precios y los márgenes caerán inevitablemente**

▬▬▬ Precio actual (rendimiento bruto sobre créditos).
■ ■ ■ ■ ■ ■ Nuevo precio después del ingreso de competidores con costos más bajos.
▬▬▬ Curva de costos de los competidores actuales (incluye gastos por intereses, costo de capital, costos de operación y provisiones por pérdidas de crédito).

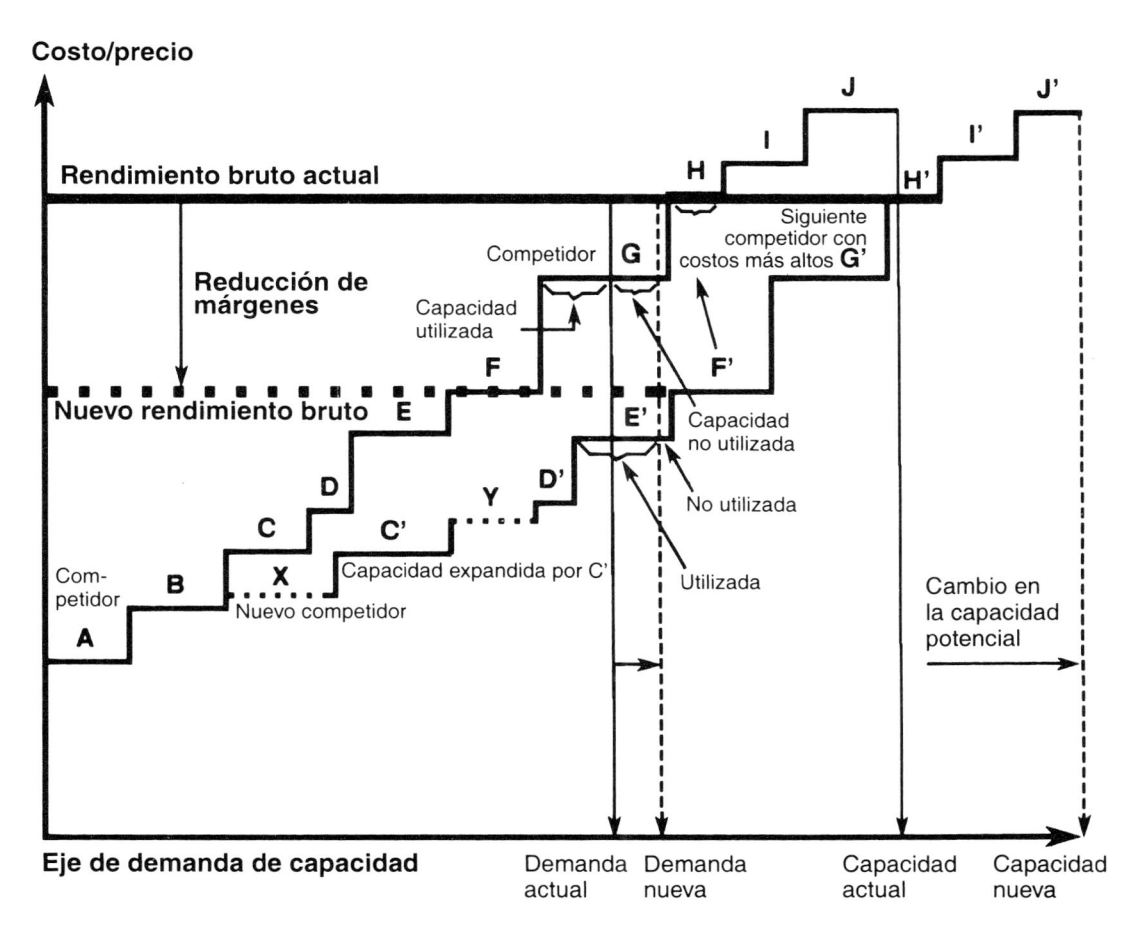

Costo/precio

[Gráfica con ejes: Rendimiento bruto actual, Reducción de márgenes, Nuevo rendimiento bruto. Etiquetas: A, B, C, C', D, D', E, E', F, F', G, G', H, H', I, I', J, J', X, Y. Competidor, Nuevo competidor, Capacidad expandida por C', Capacidad utilizada, Capacidad no utilizada, Utilizada, No utilizada, Siguiente competidor con costos más altos G', Cambio en la capacidad potencial.]

Eje de demanda de capacidad   Demanda actual   Demanda nueva   Capacidad actual   Capacidad nueva

Nota: C', D', etcétera, denota cambio de posición de los competidores.

En resumen, simplificamos exageradamente si pretendemos decir que una transparencia de 35 mm constituye una versión reducida de una gráfica en papel o en un acetato. Necesitamos tomar un enfoque drástico y diferente: menos por transparencia, realmente menos; y más transparencias, muchas más.

He aquí la forma en la que yo recomendaría presentar la misma información utilizando transparencias de 35 mm ante un público que podría no estar familiarizado con el concepto de curva de costos. La clave para simplificar esta gráfica tan compleja y otras del mismo estilo consiste en exponer una idea por transparencia, en lugar de seis ideas en una transparencia. Comente o escriba las ideas individuales que forman la trama que expresan las transparencias, en la misma secuencia en que se va a relatar. Después visualice cada idea en una transparencia independiente. Por ejemplo:

El punto que deseamos aclarar en esta etapa de nuestra presentación es que **la capacidad excesiva inevitablemente conducirá a caídas en precios y a menores márgenes.** Permítame mostrarle por qué.

▶ 1

Idea ▶ **1.** Primero, mostramos la situación actual. En el eje vertical de la izquierda mostramos el costo, y en el eje horizontal, la capacidad. Los escalones de la gráfica de columnas representan las compañías en esta industria.

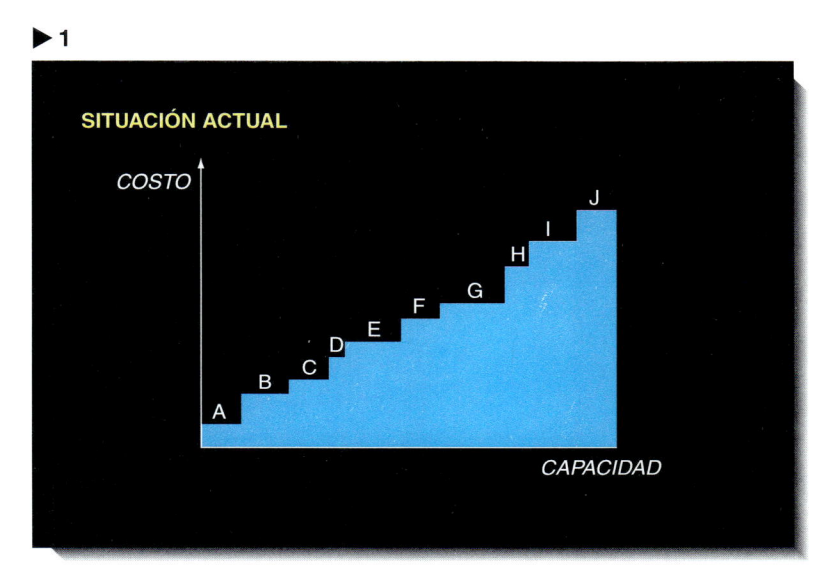

▶ 2

Idea ▶ **2.** Contra dicho perfil mostramos la demanda y el precio actual. La diferencia entre el precio y los costos de cada compañía indica el margen actual.

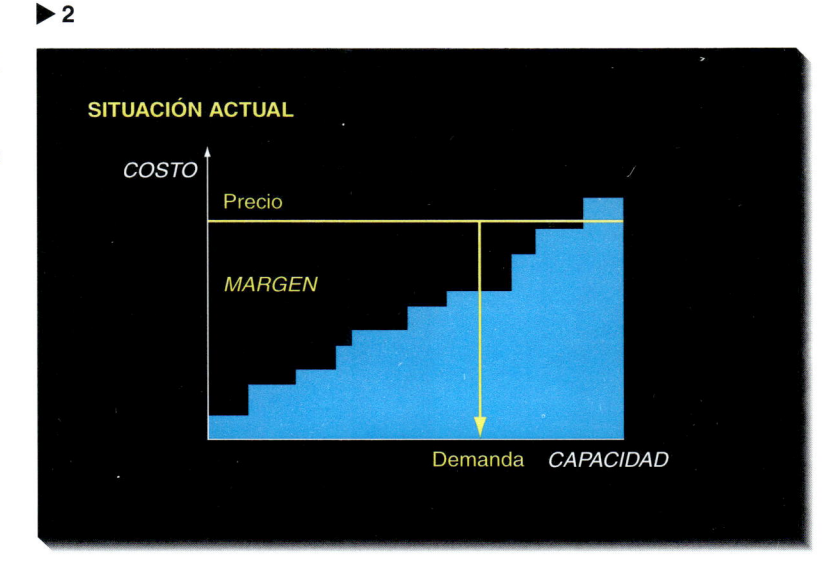

135

El tiempo transcurre y el perfil se modifica.

▶ 3

Idea ▶ **3.** Ahora tenemos nuevos competidores con costos bajos y algunos competidores ya establecidos que cuentan con más capacidad, de modo que el perfil de la industria se ha modificado.

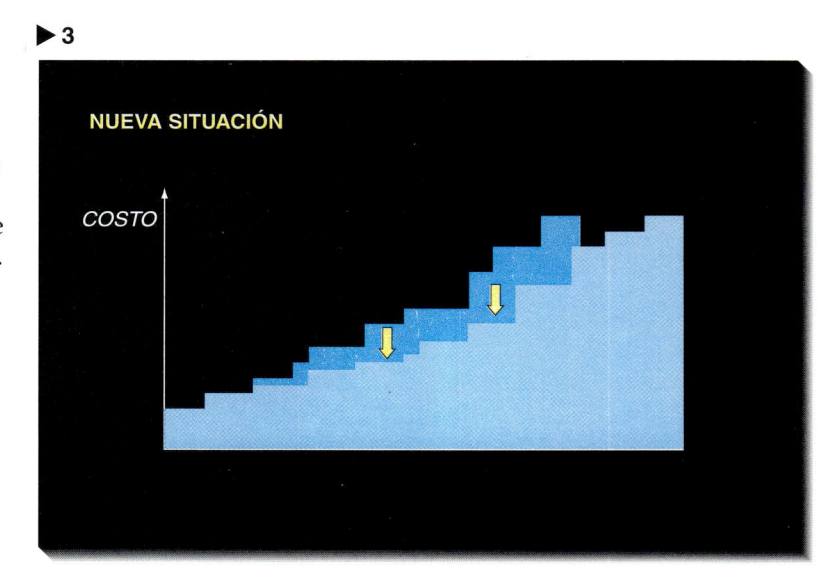

NUEVA SITUACIÓN

COSTO

▶ 4

Idea ▶ **4.** El resultado es un incremento en la capacidad no utilizada.

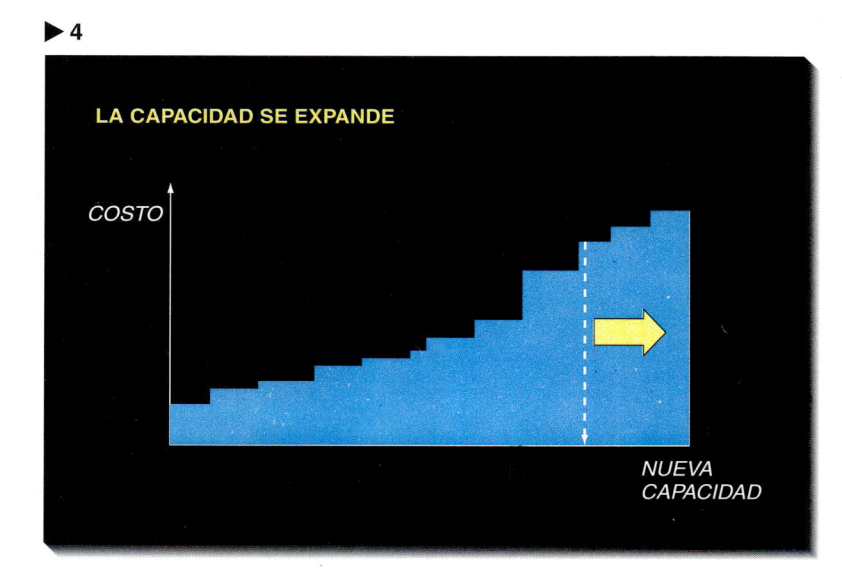

LA CAPACIDAD SE EXPANDE

COSTO

NUEVA CAPACIDAD

Idea ▶ **5.** Como resultado, los precios caen y...

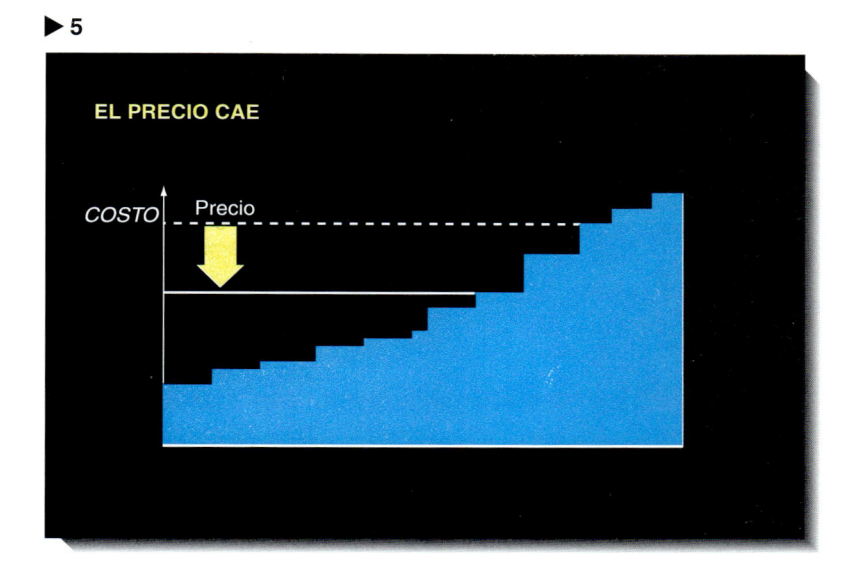

▶ **5**

EL PRECIO CAE

COSTO — Precio

Idea ▶ **6.** La demanda crece, lo cual conduce, como sería de esperar, a márgenes menores.

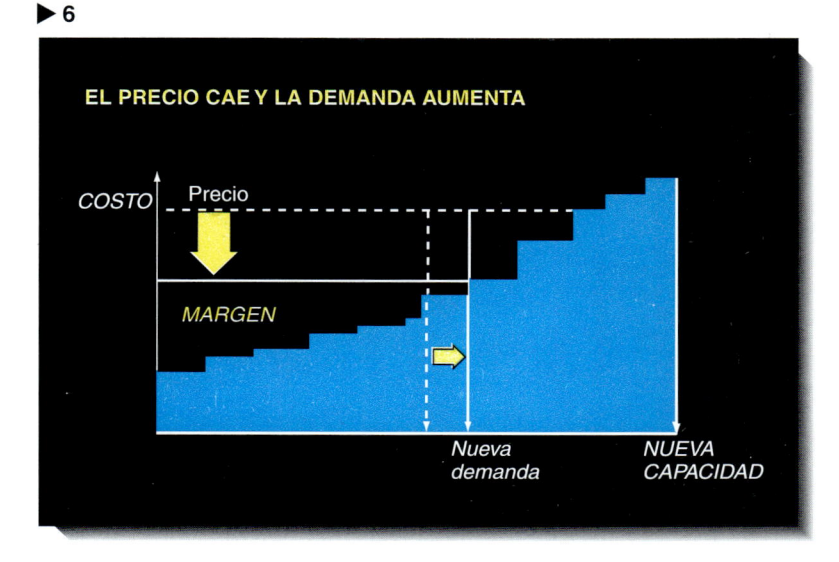

▶ **6**

EL PRECIO CAE Y LA DEMANDA AUMENTA

COSTO — Precio

MARGEN

Nueva demanda
NUEVA CAPACIDAD

No crea que por tener más transparencias la presentación será más larga. No es así porque se requiere el mismo tiempo para analizar seis ideas en una transparencia que una idea en seis transparencias. A continuación presentamos ejemplos similares que podrá consultar la próxima vez que necesite traducir gráficas a transparencias de 35 mm, y que podrían haber funcionado bien en papel o en acetatos.

MIENTRAS MENOS, MEJOR

Este cuadro contiene 8 encabezados y una lista de 10 conceptos, lo cual da como resultado una matriz de 80 datos. Si bien un cuadro con tanto detalle puede presentarse en el apéndice de un informe, es preciso simplificarlo para trabajar en una presentación visual.

Un alto porcentaje de empleados cuenta con título universitario

Número de empleados con título universitario	Divisiones A	B	C	D	E	Otros	Total
Asociado	14	20	15	18	6	19	92
Licenciatura en Humanidades	7	12	1	6	9	23	58
Licenciatura en Ciencias	20	18	8	19	15	13	93
Maestría en Humanidades		1			1	5	7
Maestría en Ciencias	4	1		5	2	5	17
Doctorado en Filosofía, Doctorado en Derecho, otros						8	8
Total con título	45	52	24	43	30	55	241
Total de empleados	53	77	46	107	88	n.d.	371
Porcentaje de empleados con título	85%	68%	52%	40%	34%	—	65%**

* Excluye maestrías y posgrados para evitar duplicaciones.
** Para las cinco principales divisiones excluye "Todas las demás".

Fuente: Archivos de personal; encuesta especial con empleados

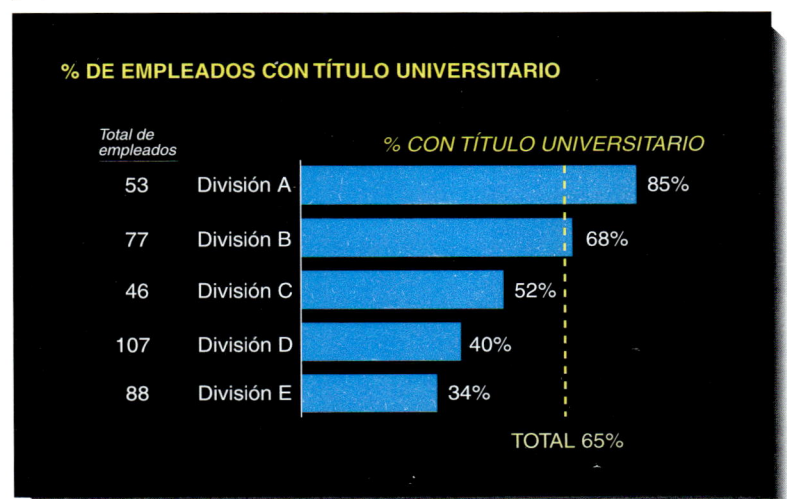

En el caso de las transparencias de 35 mm, la respuesta radica en visualizar el mensaje del título: "un alto porcentaje de empleados cuenta con título universitario". Si es importante analizar el nivel de estudios que poseen los empleados, elabore una segunda transparencia de los tipos de títulos y deje los datos en forma tabular.

▶ 1

% DE EMPLEADOS CON TÍTULO UNIVERSITARIO

Total de empleados	División	% CON TÍTULO UNIVERSITARIO
53	División A	85%
77	División B	68%
46	División C	52%
107	División D	40%
88	División E	34%

TOTAL 65%

▶ 2

NÚMERO DE EMPLEADOS CON TÍTULO UNIVERSITARIO

DIVISIONES

TÍTULOS	A	B	C	D	E	Otros
Asociado	14	20	15	18	6	19
Licenciatura en Humanidades	7	12	1	6	9	23
Licenciatura en Ciencias	20	18	8	19	15	13
Maestría en Humanidades		1			1	5
Maestría en Ciencias	4	1		5	2	5
Doctorados						8

MIENTRAS MÁS SIMPLE, MEJOR

Esta gráfica fue utilizada en forma de acetato en una presentación visual para fundamentar el punto de que el PVC es el polímero de menor costo, inferior al de todos los metales excepto dos.

Es preciso simplificar el contenido para transparencias de 35 mm. Por ejemplo:

¶ ¿Necesitamos dos mediciones del desempeño en cuanto a costo para fundamentar el mismo mensaje, una expresada en centavos por libra y la otra en centavos por pulgada cúbica? No, basta con usar centavos por libra.

¶ ¿Necesitamos los márgenes de costo que se muestran para algunos de los elementos? No. ¿Bastaría con un promedio? Sí.

El costo actual del PVC es competitivo con otros materiales

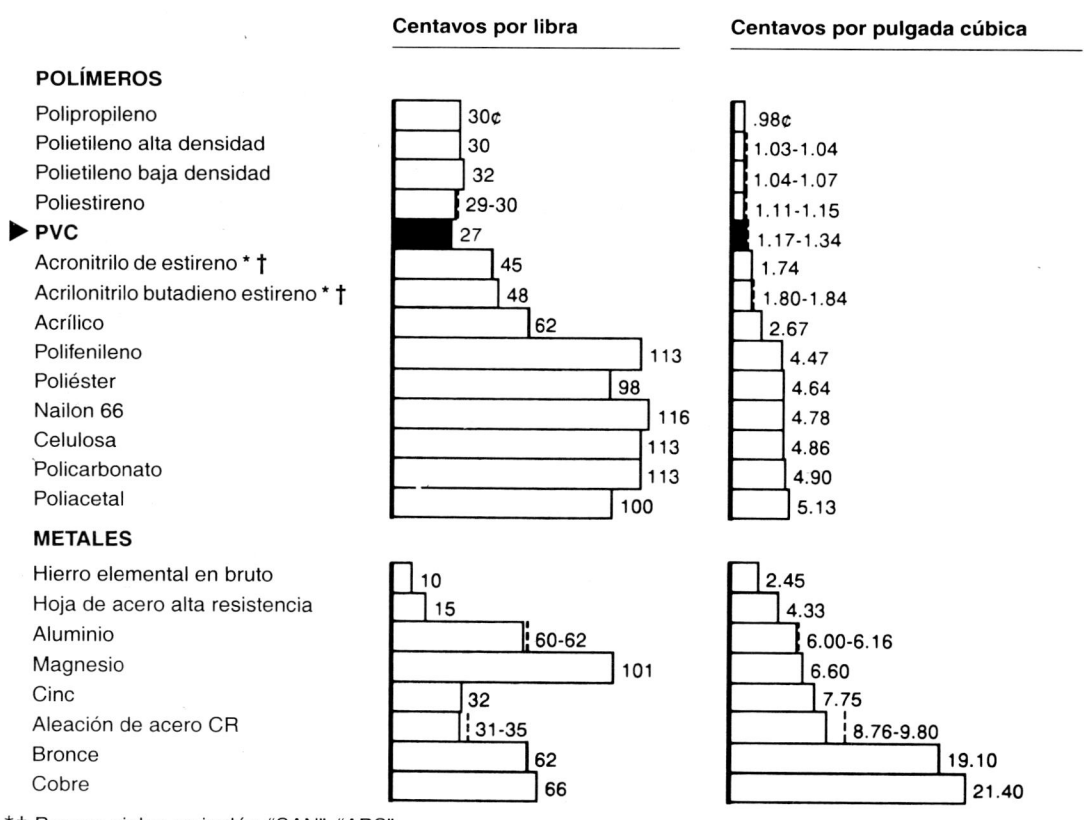

	Centavos por libra	Centavos por pulgada cúbica
POLÍMEROS		
Polipropileno	30¢	.98¢
Polietileno alta densidad	30	1.03-1.04
Polietileno baja densidad	32	1.04-1.07
Poliestireno	29-30	1.11-1.15
▶ PVC	27	1.17-1.34
Acronitrilo de estireno *†	45	1.74
Acrilonitrilo butadieno estireno *†	48	1.80-1.84
Acrílico	62	2.67
Polifenileno	113	4.47
Poliéster	98	4.64
Nailon 66	116	4.78
Celulosa	113	4.86
Policarbonato	113	4.90
Poliacetal	100	5.13
METALES		
Hierro elemental en bruto	10	2.45
Hoja de acero alta resistencia	15	4.33
Aluminio	60-62	6.00-6.16
Magnesio	101	6.60
Cinc	32	7.75
Aleación de acero CR	31-35	8.76-9.80
Bronce	62	19.10
Cobre	66	21.40

*† Por sus siglas en inglés, "SAN", "ABS".

MIENTRAS MÁS SIMPLE, MEJOR

¶ ¿Es preciso que mostremos los datos al final de cada barra? No. Con una escala es suficiente para apreciar las relaciones.

¶ En vista de que se trata de una comparación de partidas, ¿podemos modificar la secuencia de las barras, clasificándolas de arriba a abajo para mostrar mejor la posición del PVC? Sí.

Al combinar las respuestas, el resultado son dos transparencias sencillas:

▶ 1

Transparencia ▶ 1.
Muestra la posición del PVC en cuanto a costo frente a todos los demás polímeros.

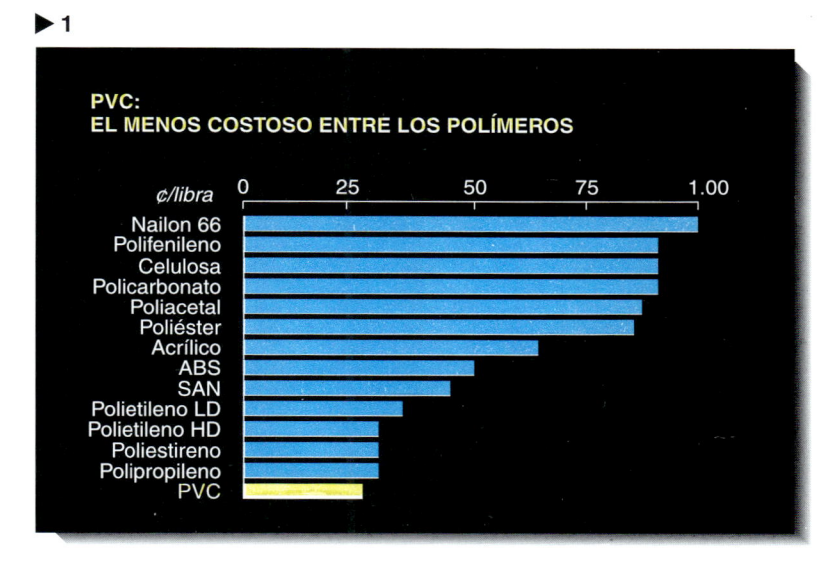

PVC:
EL MENOS COSTOSO ENTRE LOS POLÍMEROS

¢/libra · 0 · 25 · 50 · 75 · 1.00

- Nailon 66
- Polifenileno
- Celulosa
- Policarbonato
- Poliacetal
- Poliéster
- Acrílico
- ABS
- SAN
- Polietileno LD
- Polietileno HD
- Poliestireno
- Polipropileno
- PVC

▶ 2

Transparencia ▶ 2.
Muestra la posición, en cuanto a costo, del PVC ante los metales.

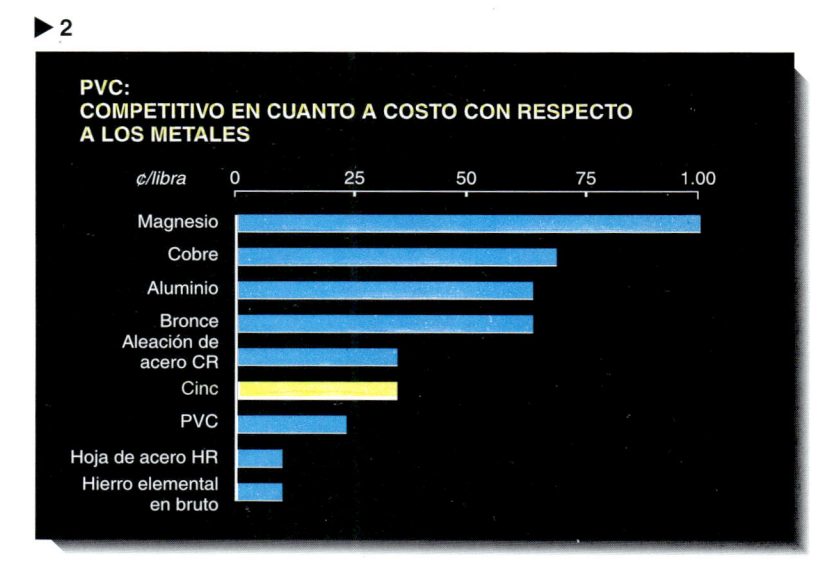

PVC:
COMPETITIVO EN CUANTO A COSTO CON RESPECTO A LOS METALES

¢/libra · 0 · 25 · 50 · 75 · 1.00

- Magnesio
- Cobre
- Aluminio
- Bronce
- Aleación de acero CR
- Cinc
- PVC
- Hoja de acero HR
- Hierro elemental en bruto

MIENTRAS MÁS DIFERENTE, MEJOR

Hay ocasiones en que la respuesta no radica en dividir una gráfica detallada en varias transparencias; al simplificar, el resultado puede ser una sola transparencia.

Esta serie de comparaciones entre elementos muestra que la planta de Tuckahoe realiza un trabajo excelente para mantener bajos los costos variables en la manufactura de tres de sus cuatro productos. Para HFCS-42 y HFCS-55, se ubica en segunda posición como productor de costos bajos. Si bien ocupa el cuarto lugar respecto al almidón, la diferencia de costos respecto a la planta que ocupa el primer lugar es baja. No obstante, en relación con el jarabe de maíz, la combinación de un séptimo lugar y la diferencia que existe entre este lugar y el primero, indica que tiene que verse la forma de buscar oportunidades para reducir costos.

MIENTRAS MÁS DIFERENTE, MEJOR

COSTO VARIABLE DE MANUFACTURA POR PLANTA
Dólares por peso en cientos

HFCS - 42

	Maíz	Procesamiento	Total
Clinton	$4.79	$1.27	$6.06
▶ Tuckahoe	4.85	1.31	6.16
Decatur	4.94	1.31	6.25
Lafayette	5.10	1.30	6.40
Ginebra	4.89	1.58	6.47
Argo	4.85	1.69	6.54
Cedar Rapids	4.89	1.68	6.57
Lafayette	5.38	1.32	6.70
Johnstown	5.08	1.66	6.74
Dayton	5.12	1.73	6.85
Moctezuma	5.02	1.84	6.86
Loudon	5.44	1.43	6.87
Memphis	5.40	1.60	7.00
Plainstown	5.67	1.39	7.06
Morrisville	5.48	1.78	7.26
Salem	5.73	1.62	7.35
Dimmit	5.78	1.58	7.36
Stockton	5.48	2.21	7.69
Tracy	5.60	2.32	7.92

HFCS - 55

	Maíz	Procesamiento	Total
Clinton	$5.02	$1.45	$6.47
▶ Tuckahoe	5.08	1.76	6.84
Decatur	5.13	1.92	7.05
Lafayette	5.35	1.78	7.13
Cedar Rapids	5.13	2.08	7.21
Johnston	5.32	1.96	7.28
Dayton	5.37	2.16	7.53
Memphis	5.65	1.97	7.62
Loudon	5.70	1.98	7.68
Plainstown	5.94	1.91	7.85
Salem	6.01	1.97	7.98
Dimmit	6.05	2.01	8.06
Morrisville	5.74	2.51	8.25

ALMIDÓN

	Maíz	Procesamiento	Total
Cedar Rapids	$6.53	$.59	$7.11
Muscatine	6.61	.58	7.20
Argo	6.58	.66	7.24
▶ Tuckahoe	6.58	.68	7.26
Cedar Rapids	6.64	.68	7.32
Decatur	6.70	.64	7.34
Cedar Rapids	6.64	.88	7.52
Hammond	6.95	.63	7.58
Dayton	6.95	.80	7.75
Lafayette	7.30	.69	7.99
Ginebra	7.70	.84	8.54
Dimmit	7.84	.86	8.70
Salem	7.78	.93	8.71
Morrisville	7.44	1.34	8.78
Stockton	7.44	1.50	8.94

JARABE DE MAÍZ

	Maíz	Procesamiento	Total
Johnstown	$5.73	$.54	$6.30
Cedar Rapids	5.83	.54	6.37
Decatur	5.83	.60	6.43
Geneva	5.88	.57	6.45
Plainstown	5.83	.66	6.49
Argo	5.78	.83	6.61
▶ Tuckahoe	5.78	.83	6.61
Lafayette	6.08	.54	6.62
Dayton	6.10	.66	6.76
Hammond	6.10	.76	6.86
Lafayette	6.40	.59	6.99
Memphis	6.43	.59	7.02
Kansas City	6.28	.83	7.11

MIENTRAS MÁS DIFERENTE, MEJOR

Transparencias ▶ **1** a **4.** En las transparencias de 35 mm, la solución obvia consistiría en utilizar una transparencia independiente para cada producto, simplificar cada transparencia mostrando únicamente los totales y sustituir una escala por cifras al final de las barras. Sin embargo, como se enumeran 19 plantas, los nombres de las mismas y las cifras de costos serían ilegibles.

MIENTRAS MÁS DIFERENTE, MEJOR

Transparencias ▶ 1 ▶ 2 ▶ 3 ▶ 4

En este caso, necesitamos un enfoque drásticamente diferente para transmitir nuestro mensaje.

Transparencia ▶ **5.** Vamos a utilizar una columna de rangos para mostrar la variación en costo variable total entre la planta con el mejor desempeño y la planta con el peor desempeño para los cuatro productos. (Debí haber usado una gráfica de barras para ser consistente con el consejo dado en el capítulo anterior. Pero, de alguna manera, la gráfica de columnas resulta más sugestiva para mostrar al "mejor" en la parte superior y al "peor" en la inferior.) En este ejemplo, los rangos tienen la misma magnitud, con lo que se crea una gráfica de índices, es decir, la variación equivale a 100, independientemente de las diferencias en costos. Muestro la posición de Tuckahoe comparada con la planta de mejor desempeño y la de peor desempeño. El mensaje se transmite con tan sólo *una* transparencia.

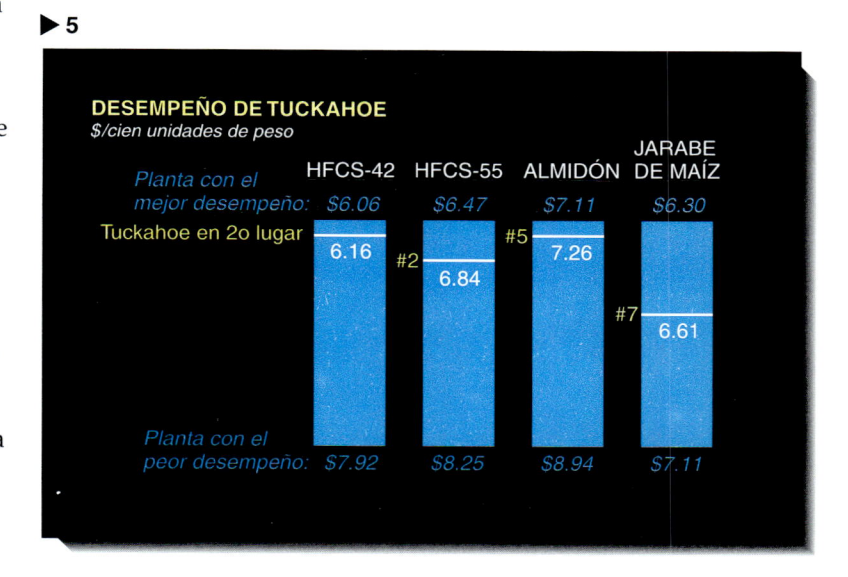

MIENTRAS MÁS, MEJOR

Esta gráfica proporciona un concienzudo análisis sobre la forma en que se acumulan las sumas y las deducciones en el tiempo. Si se lleva al extremo, este tipo de gráfica refuerza la primera ley de Zelazny para diseñar gráficas: "Nada es tan simple como para no poder hacerlo complejo". En este caso, el mensaje se puede transmitir con mayor rapidez con dos simples transparencias de 35 mm.

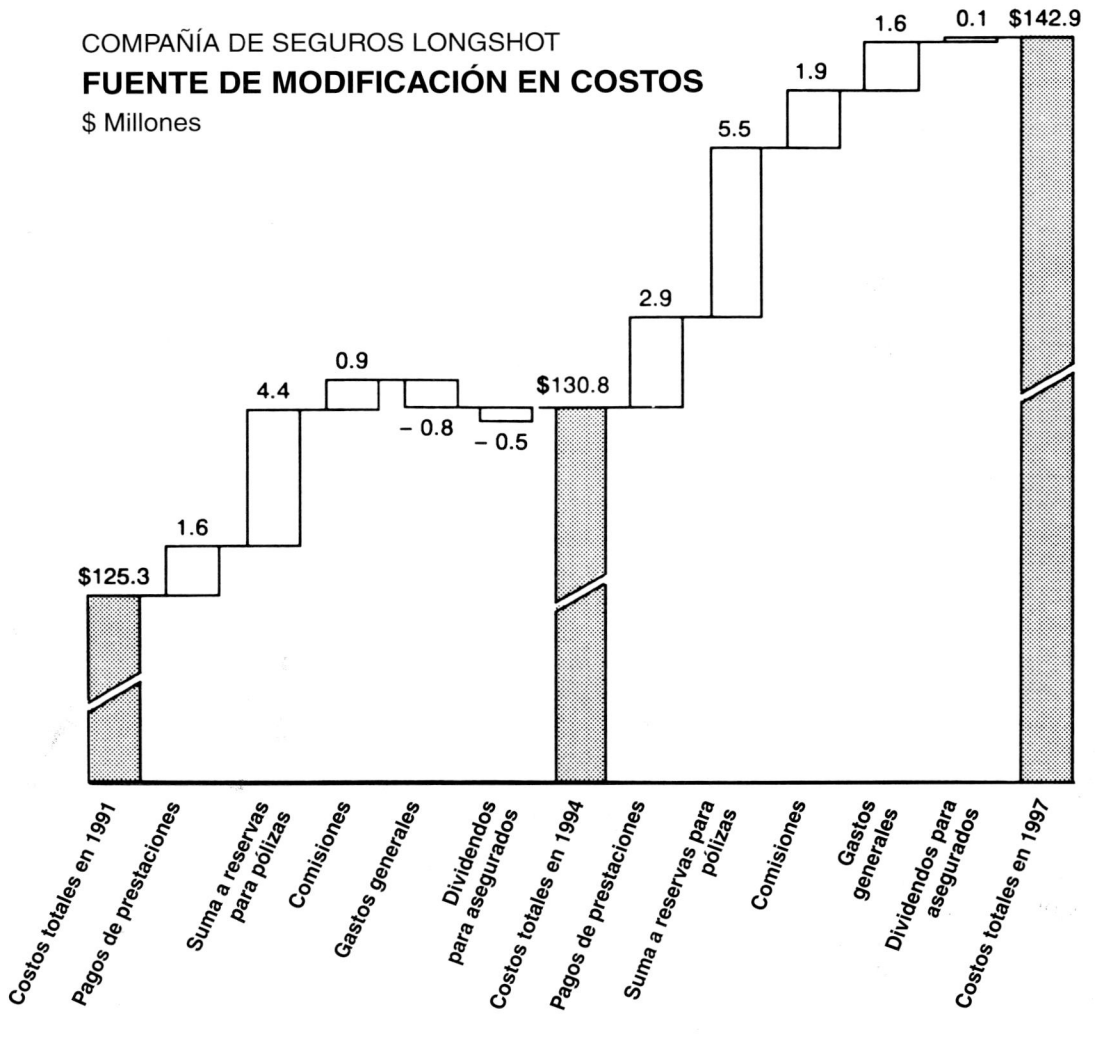

COMPAÑÍA DE SEGUROS LONGSHOT
FUENTE DE MODIFICACIÓN EN COSTOS
$ Millones

Costos totales en 1991	$125.3
Pagos de prestaciones	1.6
Suma a reservas para pólizas	4.4
Comisiones	0.9
Gastos generales	−0.8
Dividendos para asegurados	−0.5
Costos totales en 1994	$130.8
Pagos de prestaciones	2.9
Suma a reservas para pólizas	5.5
Comisiones	1.9
Gastos generales	1.6
Dividendos para asegurados	0.1
Costos totales en 1997	$142.9

MIENTRAS MÁS, MEJOR

Transparencia ▶ **1.** Subrayar el cambio total en cuanto a costos de 1991 a 1994 y de 1994 a 1997.

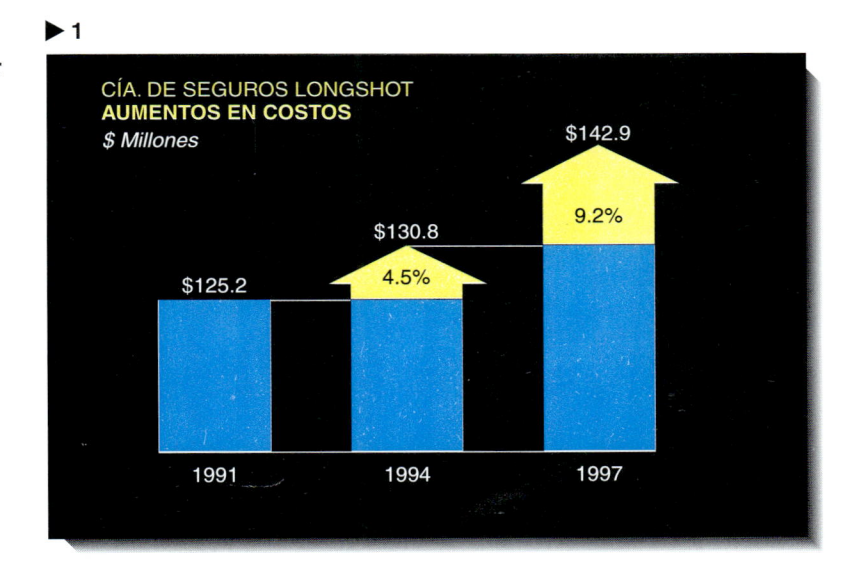

▶ 1

CÍA. DE SEGUROS LONGSHOT
AUMENTOS EN COSTOS
$ Millones

$125.2 — 1991
$130.8 — 4.5% — 1994
$142.9 — 9.2% — 1997

Transparencia ▶ **2.** Comparar las fuentes de cambio para los dos periodos utilizando un cuadro simple.

▶ 2

CÍA. DE SEGUROS LONGSHOT
FUENTES DE CAMBIO
$ Millones

	1991-94	1994-97
Pagos de prestaciones	$1.6	$2.9
Suma a reservas para pólizas	4.4	5.5
Comisiones	0.9	1.9
Gastos generales	−0.8	1.6
Dividendos	−0.5	0.1
CAMBIO NETO	*$5.6*	*$12.0*

MIENTRAS MÁS AUDAZ, MEJOR

Es preciso resistirse a la tentación de hacer una transparencia de 35 mm para esta gráfica, puesto que no va a ser legible. Lo primero que nos viene a la mente es hacer seis transparencias, una para cada comparación entre J.J. Ltd., y uno de sus competidores. Sin embargo, en este caso, el mensaje es: **"Cinco de seis competidores tuvieron un mejor desempeño que J.J. Ltd. desde 1993"**.

Cinco de sus seis competidores han superado el desempeño de J.J. Ltd. desde 1993

Ingresos totales de la operación

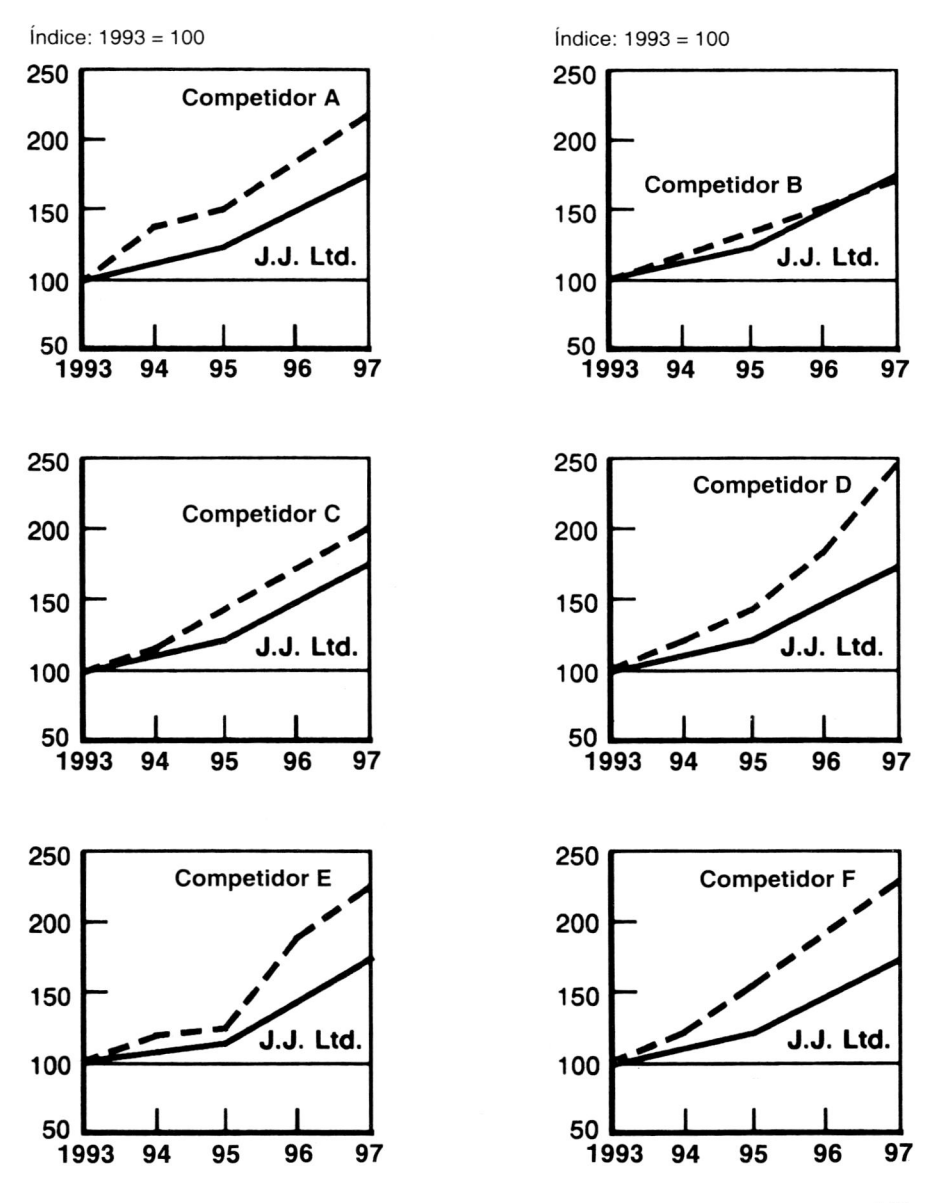

Índice: 1993 = 100

Competidor A — J.J. Ltd.

Índice: 1993 = 100

Competidor B — J.J. Ltd.

Competidor C — J.J. Ltd.

Competidor D — J.J. Ltd.

Competidor E — J.J. Ltd.

Competidor F — J.J. Ltd.

MIENTRAS MÁS AUDAZ, MEJOR

Las opciones son:

A. Mostrar todas las tendencias en una transparencia, destacando a **J.J. Ltd.** con una línea más oscura o de diferente color.

▶ **A**

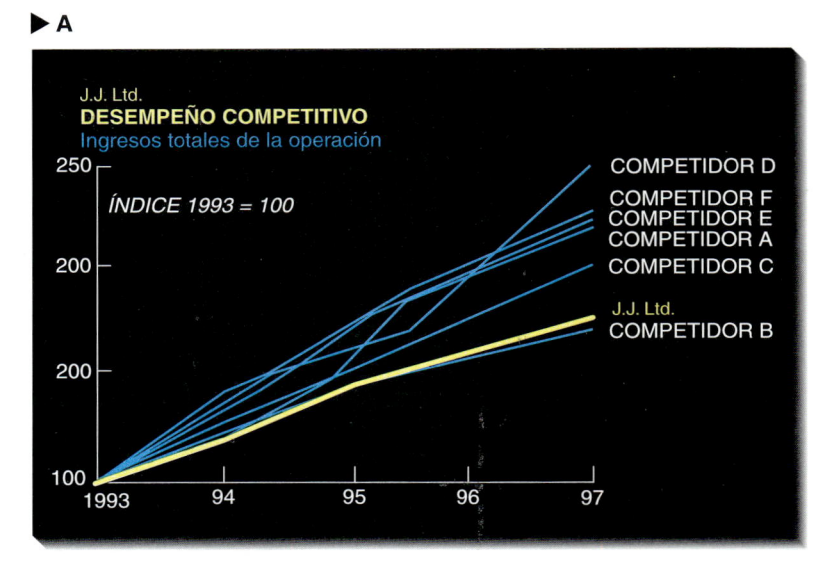

J.J. Ltd.
DESEMPEÑO COMPETITIVO
Ingresos totales de la operación

ÍNDICE 1993 = 100

250 — COMPETIDOR D
COMPETIDOR F
COMPETIDOR E
COMPETIDOR A
200 — COMPETIDOR C
J.J. Ltd.
COMPETIDOR B
200
100
1993 94 95 96 97

B. Usar líneas rectas y destacar a **J.J. Ltd** asumiendo que las variaciones en las distintas tendencias carecen de importancia.

▶ **B**

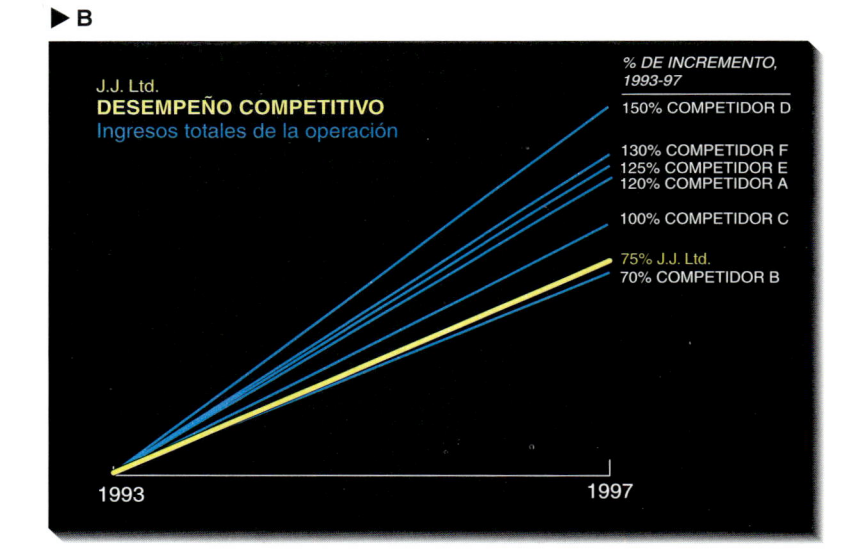

J.J. Ltd.
DESEMPEÑO COMPETITIVO
Ingresos totales de la operación

% DE INCREMENTO, 1993-97
150% COMPETIDOR D
130% COMPETIDOR F
125% COMPETIDOR E
120% COMPETIDOR A
100% COMPETIDOR C
75% J.J. Ltd.
70% COMPETIDOR B

1993   1997

MIENTRAS MÁS AUDAZ, MEJOR

▶ C

C. Mostrar los porcentajes de incremento con una gráfica de barras; utilice un color contrastante para **J.J. Ltd.**

J.J. Ltd.
DESEMPEÑO COMPETITIVO
Ingresos totales de la operación

% de INCREMENTO 1993-97

COMPETIDOR D	150%
COMPETIDOR F	130
COMPETIDOR E	125
COMPETIDOR A	120
COMPETIDOR C	100
J.J. Ltd.	75
COMPETIDOR B	70

▶ D

D. Usar un cuadro simple, con un color para **J.J. Ltd.** a fin de que destaque todo lo demás si la legibilidad sigue siendo un problema.

J.J. Ltd.
DESEMPEÑO COMPETITIVO
Ingresos totales de la operación

% de INCREMENTO
1993-97

COMPETIDOR D	150%
COMPETIDOR F	130
COMPETIDOR E	125
COMPETIDOR A	120
COMPETIDOR C	100
J.J. Ltd.	75
COMPETIDOR B	70

LECCIONES APRENDIDAS

Como pudo ver en los ejemplos anteriores, no existe una fórmula única para el éxito. En algunos casos, la respuesta radica en dividir el mensaje en múltiples transparencias; en otros casos, en utilizar menos. A veces, la respuesta es modificar la manera de narrar la historia y, ocasionalmente, en sustituir datos tabulares por gráficas. Sin embargo, en todas estas situaciones, el truco radica en ser disciplinado (*despiadado* es una palabra más adecuada) en cuanto a eliminar detalles de las transparencias, y en seleccionar y utilizar el color con un propósito definido. Permítame explicar esto último con mayor detalle.

CÓMO ELIMINAR DETALLES

- Redondee cifras, elimine decimales a menos que sean importantes para expresar su mensaje. Siempre existirá la opción de que dé cifra exacta verbalmente.

- Utilice escalas en vez de números al final de las barras o dentro de los componentes de las columnas.

- Sustituya símbolos por palabras, esto es, un signo de $ es más adecuado que la palabra "dólares", un signo de % es mejor que "porcentaje de…"

- Abrevie cuando sea posible sin ocasionar confusión.

- Elimine palabras: reduzca de diez palabras a cuatro, de cuatro a tres, de tres a dos.

- Borre notas al pie de página. Si es importante, incorpore la información en su discurso.

- Omita fuentes o déjalas en las copias que habrán de ser a repartidas.

Y cuando nada funcione, no utilice una transparencia. Lo más probable es que si no se puede simplificar, no tiene por qué proyectarse en la pantalla. Reconozcamos que Winston Churchill dio discursos magníficos sin usar gráficas, y lo que dijo fue más importante que cualquier otra cosa que podamos ver en nuestras presentaciones de negocios.

CÓMO SELECCIONAR Y UTILIZAR COLORES

Hasta este capítulo, las gráficas que presentamos en este libro logran el impacto visual deseado en blanco y negro. Una buena forma de poner a prueba la eficacia de sus gráficas consiste en observar si los mensajes se logran transmitir con claridad en blanco y negro; de no ser el caso, el color tampoco servirá. No obstante, vivimos en un mundo de colores, y las computadoras han facilitado su uso en las transparencias, de modo que aquí presentamos la manera de aprovecharlos al máximo.

CÓMO SELECCIONAR COLORES

Me han dicho que algunos sistemas gráficos por computadora pueden crear 8 millones de permutaciones de colores; más o menos unos cuantos miles, tenemos algo así como 7 999 997 colores más de los que recomiendo en una transparencia habitual. Esto no sólo simplifica el proceso de toma de decisiones para seleccionar colores, sino que también impide que los ejecutivos orientados a los negocios piensen que su dinero se está malgastando en transparencias "llamativas", cuando lo que se pretende es reducir costos. Además, es frecuente que luzca más.

Por lo general, los profesionales con los que trabajo utilizan un fondo negro o negativo para que destaquen los colores de la gráfica. Los colores fríos, como el azul y el verde, se emplean contra el fondo negro, y para subrayar algo el blanco y el amarillo.

Si no está elaborando transparencias de imágenes a color o necesita colores específicos para representar un logo o una bandera, deje la selección de colores en manos de un especialista con experiencia en quien confíe. Establezca junto con él los lineamientos que garanticen la legibilidad y la imagen profesional de su presentación.

CÓMO UTILIZAR COLORES

Si bien la *elección* del color puede ser hecha por un especialista, el *uso* del color es responsabilidad del presentador. Asegúrese de analizar cada gráfica con el especialista para que los colores no sean utilizados tan sólo como adornos, sino que, por el contrario, sean usados con un propósito bien definido. Por ejemplo:

- ¶ **Para subrayar,** por ejemplo, un componente de una gráfica de pastel, un segmento de una barra o columna, una tendencia, una hilera de cifras o palabras, como ocurre en los títulos.

- ¶ **Para identificar un tema reiterativo,** es decir, que muestre los datos de su compañía en el mismo color durante toda la presentación.

- ¶ **Para distinguir,** por ejemplo, entre lo real y el pronóstico, entre un conjunto de barras o columnas y otro cualquiera o entre una línea de tendencia y otra.

- ¶ **Para simbolizar,** por ejemplo, que el rojo indica pérdidas o es señal de detenerse; el amarillo de continuar con precaución, y el verde, de avanzar.

Siga las normas establecidas en esta sección para los documentos y presentaciones de negocios que realice y recuerde: *si una transparencia de 35 mm fuera lo mismo que un acetato, no habría necesidad de llamarla transparencia de 35 mm. No lo olvide cuando decida utilizar una transparencia de 35 mm.*

Sección 4

DÍGALO CON GRÁFICAS CONCEPTUALES

SOLUCIONES EN BUSCA DE PROBLEMAS

Hasta el momento he presentado ideas para expresar información cuantitativa en forma gráfica. No obstante, expresar mediante imágenes algunos mensajes no cuantitativos representa un reto. Entre ellos se encuentran conceptos tales como *interacción, apalancamiento, obstáculos* e *interrelaciones*. También existe una carencia de imágenes con las que sea posible transmitir la idea de *estructura, secuencia* y *proceso*.

Al ver este vacío, me di a la tarea de crear, junto con varios diseñadores talentosos, la siguiente cartera de imágenes visuales que puedan usarse en informes, presentaciones y artículos. He aquí algunas sugerencias para que usted las aproveche al máximo.

Al buscar la gráfica que satisfaga sus necesidades, utilice esta sección como fuente generadora de ideas. En cierto sentido estas gráficas y diagramas son *soluciones en busca de un problema.* De manera aislada, ninguna es correcta o está equivocada, ninguna es buena o mala. La idoneidad de cada una depende de la manera en que se adapte al problema en cuestión... y eso es algo que usted tendrá que determinar.

Cuando busque la imagen que le permita expresar un mensaje, puede analizar los conceptos de izquierda a derecha, u ojear la siguiente sección para percibir lo que las imágenes revelan desde distintas perspectivas. Puede simplificarlas, ampliarlas, o jugar con ellas y modificarlas... en resumen, puede moldearlas para satisfacer sus necesidades. Por supuesto, una vez que haya seleccionado un diagrama, añada alrededor del mismo o en su interior, las palabras que transmitan con precisión su mensaje. Observe estos ejemplos.

ESTRUCTURA VISUAL

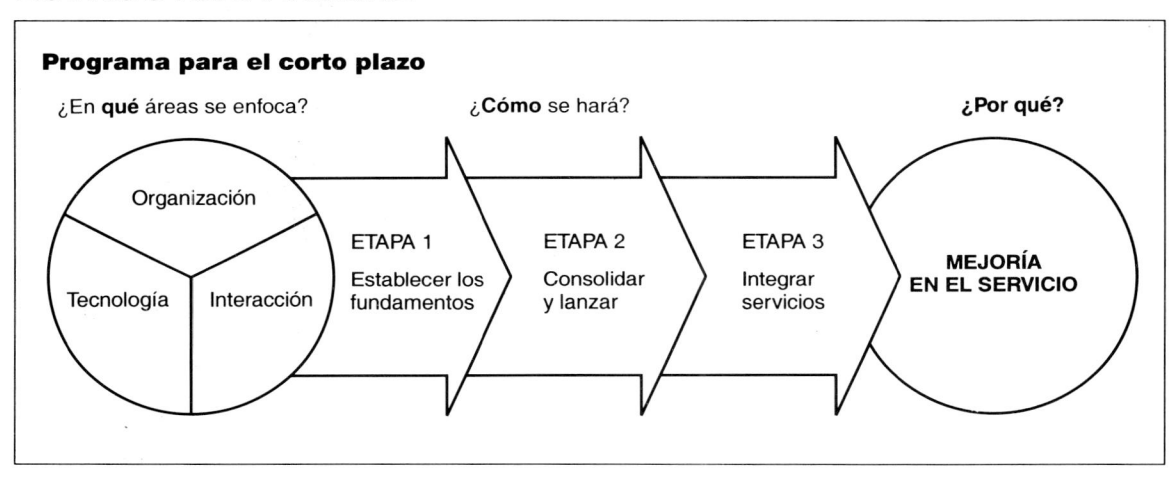

Programa para el corto plazo

¿En **qué** áreas se enfoca?   ¿**Cómo** se hará?   ¿**Por qué**?

- Organización
- Tecnología
- Interacción

ETAPA 1 Establecer los fundamentos

ETAPA 2 Consolidar y lanzar

ETAPA 3 Integrar servicios

MEJORÍA EN EL SERVICIO

FUERZAS CONVERGENTES

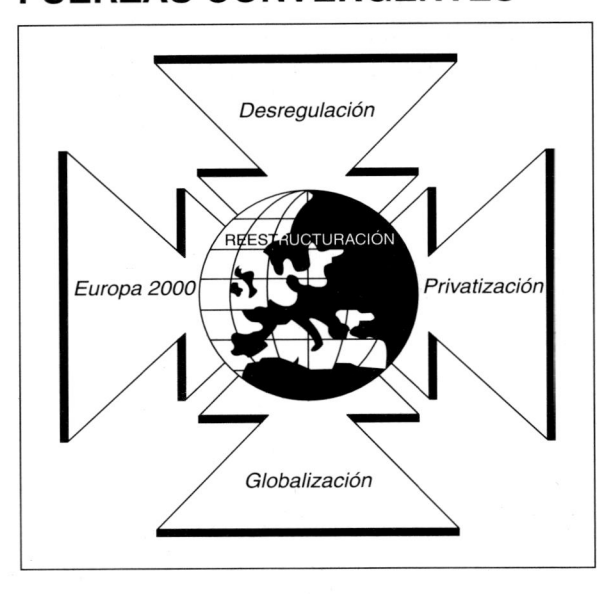

- Desregulación
- Europa 2000
- REESTRUCTURACIÓN
- Privatización
- Globalización

INTERRELACIONES

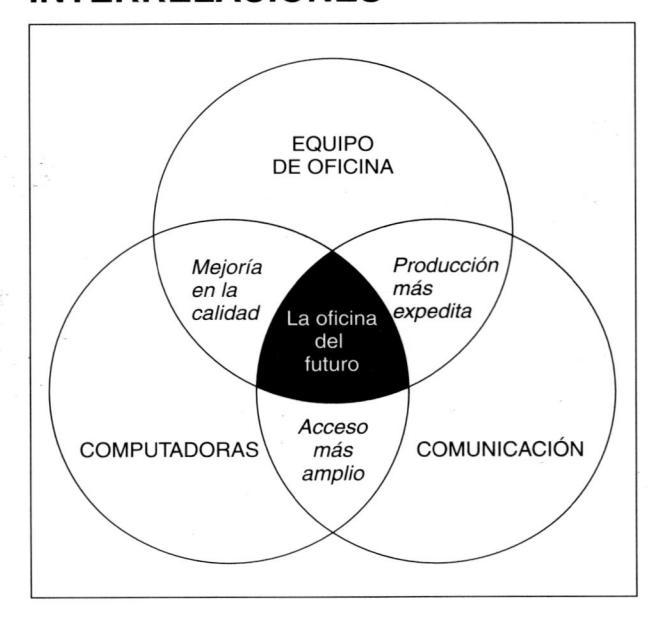

- EQUIPO DE OFICINA
- COMPUTADORAS
- COMUNICACIÓN
- Mejoría en la calidad
- Producción más expedita
- Acceso más amplio
- La oficina del futuro

No necesariamente ha de conformarse con la primera idea que llame su atención. Siga buscando, juegue con los diagramas, diseñe nuevos hasta que encuentre uno que se adapte a sus necesidades. Por ejemplo, vamos a asumir que necesita generar una imagen visual para lo siguiente:

ETAPAS DE UN PROYECTO
1. Planear el proyecto
2. Iniciarlo
3. Elaborar una solución
4. Presentar recomendaciones
5. ¡Llevarlas a cabo!

A continuación presentamos nueve diagramas, seleccionados de las páginas de este capítulo, entre los cuales podrá escoger alguno para plasmar las etapas del proyecto en una imagen visual; la elección depende de cuáles sean sus necesidades.

Por cierto, estos diagramas, al igual que cualquier otra imagen visual, tendrán distintos significados para diferentes personas. Por lo tanto, sugiero que ponga a prueba la imagen visual con sus colegas para asegurarse de la claridad y sencillez del concepto por transmitir. Asegúrese de que en realidad entienden lo que usted desea trasmitir.

1

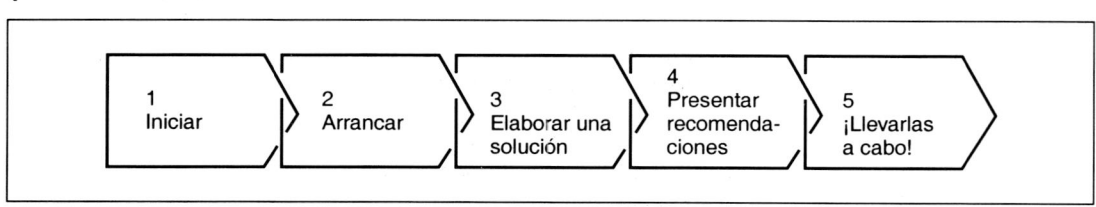

1. Iniciar 2. Arrancar 3. Elaborar una solución 4. Presentar recomendaciones 5. ¡Llevarlas a cabo!

2

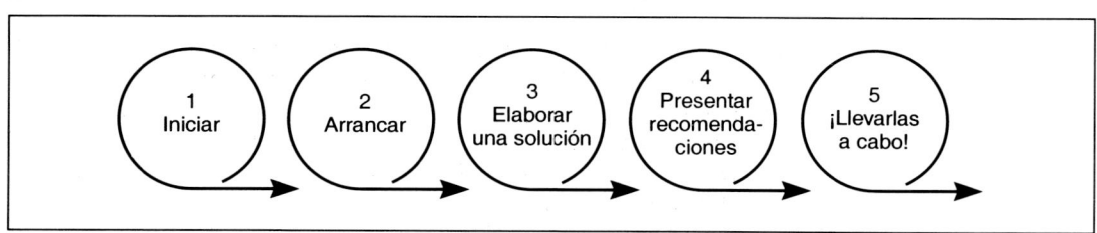

1. Iniciar 2. Arrancar 3. Elaborar una solución 4. Presentar recomendaciones 5. ¡Llevarlas a cabo!

3

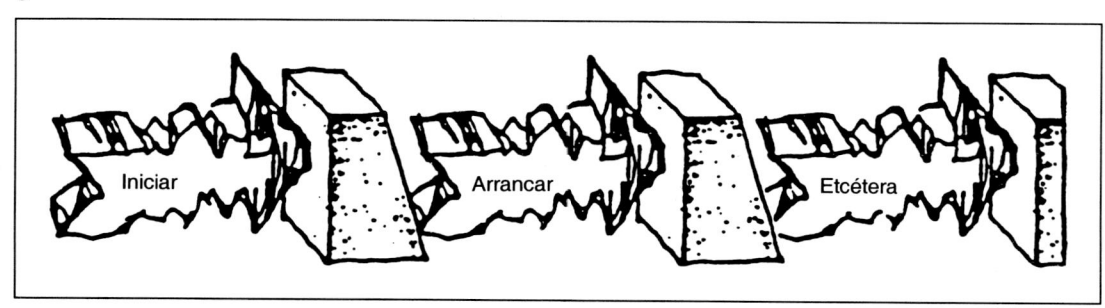

Iniciar Arrancar Etcétera

4

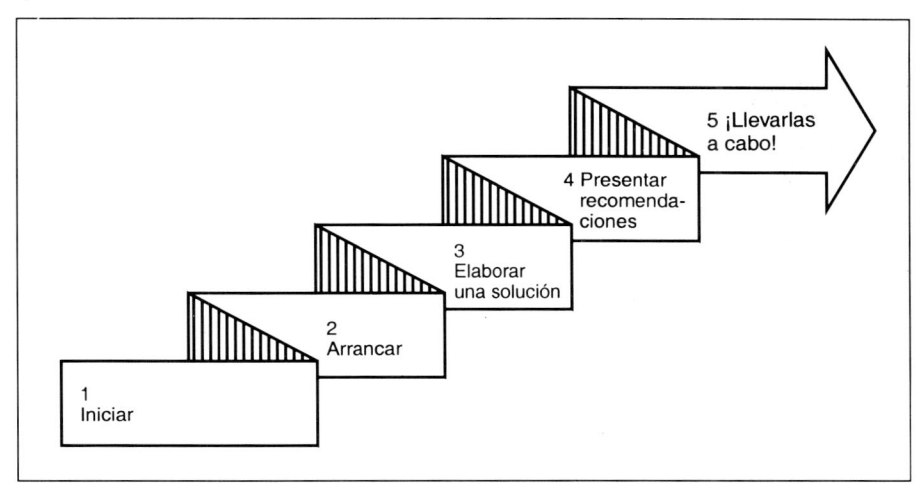

5 ¡Llevarlas a cabo!

4 Presentar recomendaciones

3 Elaborar una solución

2 Arrancar

1 Iniciar

5

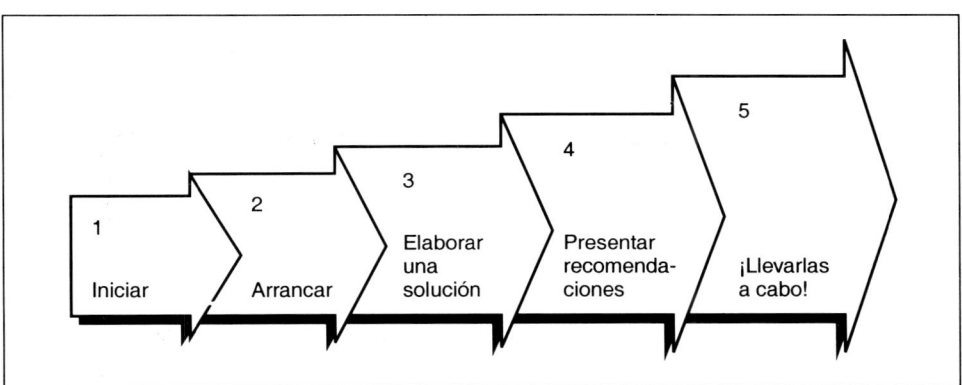

1 Iniciar

2 Arrancar

3 Elaborar una solución

4 Presentar recomendaciones

5 ¡Llevarlas a cabo!

6

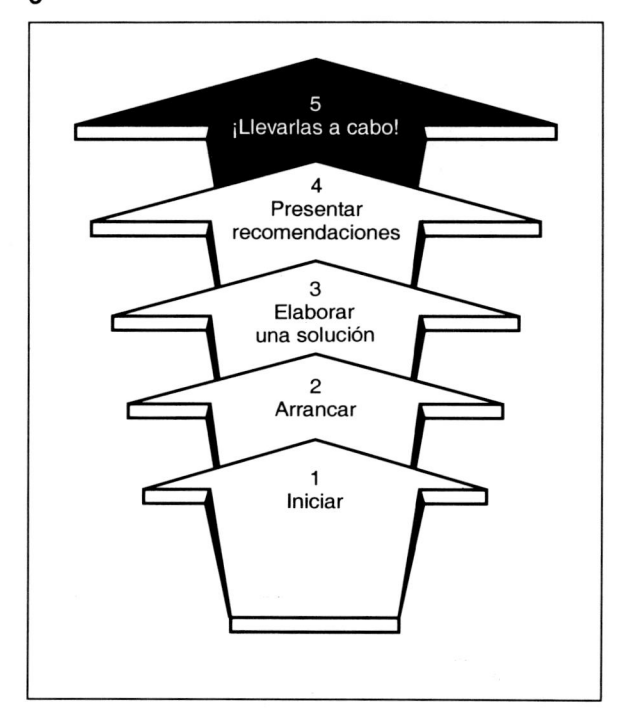

5 ¡Llevarlas a cabo!
4 Presentar recomendaciones
3 Elaborar una solución
2 Arrancar
1 Iniciar

7

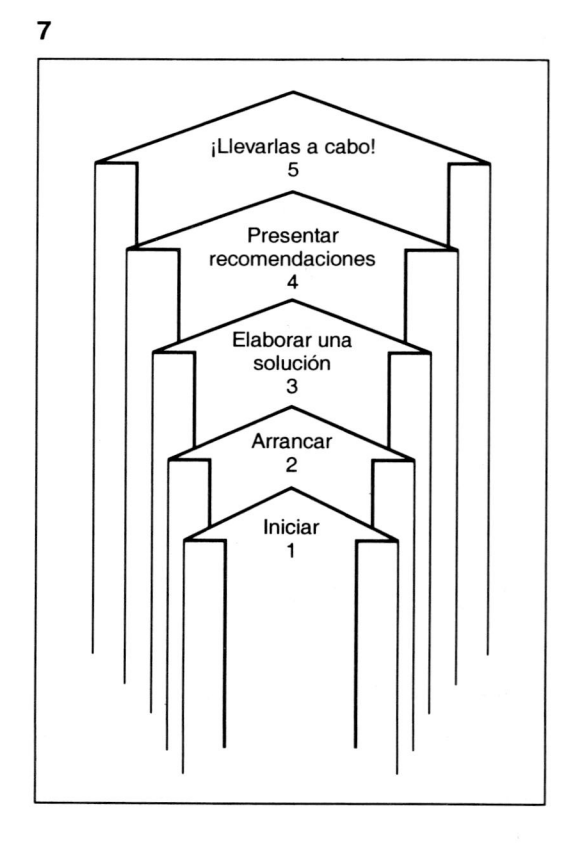

¡Llevarlas a cabo!
5

Presentar recomendaciones
4

Elaborar una solución
3

Arrancar
2

Iniciar
1

8

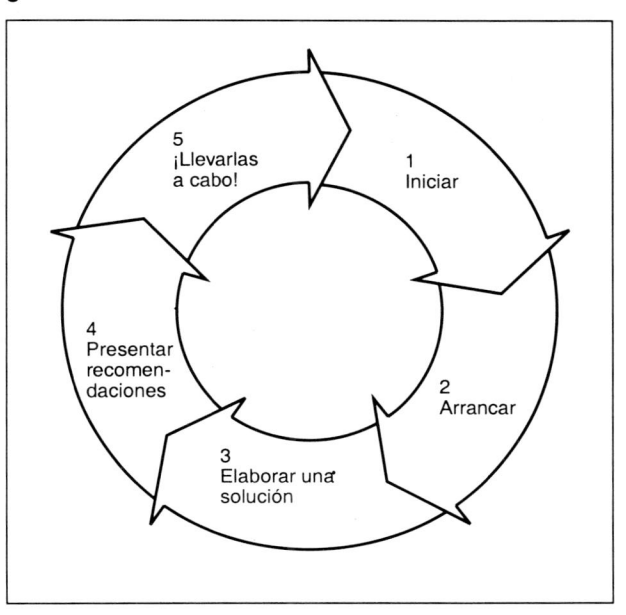

5 ¡Llevarlas a cabo!

1 Iniciar

4 Presentar recomendaciones

2 Arrancar

3 Elaborar una solución

9

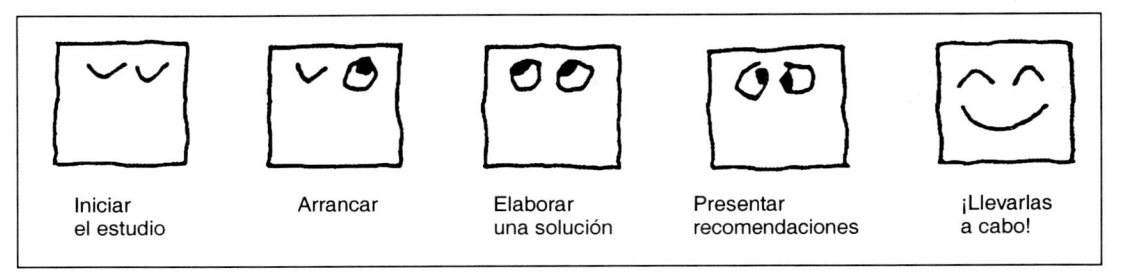

| Iniciar el estudio | Arrancar | Elaborar una solución | Presentar recomendaciones | ¡Llevarlas a cabo! |

ACERCA DE LAS PERSONAS QUE HICIERON ALGUNA APORTACIÓN IMPORTANTE PARA ESTA SECCIÓN

Jan White es consultor en materia de diseño para la comunicación. Dicta conferencias en todo el mundo sobre la relación entre *imagen gráfica* y *edición*. Arquitecto de profesión, fue director artístico de Time Inc. durante 13 años; después, en 1964, abrió su propio estudio de diseño para publicaciones.

Es autor de una docena de libros sobre técnicas visuales concernientes a la industria editorial, entre los que destacan *Editing by Design*, *Graphic Idea Notebook*, *Graphic Design for the Electronic Age*, *Color for the Electronic Age* y, recientemente, *Color for Impact*.

Vera Deutsch es conocida tanto por sus diseños gráficos para publicaciones como por sus programas sobre identidad corporativa; su propuesta abarca no sólo el diseño de etiquetas para envíos postales sino también la creación de informes anuales. Es importante señalar que fue la consultora gráfica para el diseño de este libro.

Dan Nevins es caricaturista independiente. Formó parte del equipo artístico de American Management Association y, posteriormente, fue director artístico del departamento de publicidad del New York Daily News.

Peter Weishar ha sido diseñador profesional y director artístico durante más de 10 años, además ha trabajado en la industria editorial y en publicidad. Actualmente es director creativo de una firma de "multimedia" que se especializa en CD-ROM comerciales. También imparte, en New York University, el programa de telecomunicaciones interactivas (Interactive Telecommunications Program).

FLUJOS LINEALES

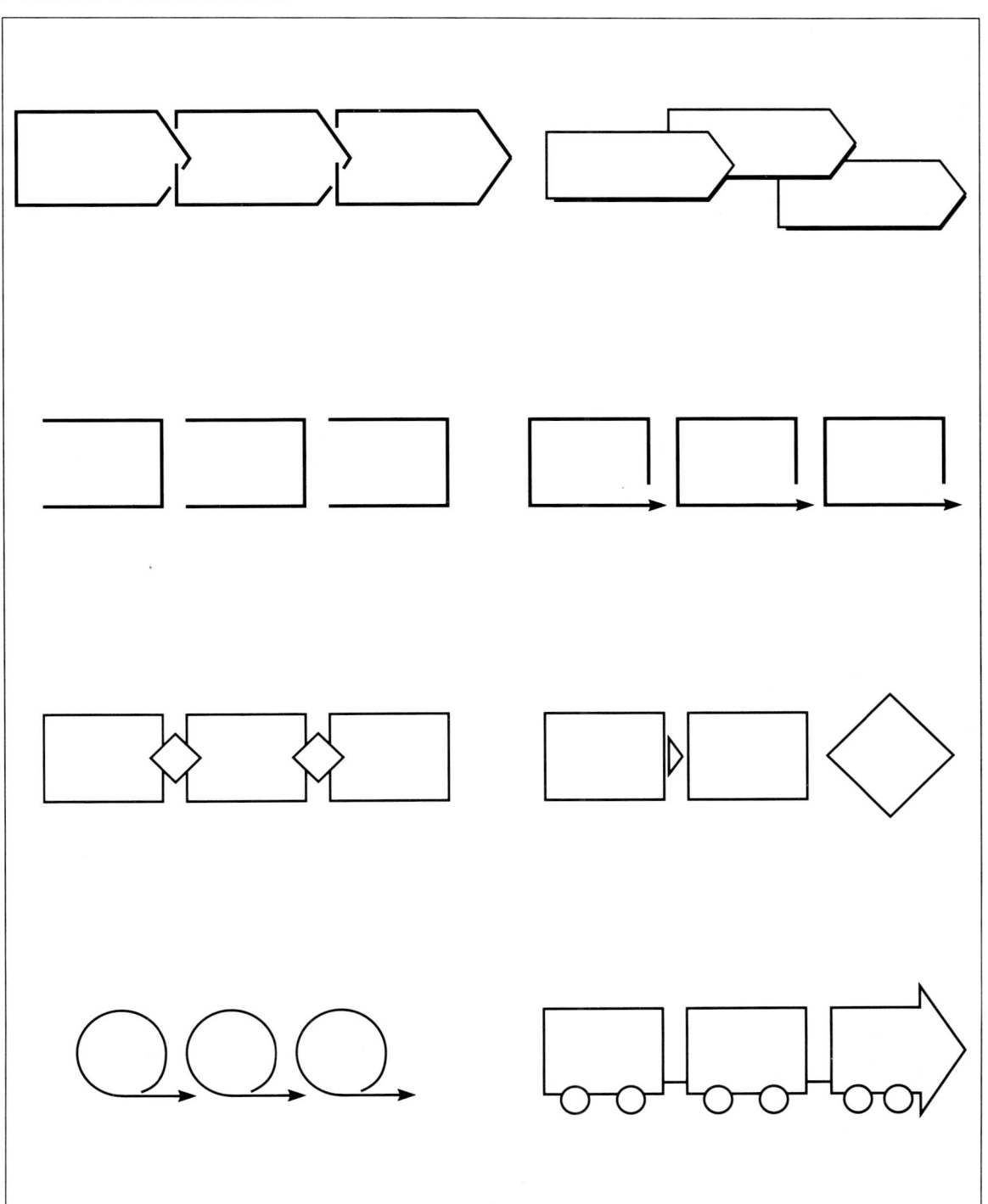

FLUJOS LINEALES

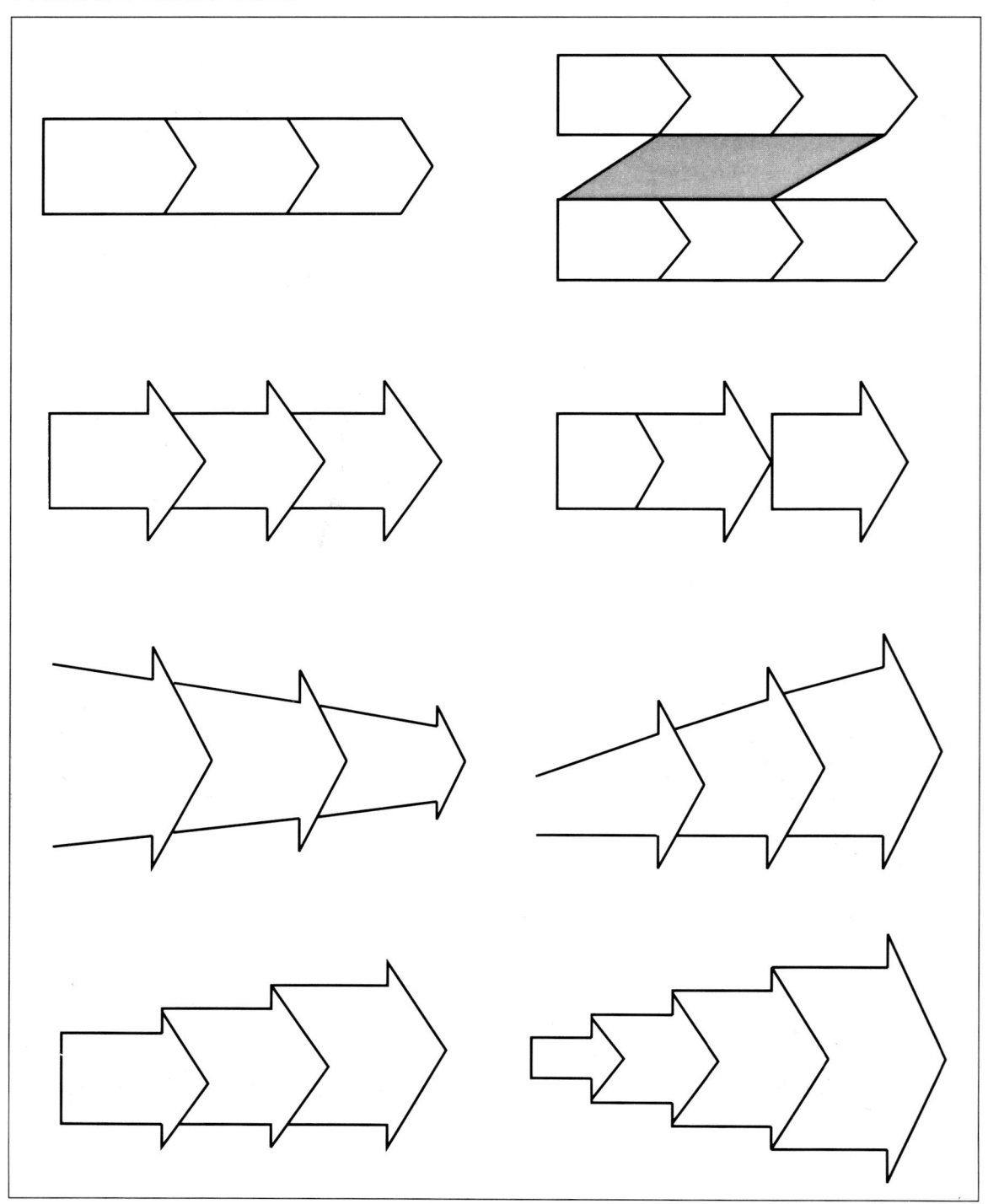

FLUJOS LINEALES

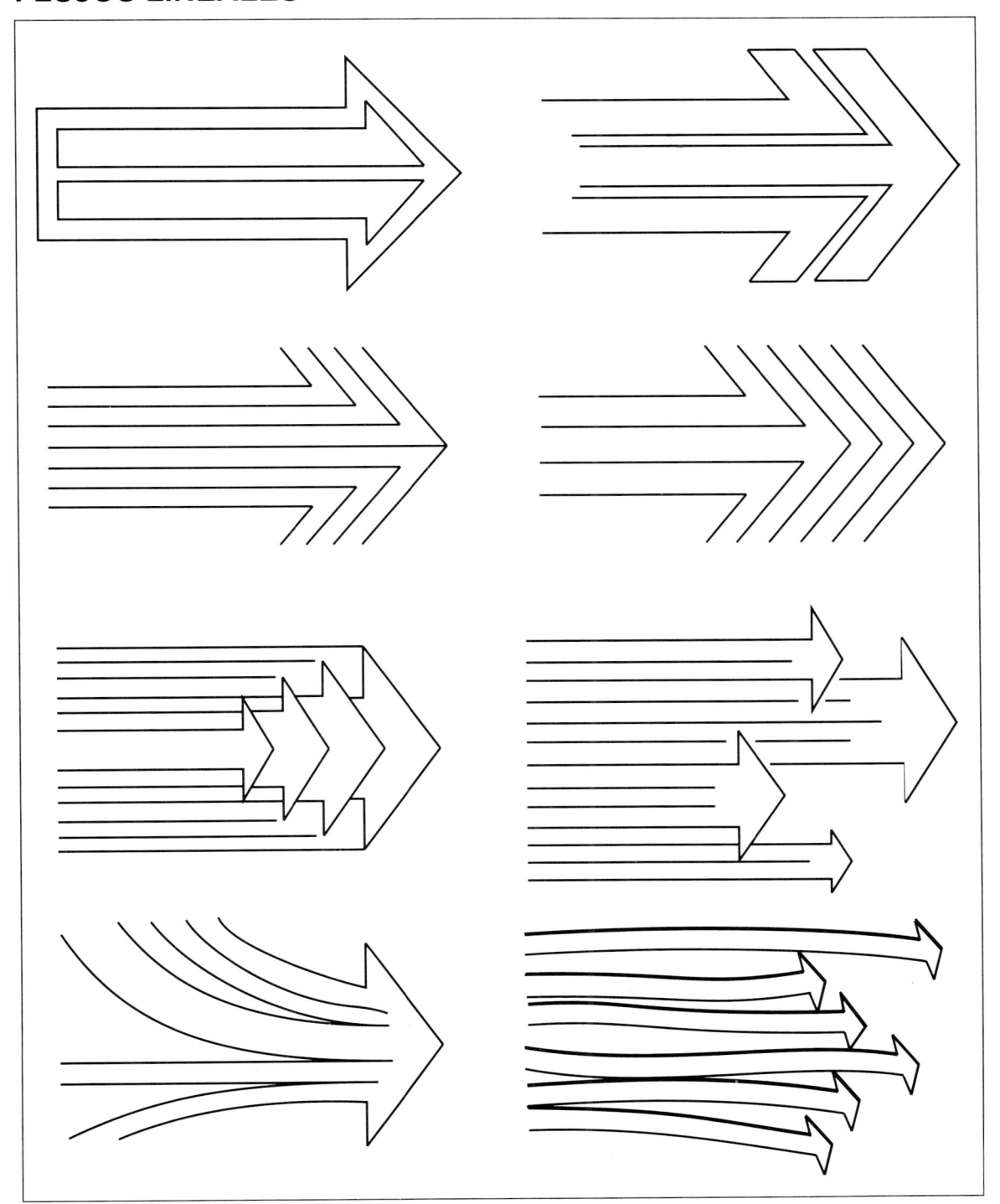

FLUJOS VERTICALES

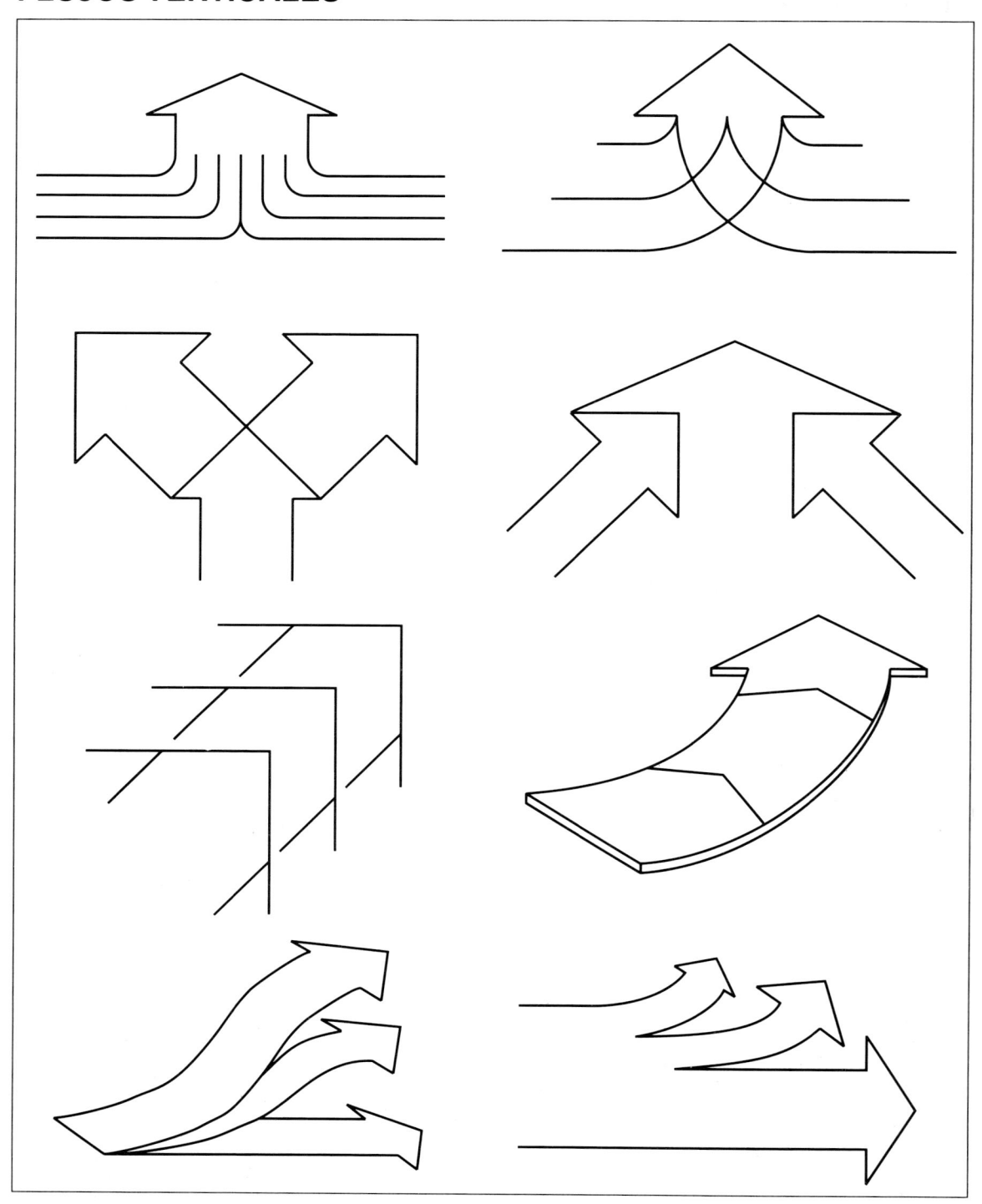

FLUJOS VERTICALES

FLUJOS CIRCULARES

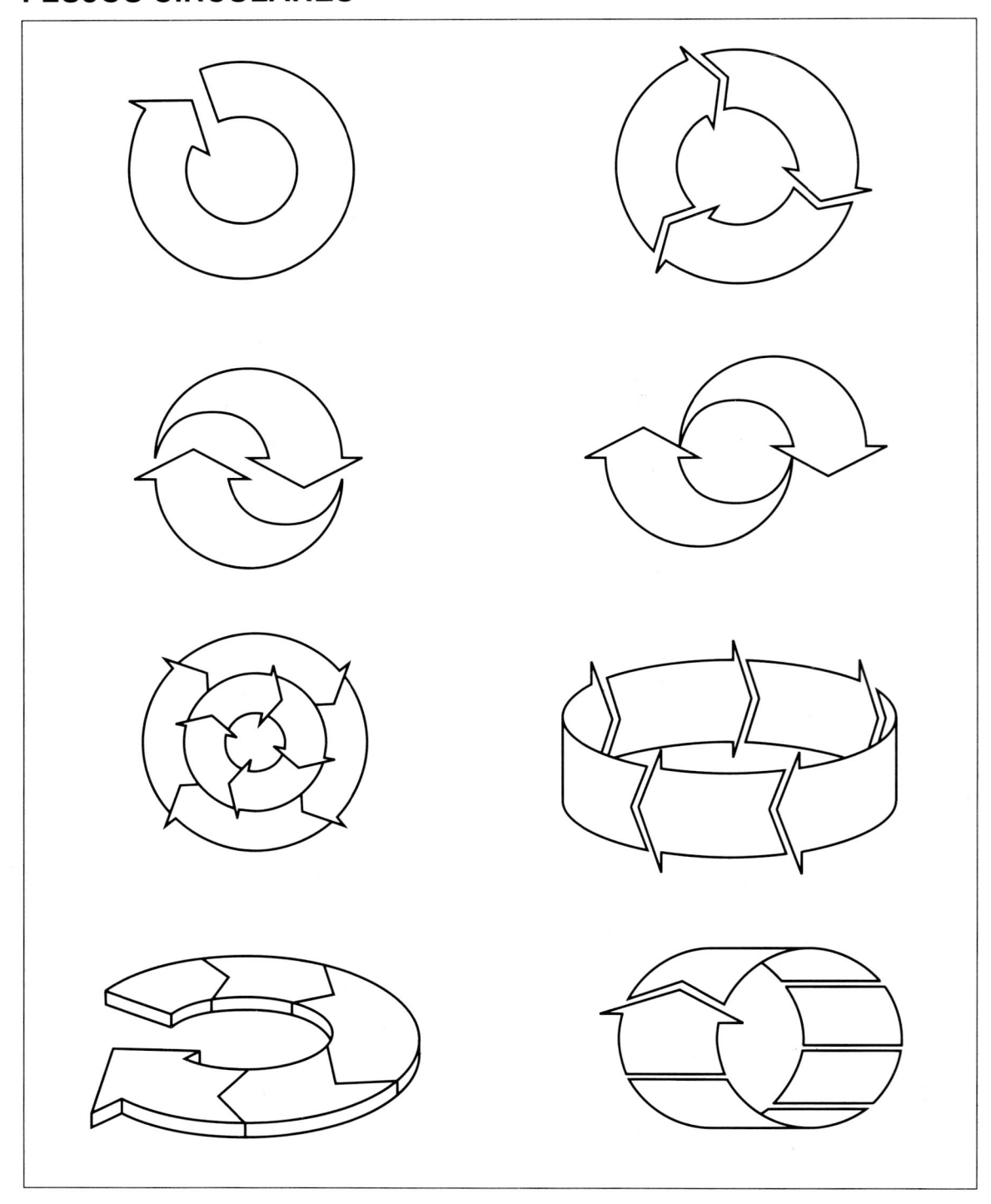

FLUJOS CIRCULARES

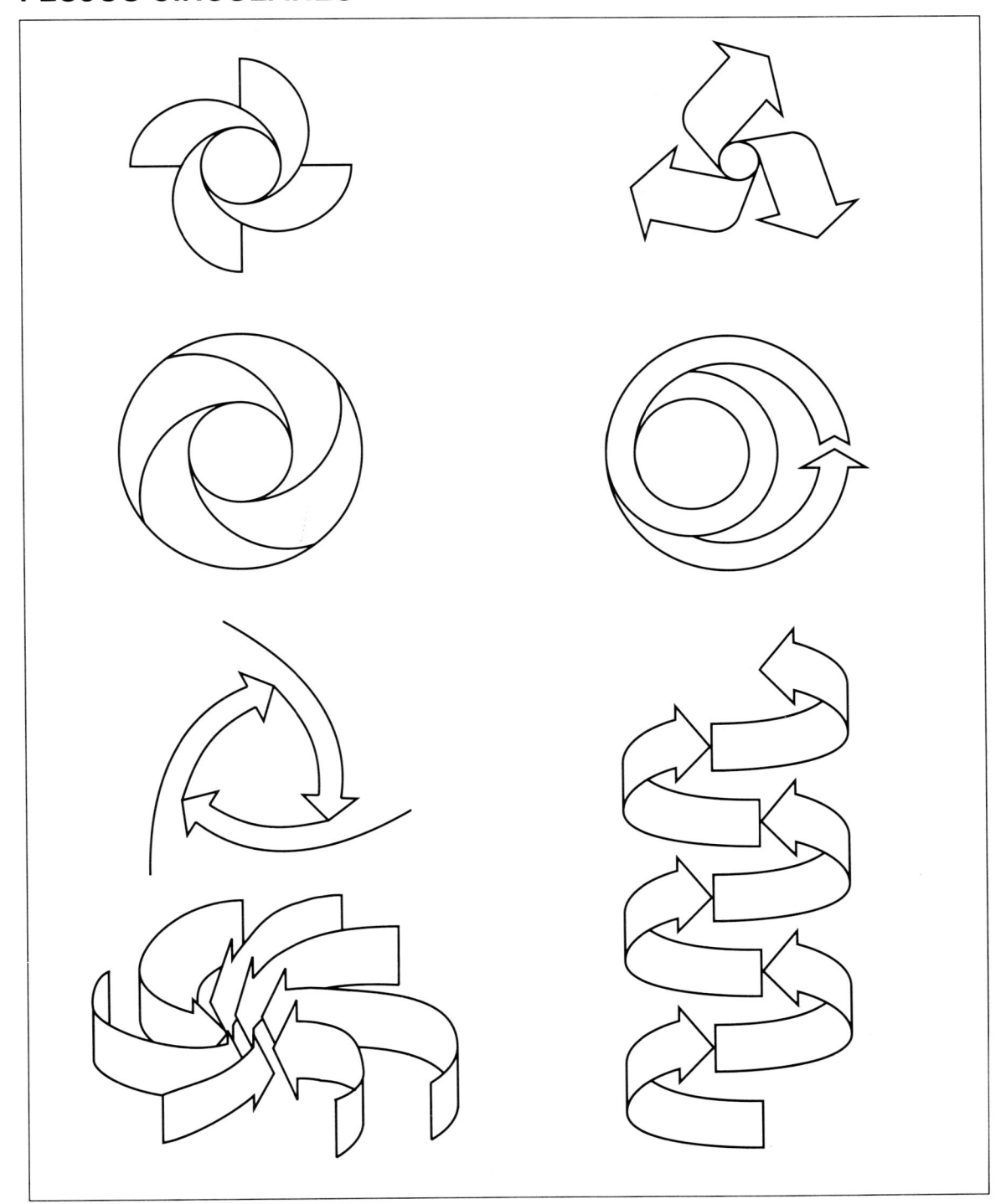

FLUJOS CIRCULARES

FLUJOS CIRCULARES

INTERACCIÓN

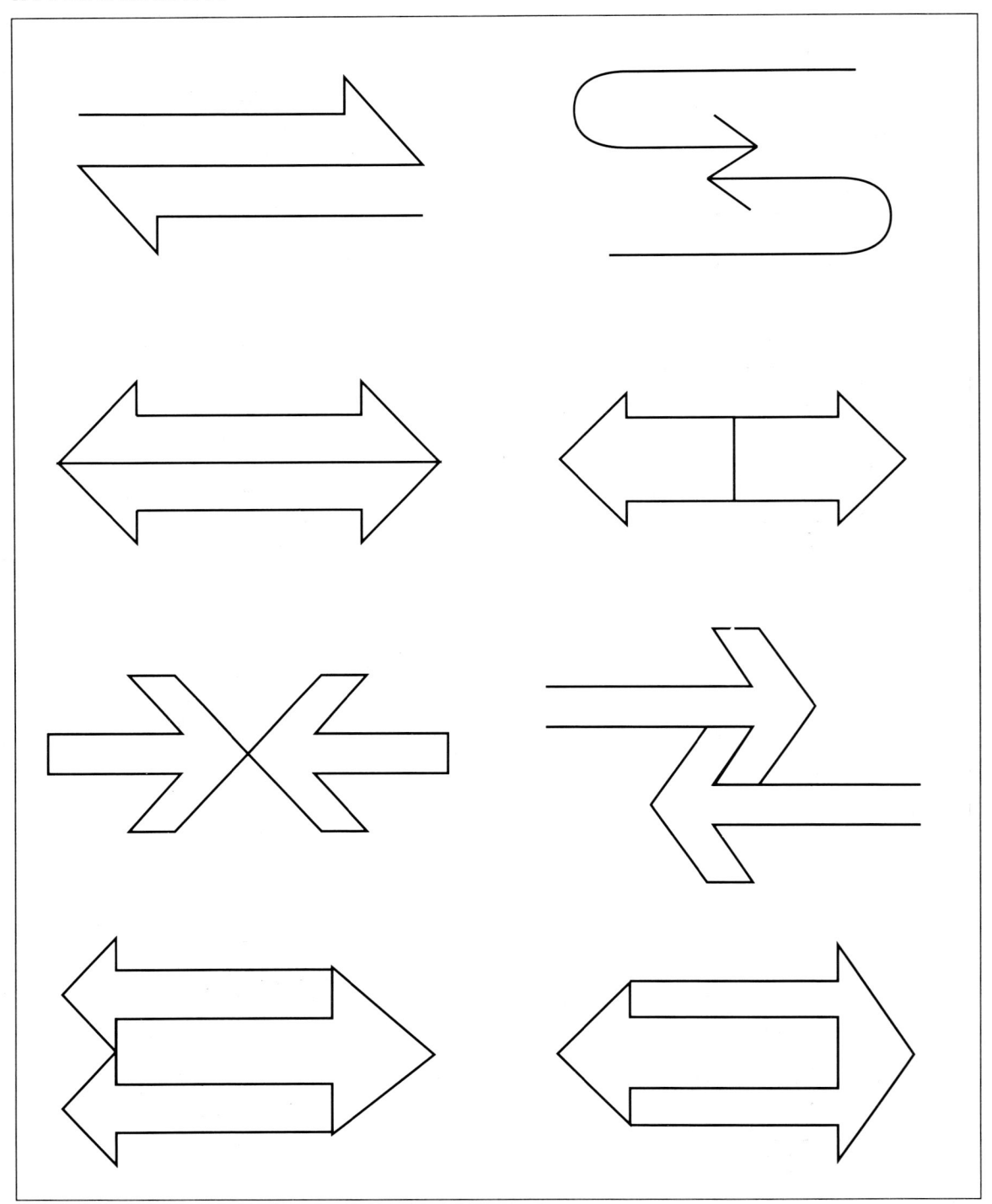

INTERACCIÓN

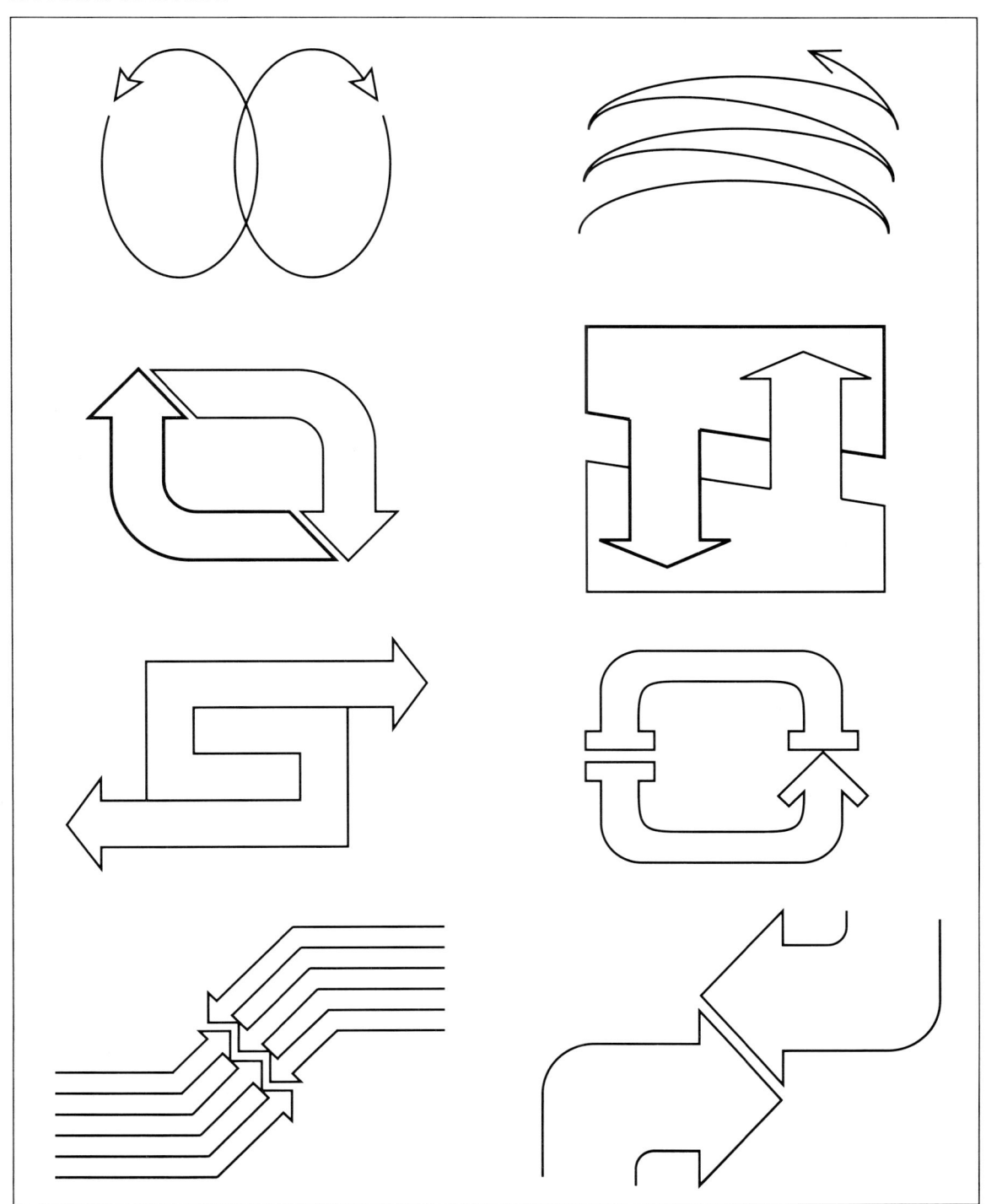

INTERACCIÓN

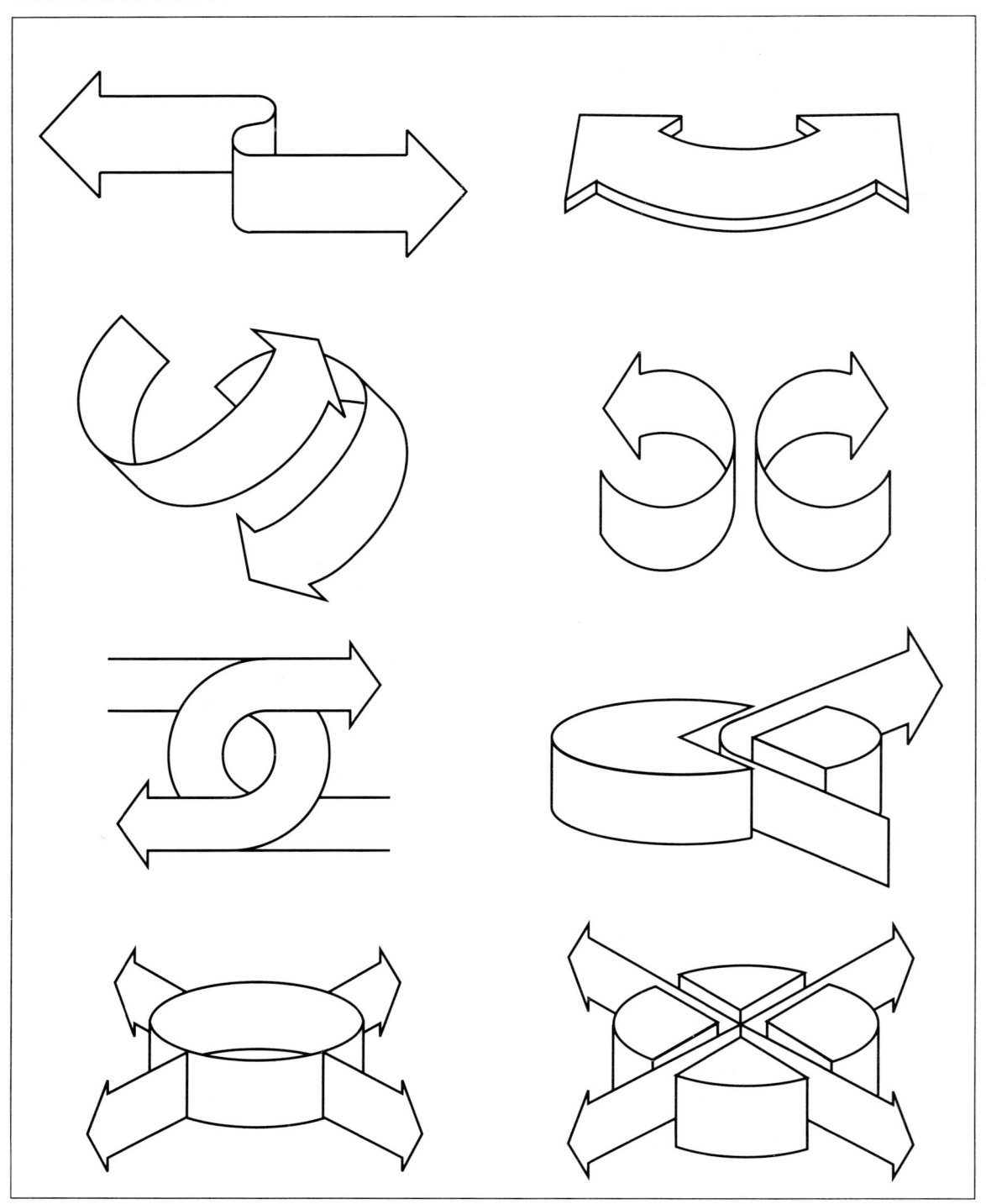

CONVERGENCIA DE FUERZAS

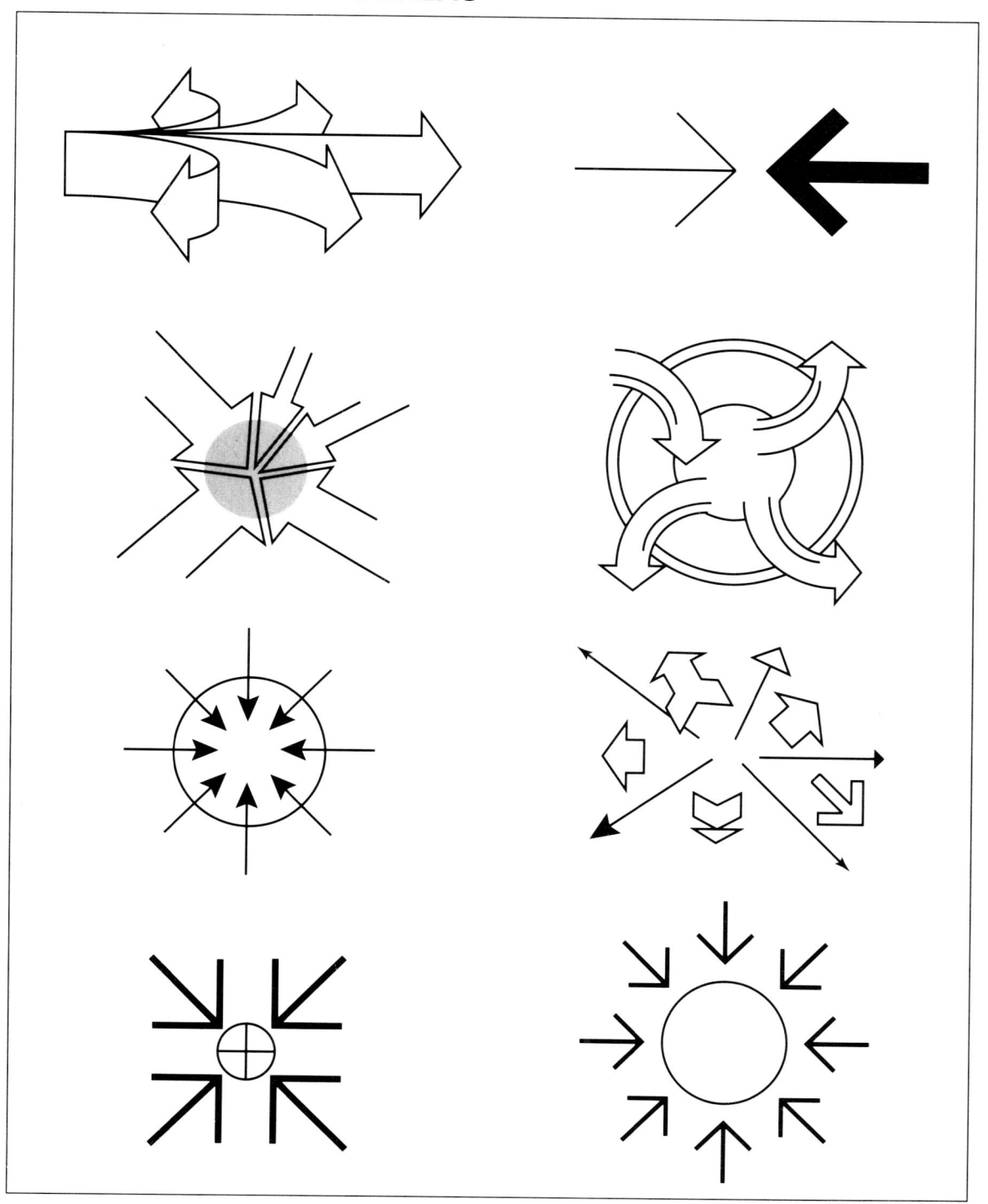

CONVERGENCIA DE FUERZAS

CONVERGENCIA DE FUERZAS

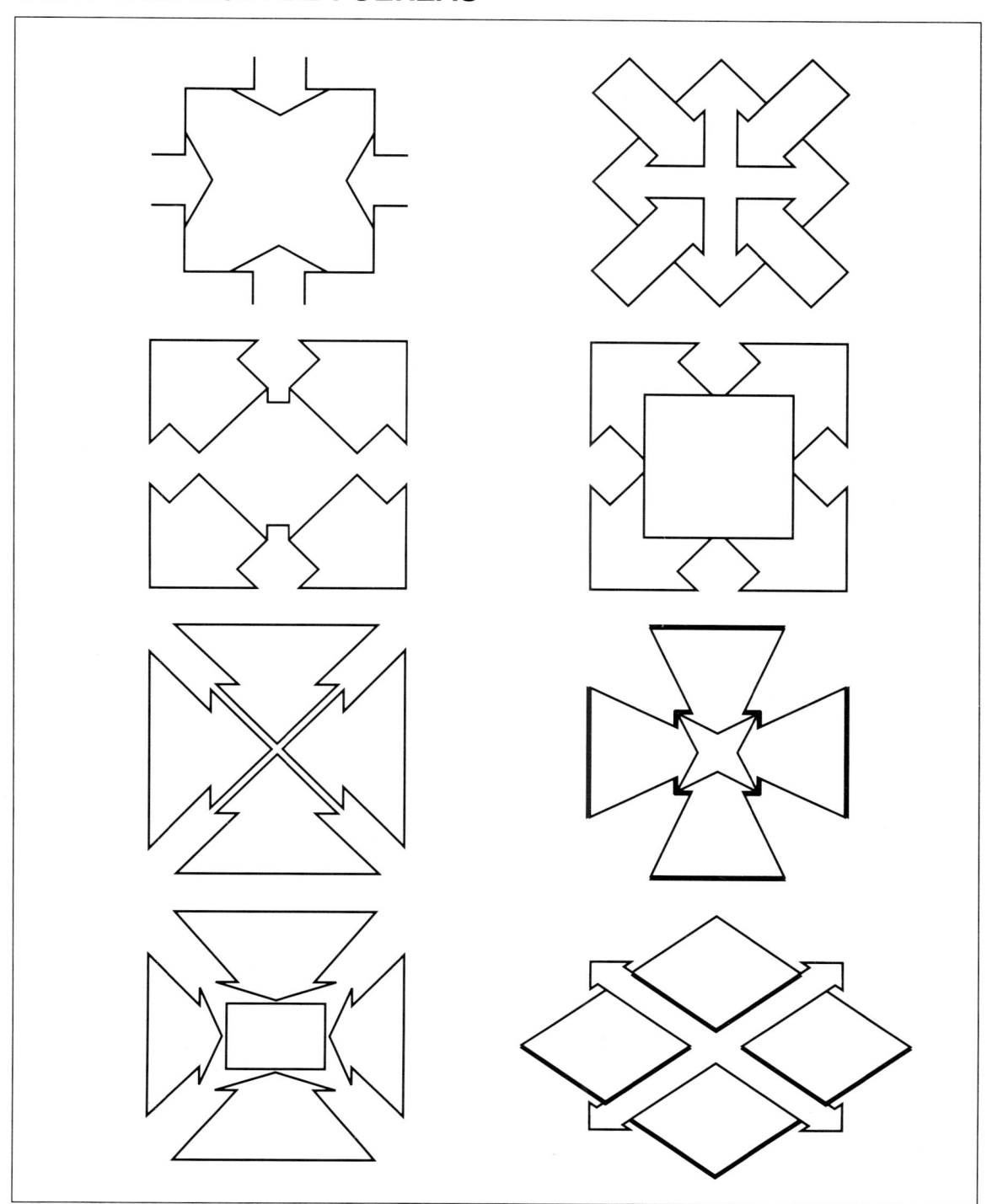

CONVERGENCIA DE FUERZAS

CAMBIO DE CURSO

CAMBIO DE CURSO

EQUILIBRIO

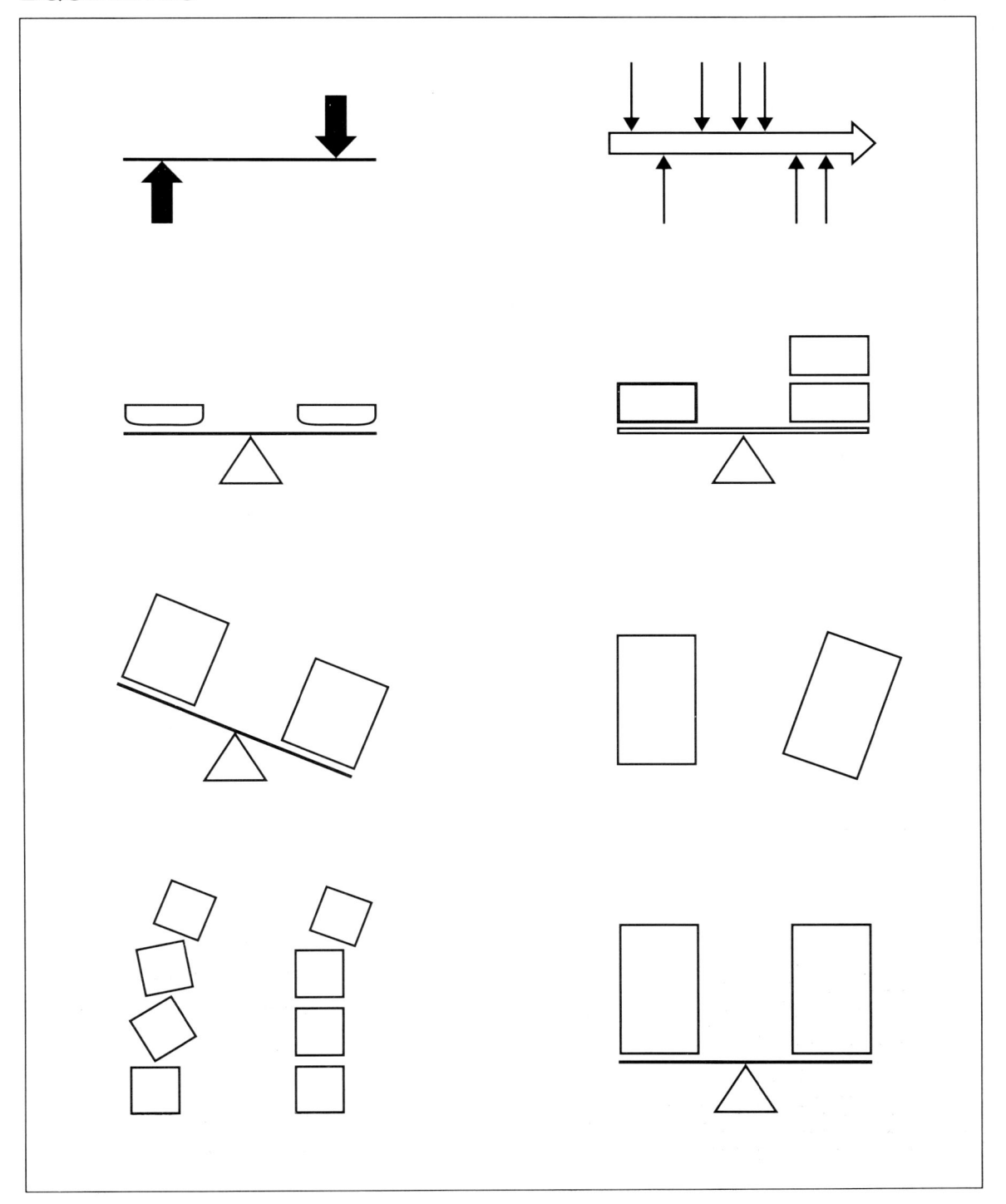

EQUILIBRIO

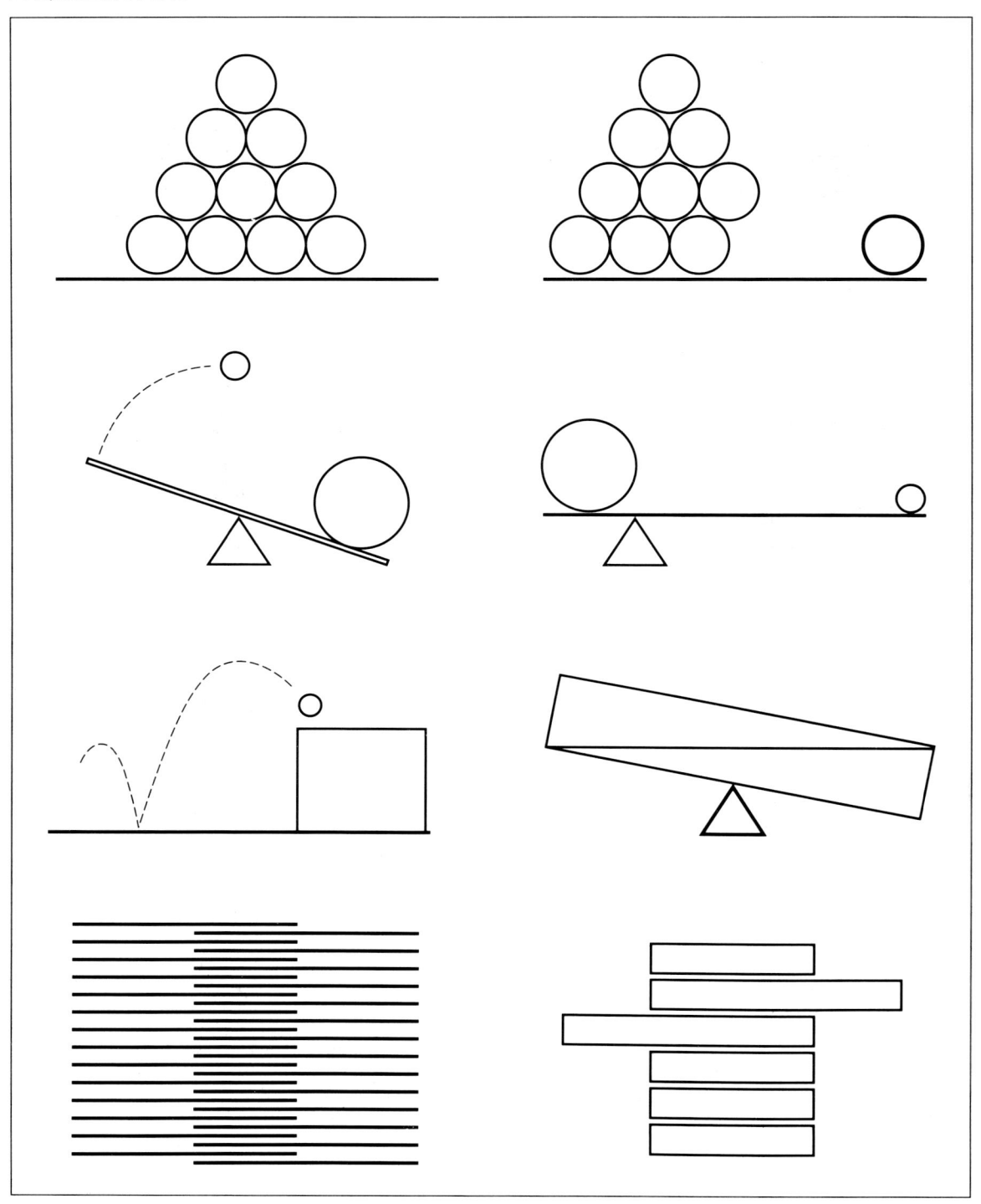

PENETRACIÓN/OBSTÁCULOS

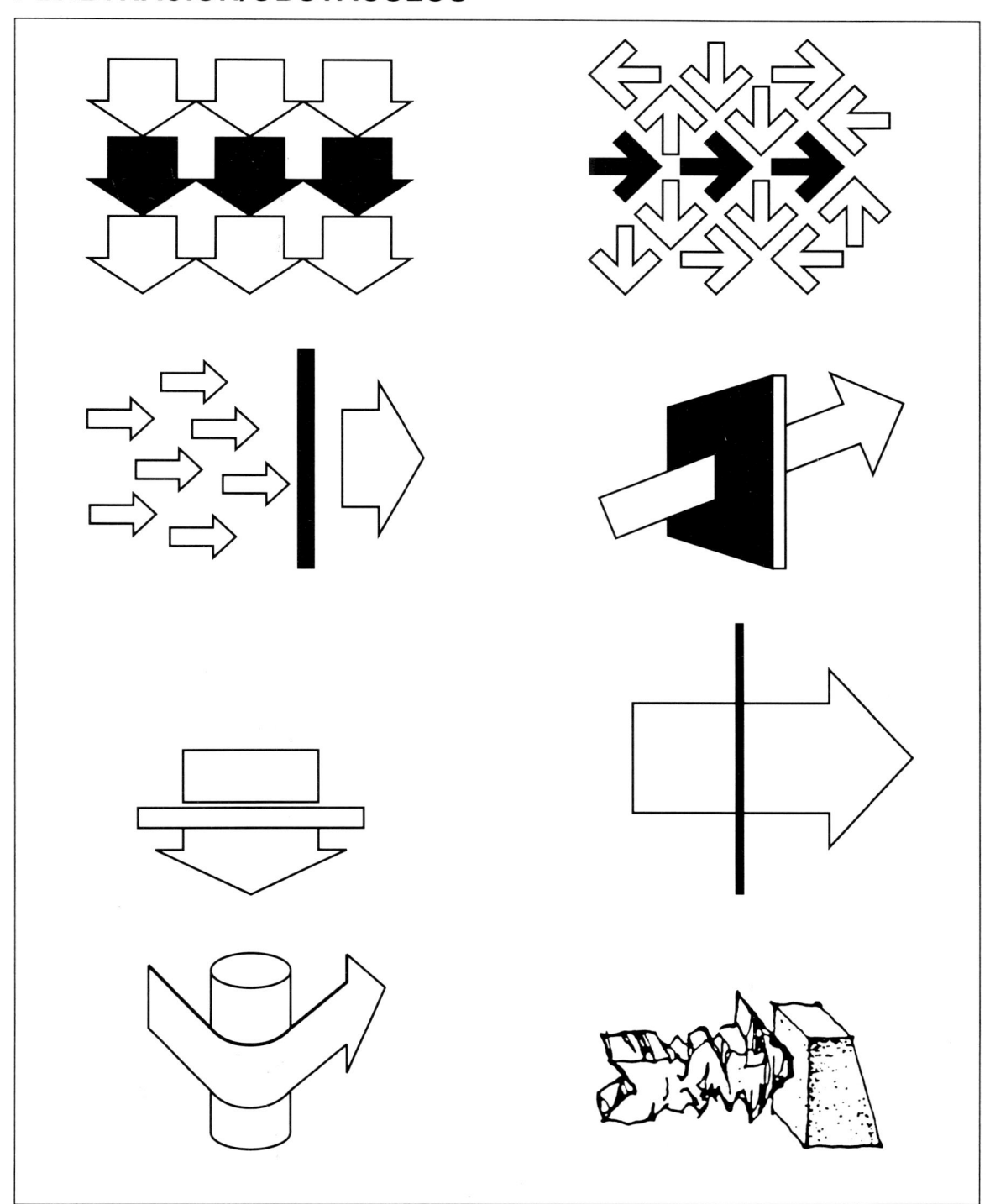

FILTROS

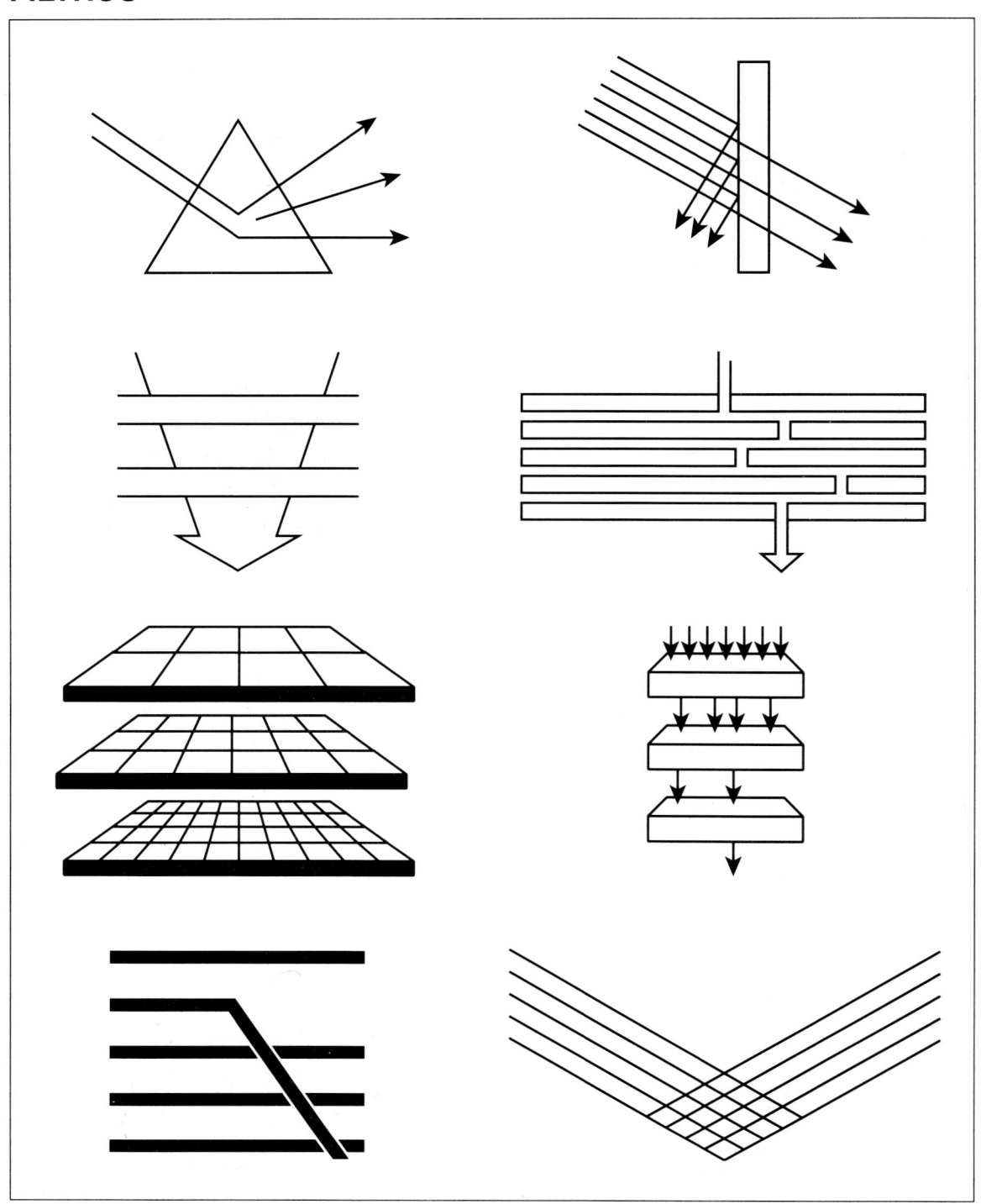

INTERRELACIONES

INTERRELACIONES

INTERRELACIONES

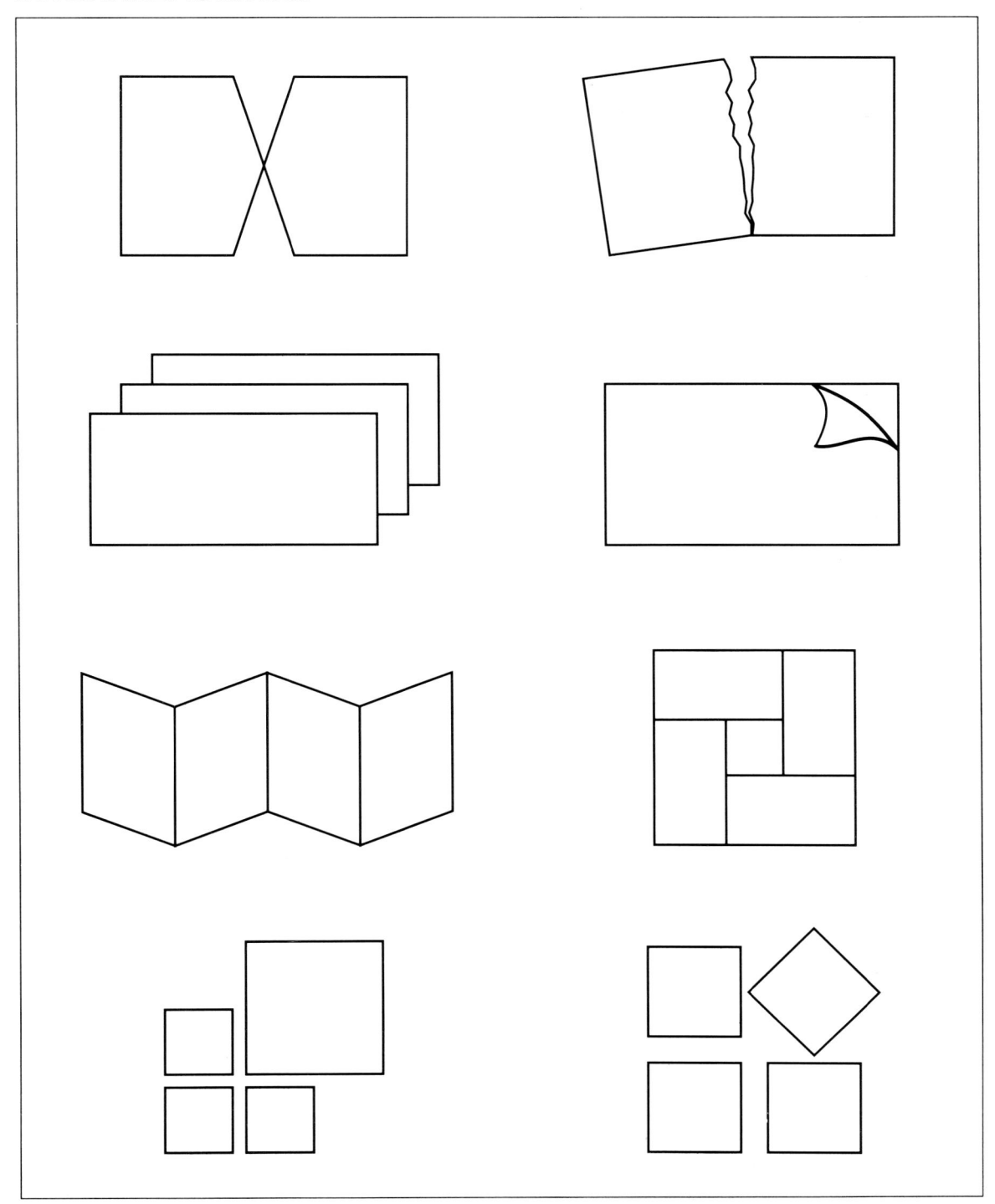

INTERRELACIONES

PROCESOS

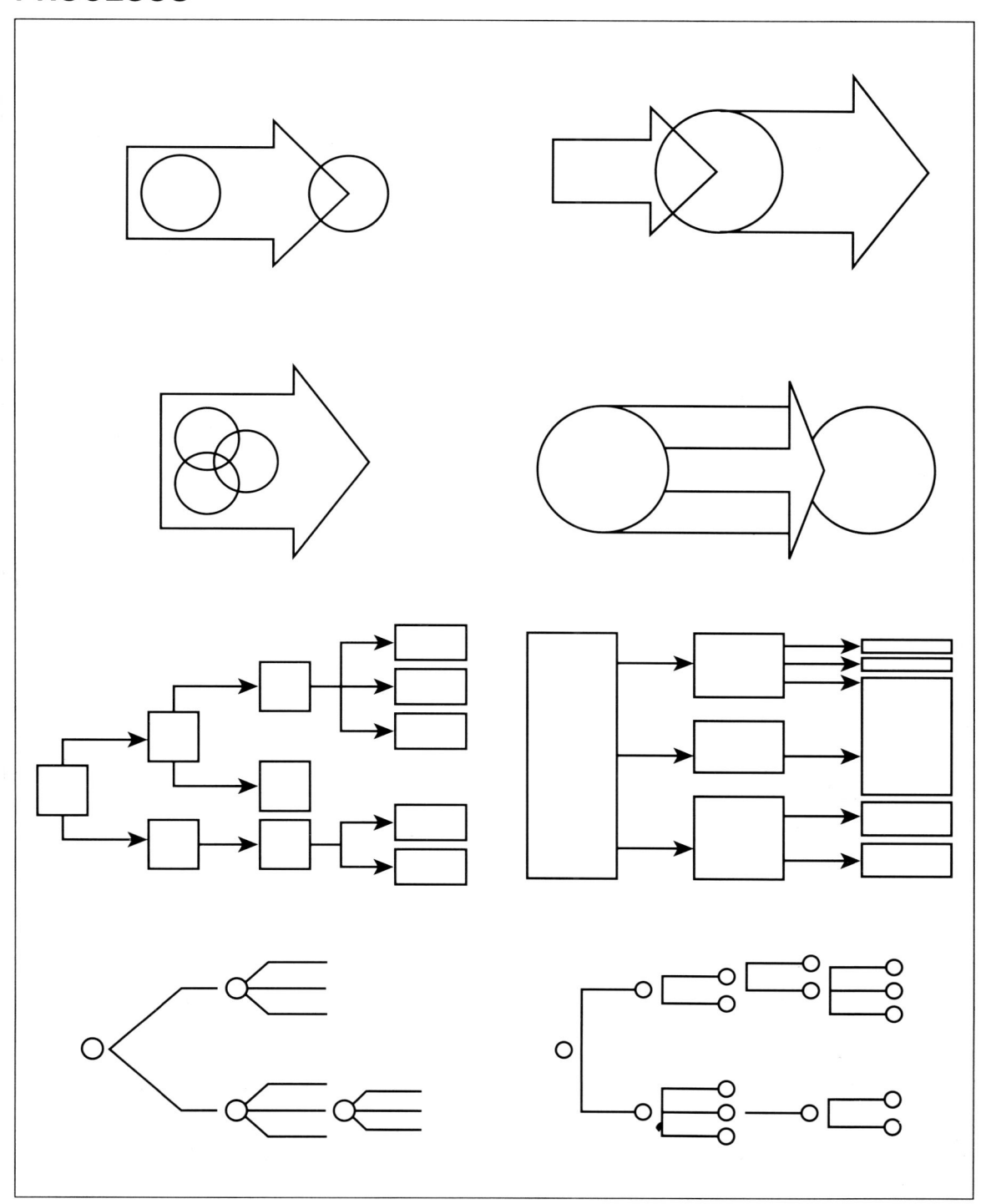

SEGMENTACIONES

SEGMENTACIONES

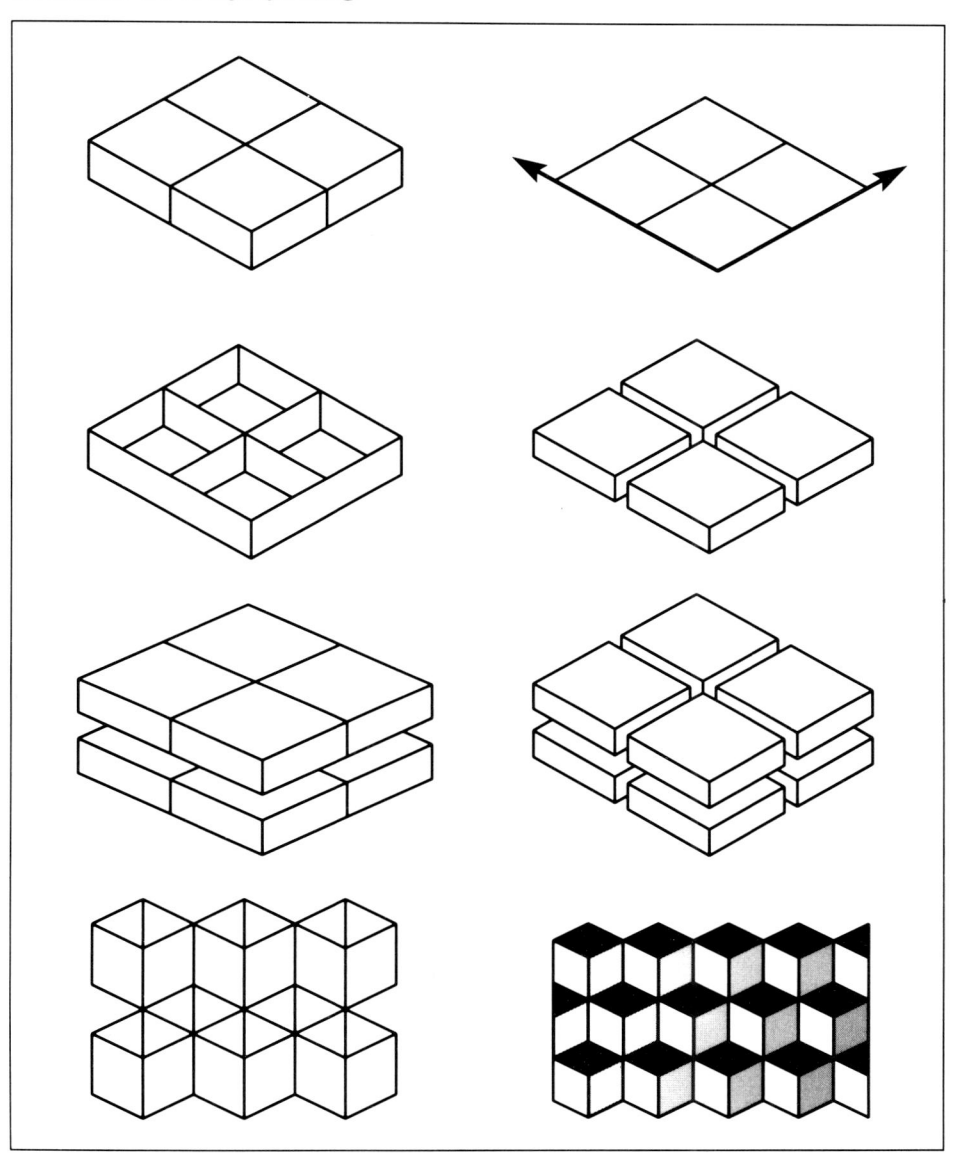

ÍNDICE

A

Acetatos, 130-131

C

Color. *Véase* Sombreado y color
Comparación de componentes, 21, 27-32, 81-86
 definidas, 21, 81
 gráficas de barras o columnas y, 70, 85-86
 gráficas de pastel y, 27-32, 55-56, 60, 81-86
 palabras clave en la, 21
Comparación de correlaciones, 23, 46-49, 122-127
 definidas, 23, 122
 gráficas de barras y, 27, 48, 56, 64, 123-124, 126
 gráficas de puntos y, 27, 46-49, 55, 122-127
 palabras clave en, 23
Comparación de distribución de frecuencias, 22-23, 41-45, 119-121

cómo pronosticar probabilidades con la, 41
 definidas, 22-23, 41, 119
 escalas en la, 42
 gráficas de columnas y, 27, 42-45, 55-56, 68, 119-121
 gráficas de líneas y, 27, 42, 44-45, 119-120
 palabras clave en la, 22-23
 tamaño de los grupos en la, 44-45
 tamaño de los márgenes en la, 43-44
Comparación de partidas, 22, 33-35, 87-96
 gráficas de barras y, 27, 33-35, 55-56, 62, 87-96
 gráficas de pastel y, 96
 gráficas definidas y, 22, 87
 palabras clave en la, 22
Comparación de series de tiempo, 22, 36-40, 97-118
 cómo combinar gráficas en la, 114-118

definidas, 22, 97
 gráficas de columnas y, 27, 36-37, 56, 97-104
 gráficas de líneas y, 27, 36, 38-40, 55, 66, 105-113
 palabras clave en la, 22
Comparaciones, 74-75, 90
 duales, 74-75, 90
 tipos de, 21-24, 27
Curvas en forma de campana, 41, 44

D

Diagramas dispersos. *Véase* Gráficas de puntos
Diseños gráficos. *Véase también* Flechas; Gráficas para conceptos;
 en gráficas de líneas, 39-40, 105-106
 Sombreado y color
Distribución. *Véase* comparaciones de distribución de frecuencias

ÍNDICE

E

Escalas, 42-45, 75-79, 107-109
 en comparaciones de distribución de frecuencias, 42-45
 en el diseño de gráficas, 34, 75-79, 95
 en transparencias de 35 mm, 152
 gráficas con escalas de índices, 109
 gráficas con escalas logarítmicas, 108-109, 125
 gráficas con múltiples escalas, 107

F

Flechas. *Véase también* Dibujos gráficos; Sombreado y color
 en gráficas de barras 90, 93-95
 en gráficas de columnas, 97-99
 en gráficas de pastel, 82, 84
 en gráficas de puntos, 46-47, 49

G

Gráfica con múltiples escalas, 107
Gráficas, 1-24, 74-79, 114-118, 129-130. *Véase también* Gráficas para conceptos; *nombres de gráficas individuales*
Gráficas con barras deslizantes, 34
Gráficas con columnas escalonadas, 37, 68, 104, 120-121. *Véase también* Histogramas
Gráficas con escalas de índices, 109
Gráficas con escalas logarítmicas, 108-109, 125
Gráficas de barras, 25-27, 33-35, 85-96
 agrupadas, 34, 90-91
 apareadas, 34, 48, 64, 123-124
 cómo mostrar cambios con el transcurso del tiempo con, 90-91
 comparación de componentes y, 85-86
 comparación de correlaciones y, 27, 48, 56, 64, 123-124, 126
 comparación de partidas y, 27, 33-35, 55-56, 62, 87-96
 con márgenes, 34, 89
 de desviaciones, 34, 89
 definidas, 9, 25-26
 flechas en, 90, 93-95
 sombreado y color en, 33, 87, 90
 subdivididas, 34, 92-93
 variaciones de, 34
 versus gráficas de columnas, 35
Gráficas de burbujas, 49, 127. *Véase también* Gráficas de puntos
Gráficas de columnas, 25-27, 35-37, 42-45, 97-104, 114-121
 agrupadas, 37, 101
 comparación de componentes y, 85-86
 comparación de distribución de frecuencias y, 27, 42-45, 55-56, 68, 119-121
 comparación de series de tiempo y, 27, 33-37, 56, 97-104
 con márgenes, 37, 100
 de desviaciones, 37, 95, 116
 definidas, 9, 25-26
 flechas en, 97-99, 104
 gráficas de líneas y, 114-117
 sombreado y color en, 37, 97-99, 103
 subdivididas, 37, 40, 92, 102-103, 121, 126. *Véase también* Gráficas de líneas
 variaciones de, 37
 versus gráficas de barras, 35
Gráficas de líneas, 38-40, 42, 45, 104-120
 agrupadas, 39
 comparación de distribución de frecuencias y, 27, 42, 44-45, 119-120
 comparación de series de tiempo y, 27, 36, 38-40, 55, 66, 104-113
 definidas, 9, 25-26
 diseño gráfico en, 105-106
 en comparación de correlaciones, 126
 gráficas de columnas y, 114-117
 gráficas de pastel y, 118
 sombreado y color en, 39-40, 106, 112-113
 variaciones de, 39-40, 104
Gráficas de pastel, 25-32, 81-86
 comparación de componentes y, 27-32, 55-56, 60, 81-86
 comparación de elementos y, 96
 definidas, 9, 25-26
 flechas en, 82, 84
 gráficas de líneas y, 118
 sombreado y color en,

195

ÍNDICE

28-29, 32, 81-82, 84
Gráficas de puntos, 46-49,
    122-127
  comparaciones de
      correlaciones y, 27,
      46-49, 55, 122-127
  definidas, 9, 25-26
  flechas en, 46-47, 49,
      122-123, 127
  para expresar tiempos, 49
  variaciones de, 49
Gráficas de puntos agrupados,
    49, 124
Gráficas de superficies, 40, 104,
    112. *Véase también* Gráficas
    de líneas
Gráficas para conceptos de,
    157-192
  cambio de curso, 180-181
  estructura, 160-164
  equilibrio, 182-184
  filtros, 185
  flujos circulares, 169-172
  flujos lineales, 164-166
  flujos verticales, 167-168
  fuerzas en funciones, 159,
      176-179
  gráficas para estructuras,
      160-164
  interacciones, 173-175
  interrelaciones, 159, 186-189
  optimización, 182-183
  penetración/obstáculos, 184
  perspectiva global de,
      157-158
  procesos, 190
  segmentaciones, 191-193
Gráficas para conceptos de
    obstáculos/penetración,
    184
Gráficas para fuentes de
    cambios, 94
Gráficas para mostrar punto de
    equilibrio, 126
Gráficas sobrepuestas, 130

H

Histografías, 42-45, 120.
    Véase también Gráficas
    de líneas
Histogramas, 42-45, 119, 121
    Véase también Gráficas de
    columnas

I

Imágenes visuales. *Véase*
    Gráficas para conceptos

L

Línea de ajuste óptimo, 47

M

Magnitud de los márgenes,
    43-44
Mensajes, gráfica, 10-24, 74-75
  cómo determinarlo, 10-20
  ejemplos de, 24
  palabras clave en, 21-23, 52,
      55-56
  tipos de comparaciones en,
      21-24, 74-75
  títulos de gráficas y, 17-20,
      52, 74
Mensajes; transparencias
    de 35 mm
  cómo combinar, 114-118,
      126
  cómo determinar mensajes
      en, 10-20, 74
  cómo elegir formas de,
      6-11
  cómo identificar com-
      paraciones en, 21-24,
      74-75
  cómo poner a prueba la
      viabilidad de, 52
  cuándo no usar, 6
  escalas en, 34, 75-79, 95
  falta de claridad en, 1-6
  formas de, 9, 27
  importancia de, 1, 71
  números en, 34, 152
  títulos de gráficas, 17-20,
      52, 74
Multimedia, 130

N

Números, 34, 152

P

Polígonos de frecuencia, 41
Presentaciones en donde el
    orador permanece
    sentado, 129-130
Pronóstico de probabilidades, 41
Pronóstico de riesgos, 41

S

Sistemas de disolución, 132
  por lapsos, 132
Sombreado y color.
    Véase también
    Diseño gráfico; Flechas
  en gráficas de barras, 33, 87,
      90
  en gráficas de columnas, 37,
      97-99, 103
  en gráficas de líneas, 39-40,
      106, 112-113
  en gráficas de pastel,
      28-29, 32, 81-82, 84
  en transparencias de 35 mm,
      153-154

T

Transparencias de 35 mm,
    129-154
  cómo eliminar detalles de,
      152-153

ÍNDICE

cómo usar el color en, 153-154
definidas, 129-130

diseño de, 132-151
ejemplos de, 135-151
limitaciones en, 132-134

sistemas de disolución para, 132
versus acetatos, 131

ACERCA DE GENE ZELAZNY

Gene Zelazny es Director de Comunicaciones Visuales de McKinsey & Company.

Desde que ingresó a la compañía en 1961, Gene brinda asesoría y apoyo al equipo profesional en el diseño de presentaciones visuales e informes escritos, labor que incluye la planeación de la estrategia de comunicación, la estructuración de los mensajes, la interpretación de datos o conceptos y la recomendación de los formatos visuales idóneos desde el punto de vista de gráficas, diagramas, etc.; también colabora en el diseño de boletines informativos. Asimismo, diseña y conduce programas de capacitación en materia de comunicación para toda la Compañía.

En representación de la misma, Gene expone con regularidad sus ideas para *Making the Most of Your Business Presentation* en escuelas de negocios, entre las que se encuentran las universidades de Berkeley, Carnegie Mellon, Columbia, Cornell, Darden, Harvard, Michigan, MIT, Carolina del Norte, Stanford, Tuck, UCLA y Wharton, en Estados Unidos, así como en INSEAD, la Escuela de Negocios de Londres, y Oxford, en Europa.

Cuando no realiza estas actividades, puede usted encontrarlo jugando al tenis o andando en bicicleta, diseñando piezas de ajedrez y patrocinando a niños para que realicen actividades similares o escribiendo ensayos para sus amigos, siempre de la mano de Judy.